U0361430

创新者的迷思

硅谷式经济的代价

THE INNOVATION DELUSION

How Our Obsession with the
New Has Disrupted the Work That Matters Most

[美] 李·文塞尔　安德鲁·L.罗塞尔　著　吴滨 李杭航 周祥真 译
Lee Vinsel　　　Andrew L. Russell

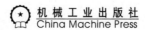
机械工业出版社
China Machine Press

图书在版编目（CIP）数据

创新者的迷思：硅谷式经济的代价 /（美）李·文塞尔（Lee Vinsel），（美）安德鲁·L. 罗塞尔（Andrew L. Russell）著；吴滨，李杭航，周祥真译 . -- 北京：机械工业出版社，2022.1

书名原文：The Innovation Delusion: How Our Obsession with the New Has Disrupted the Work That Matters Most

ISBN 978-7-111-69561-5

I. ① 创… II. ① 李… ② 安… ③ 吴… ④ 李… ⑤周… III. ① 产业经济 – 研究 – 美国 IV. ① F269.712

中国版本图书馆 CIP 数据核字（2021）第 251207 号

创新者的迷思：硅谷式经济的代价

出版发行：机械工业出版社（北京市西城区百万庄大街 22 号　邮政编码：100037）
责任编辑：顾　煦　　　　　　　　　　　　　责任校对：马荣敏
印　　刷：北京市兆成印刷有限责任公司　　　版　　次：2022 年 4 月第 1 版第 1 次印刷
开　　本：170mm×230mm　1/16　　　　　　印　　张：16.25
书　　号：ISBN 978-7-111-69561-5　　　　　　定　　价：89.00 元

客服电话：（010）88361066　88379833　68326294　　投稿热线：（010）88379007
华章网站：www.hzbook.com　　　　　　　　　　　　读者信箱：hzjg@hzbook.com

译者序

接到出版社的翻译任务后心怀忐忑，一方面本身不是从事翻译工作的，不知道是否能够很好完成出版社的任务，另一方面对本书的部分观点和看法也有所保留，甚至有不同的认识。在与出版社充分沟通后，本着对国外关于创新的最新讨论的介绍，丰富我们对创新认识的原则，带领两个研究生开始了本项工作。在本书即将面世之际，也想谈一点自己对创新的看法。

创新是经济发展的主要动力来源。站在人类历史长河的视角，创新的作用不言而喻，无论是远古时期石器工具的出现，还是近现代技术革命都深刻影响了人类社会的发展，在一定意义上，没有创新人类社会就不可能达到现在的高度。创新与经济的关系已经成为理论共识，技术进步与投资、劳动力投入一并是推动经济增长的主要来源，而且其作用在不断强化，技术革命则是影响长周期经济发展的重要因素。马克思非常重视技术创新的作用，《新帕尔格雷夫经济学大辞典》中指出，"马克思（1848 年）恐怕领先于其他任何一位经济学家把技术创新看作为经济发展与竞争的推动力"。在新时期，创新在我国经济社会发展中的作用尤为突出。经过长期不懈努力，我国已经形成了较为完整的工业体系，众多产品产量在全球居于前列，部分领域产能过剩问题突出，单纯依赖扩大规模很难支撑经济增长，加强创新驱动发展，促进经济转型升级已经成为重要的战略选择。同时，依靠资源要素投入的相对粗放的发展方式弊端愈发明显，生态环境问题已经严重制约了我国经济社会的持续发展，经济发展方式的转变和生态文明建设都需要创新加以支撑。此外，新一轮科技革命和产业变革正在加速发展，人类的生产生活方式面临新的变化，国际格局也迎来新的挑战，创新直接决定了企业和国家在未来发展中的竞争力。十九届五中全会提出，"坚持创新在我国现代化建设全局中的核心地位"，具有重要指导意义，创新是我国新时代发展的重要主题。

创新具有一定的复杂性。创新是一个复杂的体系，不仅包括技术研发、成果转化、市场推广等多个环节，而且需要高校、科研机构、企业、金融中介、政府多方参与，着力补齐短板，构建完备高效的创新体系，形成顺畅的创新机制，而营造良好的创新生态则是提升创新能力的关键。同时，创新风险性的特点也相对突出。创新往往伴随着高投入，而创新的结果则具有较强的不确定性，创新是否成功取决于多方面的因素，特别是创新成果转化领域，面临着所谓的"死亡之谷"，也就是大量的创新成果很难形成经济价值，成果转化率低是困扰创新的重要问题。尽管创新本身确实具有不确定性，但成果无法体现商业价值将直接影响经济整体资源配置的效率，同时，会对创新型企业造成经营风险，降低企业创新的动力。目前，世界各国都在积极探索创新成果的转化机制，例如概念验证，力图降低创新成果转化中的不确定性。另外，创新具有一定的"破坏性"，也就是"创造性破坏"。破旧立新是创新的本质，创新必然会带来新旧更迭，小的技术革新影响范围相对较小，可能会发生在企业内部，但具有颠覆性的创新带来的影响不容忽视，克里斯坦森从微观层面分析创新对于企业竞争的影响，而变革性的突破式创新对经济社会的影响更加深远。创新的"破坏性"很难避免，而且在一定程度上是推动经济社会发展的动力所在，正如蔡昉研究员所言，"经济增速稳定靠的是创造性破坏的新机制"。尽管新旧转换是规律，但妥善处理新旧之间的关系，尽可能降低转换成本也是创新宏观管理中需要考虑的问题。

创新需要与实体经济融合发展。虽然满足好奇心是创新的重要驱动力，但服务于经济社会发展，提高人们的生活质量是创新的基本要求，特别是技术层面的创新。目前，关于实体经济还没有统一的界定，黄群慧研究员参照货币层次提出了实体经济三层次分类框架：第一层次是制造业；第二层次是制造业、农业、建筑业和除制造业之外的其他工业；第三层次不仅包括第二层次行业，还包括贸易、交通仓储、邮政、住宿、餐饮及除金融、房地产之外的其他所有服务业。该分类具有很强的代表性，基本涵盖了对实体经济的不同理解。无论是何种分类，实体经济与人类需求和生活质量直接相关，是经济社会发展的基础。创新与实体经济的融合不仅是创新内在要求，而且也是创新健康发展的保障，"互联网泡沫"的破灭对创新与实体经济的关系进行了很好的诠释。

创新已经成为当今世界的核心议题之一，世界各国普遍重视创新的作用。创新的复杂性决定了，推动创新发展需要对创新进行全方位的审视。本书立足自身视角对创新，特别是硅谷创新模式进行了分析，其中"真实创新"和"创新语言"的差别具有一定的参考价值，而基础设施维护中包含的关于创新与经济社会发展关系的思考也提供了一个认识角度，希望能够对创新研究者的工作有所帮助。

目录

第三部分

THE INNOVATION
DELUSION

第一部分

第 1 章

创新带来的问题

少了一个钉子，掉了一只马掌；

掉了一只马掌，折了一匹战马；

折了一匹战马，损了一位信使；

损了一位信使，丢了一封密信；

丢了一封密信，败了一场战争；

败了一场战争，亡了一个国家；

都是因为当初少了一个马掌钉。

——《少了一个钉子》（*For Want of a Nail*）

一首创作时间未知的诗

上午 8 点，在加拿大新不伦瑞克省的小镇圣约翰，一间书店壁炉中火花一闪，随即发生了爆炸。这是因为夜间，煤气从当地一个腐蚀的储罐中泄漏，进入城市下水道，蒸汽云蜿蜒穿过地下管网由市中心商场的地漏逸出。总共有四栋建筑在爆炸中受到冲击，虽然没有人员受伤，但有关部门疏散了 13 个街区的 2 万人。在寒冷的 4 月，这是一个糟糕的清晨。[1]

在 1986 年事发当天，位于煤气泄漏上方的四栋建筑严重受损。可是，位于相同半径内的一栋相邻建筑却幸免于难，这是为什么呢？

了解内情的海蒂·奥弗希尔（Heidi Overhill）对此做出了解释，揭示了其中的秘密。海蒂已故的父亲 T. 道格拉斯·奥弗希尔（T. Douglas Overhill）过去经营着一家预防性维护的专业工程咨询公司，《少了一个钉子》（即章首的引文）是他最喜欢的诗，这首诗很好地阐释了疏于日常维护所导致的严重后果。奥弗希尔的一位客户是圣约翰镇一栋办公楼的业主，他一直遵循着海蒂父亲为其设计的房产维护方案。海蒂对此进行了具体描述："其中一项预定工作是向每一个地下室地漏中倒入一桶水。地漏通常会变干，而当排水管的 S 形存水弯没有水时，地下管道中的臭气（包括爆炸性气体）就会从地漏中逸出。"解决这个问题很简单，"时不时倒入一桶水，类似将存水弯封起来，地下室的气味会好闻些"。

在爆炸中幸存的建筑属于奥弗希尔的客户，他近期向地漏倒入了一桶水实现了密封。但是邻近的那些遭到破坏的商店显然没这样做。在现实生活中，正如奥弗希尔最喜爱的诗描述的，"亡了一个国家"。这一切都是因为缺少日常的维护。

你是否曾经有这样的感受，周围的人都在崇拜错的对象？也许是出于侥幸，也许是监管失察，社会中的江湖骗子被塑造成英雄，而真正的英雄却已经被遗忘。

在 2009 年的一次采访中，Facebook 首席执行官马克·扎克伯格分享了一句现在已经广为人知的名言，借此来展现他年轻公司的成功："Facebook

的核心价值之一就是'快速行动，破除陈规'，如果你不能打破一些事物，就说明你的行动还不够快。"[2]迅速增长是数字经济的必要条件。任何拥有谷歌、苹果、Facebook 或亚马逊股票的人都会说，新功能带来新用户和来自广告商和订阅者的更多收入，帮助公司获得更多资金和雇用更多员工。

Facebook 这样的数字新贵取代了现有公司取得了成功，这也是扎克伯格对于采取冒险行为所付出成本感到满意的原因。在同一次采访中，他还说道："我们做了一些妥协，容忍了产品的一些缺陷。"在数字经济中这是有效的，因为在数字经济中用户习惯了测试版和不稳定的连接，相比安全气囊有问题的汽车，或地漏缺水的书店，与这些物理产品的修复相比，修复受损代码的成本微不足道。换句话说，"快速行动，破除陈规"并非一位20多岁的首席执行官的幼稚之语，而是一种商业策略，这种策略不仅体现在产品开发，而且也表现在 Facebook 收购诸如 WhatsApp 和 Instagram 等潜在竞争者的雄心中。

扎克伯格并不是唯一持这种观点的人。多年来，至少自从 2001 年互联网泡沫破灭以来，首席执行官、企业家和商学院教授利用破坏性创新、创造性破坏以及"失败越快，成功越早"的信条等时髦术语来颠覆常识。[3]很快，这种认识被看作"创业"精神，创新则成为它的主要方向——要想打破在位者的舒适现状，就得要求快速增长。诚然，这种创新思维产生了一些惊人之举。在 Facebook 推出 14 年之后，它在全球就拥有了超过 20 亿的用户；如果不能持续使用谷歌或 iPhone，数十亿人的工作、生活将很难正常运转。

随着商业领域接受了这种认识，它的影响超出了经济范畴。出于对硅谷偶像们的敬重，我们甚至调整了自己的价值观与对民主的看法。我们容忍孩子们不断增长的"屏幕时间"并对于容易让人上瘾的 App 投入更多关注。乔治敦大学 2018 年一项调查显示，相对于地方、州或联邦政府，美国人更加信任亚马逊和谷歌。[4]2016 年初，《华尔街日报》的一篇专栏文章甚至提出成立新政党的想法，新政党可能会对"建制美国"带来"彻底颠覆"。这场运动的领导者可能来自硅谷——也许就是硅谷的英雄之一，例如马克·扎克伯格或谢丽尔·桑德伯格，他们可以被称为"创新党"。毕竟，这篇文章的结论是"谁反对创新？"新政党很快失败，最终仅停留在报纸专栏上。

新奇是美国人特质的核心（我们城市有多少名字以"新"开头？）。16 世纪以来，我们坚持超越各种"边界"，以此来收获自然资源与政治自治和科学进步带来的回报。21 世纪，我们新的数字产品不言而喻代表了这种创新思维的优越性。生产这些产品和"杀手级 App"的公司不断成长，拥有世界历史上的最高价值。它们郁郁葱葱的公司园区成为大学毕业生梦寐以求的目的地，它们的首席执行官成了偶像。2011 年，苹果首席执行官史蒂夫·乔布斯去世，举国哀悼。2017 年，连环创业者埃隆·马斯克被列为美国最受敬仰的人，与教皇方济各并列排名第三，但与"首席颠覆者"唐纳德·特朗普仍有明显差距。

正因为如此，我们为创新做好准备。商业领域出现了诸如首席创新官和"创新宣传专员"等新职位。大学投资数百万美元建设华丽的创新中心，慈善家们支持一些雄心勃勃的改革，希望改变我们文化习俗中的根基。在 K-12 教育体系中引入笔记本电脑和平板电脑，试图向学生灌输"勇气""创业精神"和"设计思维"等品质，这是对教育的"干扰"。在就业市场上的千禧一代表示，如果他们的创新成果达不到他们的预期或 Instagram 上关注者的期望，就会觉得自己毫无价值并极度疲倦。

硅谷的企业家和投资人已经从软件中获得丰厚利润，这种成功让他们有资本和信心将触角拓展至其他领域。然而，虽然扎克伯格提出的"快速行动，破除陈规"对于网页设计和应用程序开发（这些行业都具有利润高、失败风险低和风险资本充足的特点）来说仍是好的建议，[5] 但事实证明，对于建造和设计现实事物而言，这种"快速行动，破除陈规"和更加广泛的创新思维可能都是非常糟糕的指导。

2016 年，评论家赞扬三星 Galaxy Note 7 是三星"创新策略"的"漂亮"诠释——这种说法一度盛行，直至数百名消费者开始投诉手机电池爆炸导致的烧伤和财物损失。2018 年，迈阿密一座由于"创新性"设计受到赞誉的大桥在六车道高速公路上方坍塌，造成 6 人死亡。[6] 2003 年，年仅 19 岁的伊丽莎白·霍姆斯（Elizabeth Holmes）创立了血液测试企业 Theranos，这家公司"快速行动"——从投资者处筹集到超过 7 亿美元的资金，公司实现超过 100 亿美元的估值。Theranos 也"破除陈规"，对保护投资者免受公司"革命性"技术相关欺诈、风险索赔影响的法律弃之不顾。在现实世界创业时，科技公司始终困扰于传统问题：物流、制造、消费者偏好、社会规范和规则，以及传统的供需动态。

具有糟糕观念的人会找到数亿美元来支持他们迅速失败，如何解释这种情况呢？当然，傲慢肯定与此有关。Juicero 这样的风险投资例子很容易被拿来取笑——价值 700 美元的榨汁机在被使用者发现它们的预榨水果包用手就可以挤开时，已经筹集了 1.2 亿美元的风险投资。即使是为数不多的连续创业者（主要是白人、男性）也是如此，他们在充斥财富、雄心和不良建议的世界中跌跌撞撞。但这些问题已经远远超出了硅谷的范畴，正在渗透到美国经济之中，并伴随它进入全球文化。

之所以写这本书，是因为我们已经厌倦了硅谷如何有益于社会和创新课程，如何有益于我们的陈词滥调。我们认为，是时候将注意力重新转移到人数众多的工人、不处于数字转型前沿的产业以及不想受制于技术产业亿万富翁们突发奇想的大众身上，关注什么才是有利于他们健康发展的因素。

在过去的几年中，我们已经研究了创新的布道如何影响交通、计算和其他技术领域，同时反思了被忽视的基础设施和设施维护领域。我们已经发现了一种文化思潮，它试图将数字世界的错误经验应用到物质世界，它的技术概念反映了硅谷的自负和糟糕的社会病态的罪恶联盟。这些反思，以及描述技术和社会朝着更加健康的方向前进的路径的愿望在激励着我们，这就是本书的主题内容。

创新和创新语言的不同

为了使本书其余部分的讨论更有意义，我们必须做一个区分。这种区分与我们谈论变革（具体来说，就是创新）的方式有关。我们有真实创新，如新的或现有的知识、资源和（或）技术的有益组合。奥地利经济学家约瑟夫·熊彼特认为，创新是经济变革、资本主义乃至历史本身发展的动力。但真实创新与"创新语言"（innovation-speak）截然不同。"创新语言"是一种令人透不过气来的"词汇拼盘"，它宣扬创新的重要性，却把这个词变成了一个被滥用的流行词。正如我们将看到的，我们实际居住的世界，包括我们使用和需要的技术，与市场部门和首席执行官试图向我们描述的世界，尤其是他们说服我们购买和依赖的技术，是完全不同的。

从核心层面来讲，创新是可以衡量的变化，这么说的原因是它能产生利润。苹果的 iPhone 是最近的一个标志性的例子，倒不是因为它是一个新发明，而是因为它通过将各种现有功能融合于对用户非常友好的设计之中而带来了巨额利润。21 世纪其他杰出的创新包括混合动力汽车、虚拟现实眼镜、人工耳蜗、功能性磁共振成像扫描仪和基因测试。更早的创新则构筑了我们的日常生活：电力、钢筋混凝土、内燃机和合成材料，如特氟龙和氯丁橡胶。

由于创新是一个如此灵活多变的术语，而且它的成功会带来利润，所以推动者在承诺其未来影响时将这个概念包装起来。"赛格威将改变世界！""我们正在步入无纸化办公的时代！""电报、飞机、互联网将开创世界和平的新纪元！"等。我们把这种炒作称为"创新语言"。与真实创新不同，创新语言并不是有形的、可衡量的、难得一见的，而是一种推销说辞，描绘着尚未实现的未来。

创新语言从本质上来说是不诚实的。虽然它经常被描述成是谈论机会、创造力以及无限未来的乐观主义，但它实际上只是一种透露着恐惧的华丽辞藻。它利用了我们对自己将被甩在后面的担忧，这些担忧包括我们的国家无法在全球经济中获得竞争优势，我们的工作被打乱，我们的孩子因为不知道如何编程而找不到工作。英特尔创始人安迪·格鲁夫在他 1996 年出版的《只有偏执狂才能生存》(*Only the Paranoid Survive*) 一书的标题中明确表达了这种感觉。创新语言是一种永恒焦虑的语言。

在更深的层次上，创新语言是建立在一个隐藏的并且往往是错误的前提之上的，即创新本身是好的。举一个（诚然是极端的）例子，不止一篇学术文章研究了 20 世纪 80 年代强效可卡因是如何"扰乱"硬性毒品市场的。[7] 而加剧我们当前阿片类药物危机的产品和商业策略，包括向阿巴拉契亚地区的小镇输送数百万片药物并积极向医生推销，同样符合创新商业模式的定义。它们通过开辟新的分销渠道和创造新的客户需求来获得利润。正如一份医学杂志所描述的那样，"尽管奥施康定尚未被证明优于其他有效的阿片类药物……到 2001 年，它已经成为美国治疗中重度疼痛中最常见的标志性处方阿片类药物"。文章作者将这种药物描述为"商业上的胜利，公共卫生上的悲剧"。[8]

为了自身利益而做出改变的思想观念，在错误的人手中会酿成灾难。《财富》杂志将安然评为 1996 ～ 2001 年美国最具创新精神的公司，然而当时这家能源巨头并不光彩的会计行为尚未被曝光。在其他地方，立法者将"创业心态"应用到教育领域，却带来了可怕的结果，催生了大量营利性学校，并造成了公共教育资金的流失。政治上，在阴谋论者和外国政府的操纵下，歪曲真理和民主已经成为我们这个时代最重要的"发展"之一。然而，没有人在 TED 上就亚历克斯·琼斯（Alex Jones）的颠覆性创新发表精彩的演讲。

我们在本书中想要表达的观点是，虽然许多人认为创新本身是一件好事，然而它永远只是达到目的的一种手段罢了。我们在第 2 章中更深入地探讨了这一点，我们发现"创新"通常是社会中所缺乏的价值标准的代名词，当有人为深刻的社会问题提出技术解决方案时，这一点最显而易见。（引用两个最近的例子，"软件能解决种族歧视吗？这位企业家说可以"。或者，"5 款有助于消除贫困的 iPhone 软件"。[9]）在一些情况下，"创新"代表着实用价值，比如效率或便利性；在另一些情况下，代表着像善良或宽容这样的利他主义价值观。无论如何，"创新"本身不会把我们带到我们想去的地方。为了建设一个以人类兴旺为核心的繁荣社会，我们需要确保所有公民都能享受到包括现代基础设施在内的基本生活条件；那些关心我们社会的人能得到足够的补偿和照顾；我们能够分配足够的资源来保护我们已经创造的物质架构和财富，因为这些东西如果被忽视就会退化、衰败，最终会失去价值和功效。

需要明确的是：创新很重要。它在促进经济增长和提高生活质量方面发挥了至关重要的作用，两位作者最近去了医院的产房、癌症治疗中心，甚至是我们当地的苹果直营店，都有这样的感受。在适当的情况下，我们甚至可以容忍少量的创新语言，比如更好的医疗保健以及针对刑事司法问题和枪支暴力流行问题的新方法。而且，尽管我们不赞成初创公司和咨询公司为了宣扬自己的雄心壮志而曲解"颠覆"等术语，但我们赞赏它们愿意在教育、医疗保健和减贫方面迎接世界上的一些重大挑战的态度和勇气。

但很多被称为创新的东西实际上只是语言上的创新。近年来，经济学家认为，自 1970 年以来，创新的速度一直在下降。换句话说，没有证据表明，在每个人都开始谈论创新的时期，真实创新或技术变革有所增加。在最极端的情况下，创新语言极大地贬低了大多数人的工作，尤其是那些从事并不体面的工作，却让我们的技术文明得以持续运转的人。而且，正如我们将看到的，创新语言未能抓住人类技术生活的本质——维护和可靠性远比创新和颠覆有价值。

维护是更为重要的事情

想想日常生活中维护的重要性，不妨从你的日常通勤开始。如果道路和桥梁得不到维护，你还能去工作吗？或者，如果你更喜欢步行，而人行道上满是污秽或者没有清除积雪，你会有多沮丧？所以说维护很重要。这就是为什么当纽约地铁发生故障时，纽约大都会运输署（MTA）会在推特上试图安抚被困乘客，告诉他们"维护人员已经在路上了"。我们怀疑，如果听到的是"创新者已经在路上"，他们并不会感到安慰。

原有的传统技术并不是唯一需要维护的。虽然我们的文化将软件和数字技术视为前沿发展领域，但与这些相关的大部分工作都涉及如何保持它们的持续运作。考虑一下当软件停止工作时会发生什么呢？是电话掉线，信息、照片消失，还是项目和数据丢失？另外，诊断这个问题的任务可能会考验人们的耐心，让婚姻关系变得紧张，最终结果可能是设备屏幕被砸碎。幸运的是，有很多人可以帮忙。有些是有偿的，想想你工作场所服务台旁的工作人员，或者苹果直营店"天才吧"那些有耐心的灵魂，而其他人则自愿花时间修补开源软件的漏洞。

然而对于许多维护领域而言，我们在工作中"睡着"了。正如我们将在本书后面的章节中所看到的，人们对高昂的维护成本的反应往往是忽略它。这适用于企业、家庭、政府以及其他负责公共基础设施的组织。然而，推迟维护往往会带来巨大的，甚至是悲剧性的代价。2018 年 8 月 14 日，意大利热那亚莫兰迪大桥坍塌，造成 43 人死亡，600 人无家可归。这座桥于1967 年开通，其制造商曾吹嘘它不需要养护。"这座桥的混凝土结构不需要任何维护。斜拉索也不需要，它们的混凝土表层可以保护它们免受大气因素的影响。"[10] 制造商兜售的是未来不需要维护的幻想。当调查人员仔细分析导致这座大桥倒塌的多种因素时，他们发现大桥的部分结构已经有 25 年没有得到维护了。

在接下来的章节中，我们将介绍创新思维如何导致维护和护理工作的贬值，同时伴随着灾难性的后果。我们将会看到律师、教师和工程师们被告知他们需要更多地创新，尽管他们知道他们在很多方面的成功源于抵制"快速失败"或"快速行动，破除陈规"的压力。我们被他们的反抗行为所吸引，而他们努力保持正直并做好工作的行为如何照亮了前进的道路，也让我们着迷。

在某些方面，维护可以说是创新的对立面。这是一种维持事物运转的做法，意味着要关心对我们来说最为重要的人和事，并确保能够保护和维持我们过去共同的传承。正是这些被忽视的、补偿微不足道的工作保证了我们的道路安全、我们的公司高效运转以及我们的生活幸福而安稳。

然而，在其他某些方面，维护和创新可以很好地结合在一起。一个例子就是 Corgibytes，一家专门从事"软件重构"的公司，或者说是帮助公司清理、组织、稳定、简化和培育用于产品开发、安全和日常运营的软件和代码。该公司首席执行官安德里亚·古利特（Andrea Goulet）与联合创始人斯科特·福特（Scott Ford）于 2009 年创办了 Corgibytes。到 2020 年，他们已经有近 20 名员工。他们对工作的热情极富感染力，又为员工提供了诸如在家工作、灵活的工作时间以及丰厚的医疗保险和职业发展机会等福利。

在下文中，你会发现许多像 Corgibytes 这样的公司并不认为维护是一件苦差事或者是一种反动力量。相反，它们已经学会了从这样的认识中获益，即维护迎合了已经兴起的某些价值观念，如赋权工人、家庭友好政策、环境可持续性和经济安全。我们希望它们的例子将激励其他人认识到维护总是必不可少的，这通常是一个很好的选择，而文化期望，包括清洁感、秩序感和责任感等，在决定我们选择做什么样的维护方面发挥着巨大的作用。我们希望读者能够看到我们的发现：如果我们需要为孩子树立榜样，为这个困难重重的时代树立领袖，我们最好不要去瞄准硅谷的偶像，而应该把注意力放在维护者身上。

由于我们的生活已经从根本上与科技相融合，我们相信有必要找到一种更微妙、更全面的方式来思考科技——它的创造、使用和消亡。就连马克·扎克伯格也表现出了一定的自我修正能力。2014 年，他宣布 Facebook 将用"稳定基础，快速行动"这句新口号取代以往的"快速行动，破除陈规"。[11] 尽管在许多方面，我们不愿将 Facebook 视为一个正面典范，而且目前监管机构正在审查该公司对待用户隐私和监控问题的傲慢态度，但我们看到了其口号的变化，这是我们怀揣希望的理由。如果"快速行动，破除陈规"的发明者能够接受一种承认技术变革复杂性的世界观，或许我们的立法者和商业领袖也可以做到。

一个更光明的未来

大约六年前，我们开始了创作这本书的历程。2014年传记作家沃尔特·艾萨克森（Walter Isaacson）出版了新书《创新者：一群技术狂人和鬼才程序员如何改变世界》（*The Innovators*：*How a Group of Hackers，Geniuses and Geeks Created the Digital Revolution*）。我们认为艾萨克森的书存在几个问题，其中最重要的是，它不断强调光鲜亮丽的新事物，却忽视了伴随着科技的生活本质上平凡而艰辛。安德鲁建议我们用一个反向操作来回应这本书，比如写一本书，标题类似于《维护者：一群墨守成规者、标准工程师和内向者如何创造出在大多数时间都能工作的技术》（*The Maintainers*: *How a Group of Bureaucrats，Standards Engineers，and Introverts Created Technologies that Kind of Work Most of the Time*）。然后我们开始在网上（如博客和推特上）尝试将这个想法付诸现实，令我们惊讶的是，它逐渐迸发出自己的生命力。我们学术团体的成员，以及研究技术的历史学家和社会科学家，鼓励我们通过它做更多的事情。[12]

2016年4月，我们在Aeon.co上召开了一场名为"维护者"（The Maintainers）的会议，并发表了一篇名为《向维护者致敬》（*Hail the Maintainers*）的文章。然后，更令人惊讶的事情发生了：一场公认的技术学者间的乏味对话像病毒一样传播开来。有关会议和文章的消息在网上疯传，并被《大西洋月刊》《卫报》《世界报》和澳大利亚广播公司等媒体报道。我们开始收到来自非洲和俄罗斯的电子邮件，以及到布鲁塞尔和新西兰等地演讲的邀请。"魔鬼经济学"电台（Freakonomics Radio）围绕这个想法制作了一期节目，我们受邀接受美国国家公共广播电台（NPR）的采访，并为《纽约时报》撰写了一篇专栏文章。

从那时起，在许多人的帮助下，我们又举办了两场会议，将"维护者"建设成为一个全球性的、跨学科的团体，研究维护、维修、基础设施以及我们大多数人经常忽视的普通工作。我们的电子邮件列表（你同样可以加入）中包括来自各种背景的人：行业咨询、图书馆和档案馆、大学和非营利组织、开源软件和遗留代码维护者、慈善机构、艺术家和设计师、初创企业创始人和雇员、联邦机构、"维修权"倡导者和其他活动人士……这样的例子不胜枚举。

经历了这一切，我们一次又一次地从向我们求助的人们那里听到了同样的故事：他们已经厌倦了关于创新的陈词滥调；他们不再相信（如果他们曾经相信的话）单靠技术就能解决我们最重要的问题；他们认为，我们对新事物的痴迷削弱和贬低了我们身边的人所从事的日常劳动，而我们的生活每时每刻都依赖于这些工作。你现在拿着的这本书正是我们思索、研究的结果，其中最重要的，是我们在过去六年里从别人那里所学到的东西。在接下来的内容中，你将了解到维护者团体的成员们以及他们为改善我们的世界所做的工作。

本书的第一部分和第二部分记录已经发生的危害。我们从过去开始：我们的社会是如何变得如此重视创新的？为什么数字技术会把我们的注意力从更广泛意义上的技术上转移开？然后，我们在三个不同的领域评估了创新者的迷思所造成的危害：整个社会、特定的组织（如企业和学校）以及个人的生活和事业。从始至终，我们都将会看到，关键问题在于我们与技术的关系——思维混乱和领导不善相互交织最终造成了灾难性的后果。

　　本书第三部分概述一种更加健康和富有成效的方法。如果我们更专注于修复事物而不是把它们扔掉，世界会变成什么样子？如果我们学会依赖和尊重我们认为理所当然的日常技术，而不是推崇新技术，世界又会变成什么样子？我们将在日本和荷兰，在软件公司和美国空军，在图书馆、医院以及你亲爱的作者的社区和家里看到这种以维护为导向的思维方式。这些例子以及其他许多例子表明，重视维护的思维方式可以带来文化和情感上的幸福，有时甚至是经济上的繁荣。

　　要想清楚地看到未来，首先要对过去有一个清晰的认识。那么让我们回顾一下创新的历史，以一个基本的问题作为我们的出发点：我们的时代是如何成为一个创新语言的时代的？

第 2 章

将焦虑转化成产品

创新语言的简要历史

人类并不总是像我们今天的文化一样珍惜创新，甚至是进步。事实上，许多文化都对此积极反对。中国哲学家孔子几乎是任何定义上的创新者：他开创了一种广为传播的思想体系，并对社会产生了深远的影响，这种影响一直延续到今天。然而，孔子并没有把他的贡献视为一项新发明，或是一部源于他创作天赋的著作，而是把它视为一项对可以追溯到一千多年前的传统观念和价值观的汇编工作。同样，当欧洲研究人员观察澳大利亚土著的习俗时，他们意识到，尽管这些文化的信仰随着时间的推移已经发生了显著变化，但土著居民自己仍然重视过去一直以来流传下来的东西。

在大多数有记载的历史中，西方的情况并没有太大不同。如希腊哲学家柏拉图一样，我们在探索真理的过程中不断地倾听我们的祖先、诗人和圣贤的教诲。纵观基督教的历史，领导者们不断强调他们的信仰和决定是源自耶稣的诫命，而不是他们自己的想象。事实上，在中世纪，创新在拉丁语中是 innovare，意思是"创造新的东西"，显然是一件不太好的事情。教会教条是社会的指引，而创新，或者说是引入新的非正统思想的行为，是导致很多人被杀的异端行径。因此，1548 年英国国王爱德华六世发布了《反创新者宣言》(*A Proclamation Against Those that Doeth Innovate*)，声明禁止个人引进新的宗教仪式和典礼。更近一些的例子，从文艺复兴到美国革命再到 19 世纪的德国哲学家，各种各样的运动都将古希腊哲学家和政治家理想化了。当我们考虑到人类思想广泛而深刻的历史时就会发现，我们当代社会对新事物的痴迷看起来非常奇怪。

在探究这一现象如何发生的过程中，我们发现记住真实创新（引入新事物的过程）和我们所说的创新语言（过去半个世纪以来人们思考和谈论技术变革的方式）之间的区别是有帮助的。它包括"创新"一词及其变体，如颠覆性创新、社会创新、有效创新（impact innovation），以及自 20 世纪 90 年代以来商业领袖和营销人员大量使用的为硅谷所认同的术语，如变革者、思想领袖、颠覆、天使投资者、内部创业、设计思维、创意、STEM 教育、独角兽、孵化器、初创企业、区域创新中心、创新生态系统、创新区，以及称呼公司"精益"和"敏捷"的习惯。创新语言是一种具有一系列价值标准的意识形态。它的使用者认为社会进步来自新事物的引入（即使有短期的危害），而这种改变可以通过一套特定的可知方法来培育，并且这套方法无论是被个人还是更大的组织所使用均会奏效。但是，正如我们将看到的，创新语言往往与现实脱节，没有理由相信创新语言会以某种方式促进真实创新。

区分真实创新和创新语言可以把我们从后者虚无缥缈的承诺中解放出来，同时保留前者所做出的真正贡献。正如我们将看到的，在 20 世纪末创新语言出现之前，在以技术为基础的资本主义下，真实创新已经繁荣了几百年。而事实上，创新语言很可能就在真实创新逐渐消失的时候开始达到顶峰。

在"创新"之前

也许推动对"创新"概念积极重新评价的最重要因素是真实创新在工业革命后大规模的经济、技术和文化变革中所发挥的作用。这些变革始于18世纪的英国，而后蔓延至世界各地，其规模和范围令人难以想象。有些作家将其称为"奇迹"，这是可以理解的，尽管这个奇迹一直伴随着巨大的代价，包括工人和自然环境的牺牲。

到19世纪早期和中期，新技术，如蒸汽驱动的纺织机和火车，在经济和社会变革中发挥了明显作用。与铁路设施相辅相成的钢铁工业，开始改变从建筑高度到车辆构造的一切。后来，规模化生产在亨利·福特的装配线、专用机床以及从事小型重复性工作的工人大军身上达到了顶峰。虽然后来的生产技术增加了自动化、机器人和其他技术，但规模化生产的逻辑从未改变。规模化生产，或者说是为大众而生产，极大地增加了个人获得商品的机会，并压低了商品价格，这就是为什么你的衣橱里可能堆满了廉价垃圾，而这些东西在一个世纪前是大多数人买不起的。

价值观和社会地位的变化是这一全面转变的重要组成部分。在18世纪，发明家被蔑称为"幻灯机"，这是一个古老的术语，指那些推销存在风险的新型商业项目的推动者或兜售者。[1]在一个歌颂战争英雄、政治家和贵族的世界里，很少有人渴望成为发明家。

但慢慢地，从19世纪初开始，这些理念经历了一次深刻的转变。技术创造者的社会地位提高了，特别是在英国和美国，这些国家的领导者把国家权力与公民的"勤奋"联系在一起。[2] 如塞缪尔·斯迈尔斯 1851 年出版的《工程师的生活》(*Lives of Engineers*) 等书将发明家和企业家视为工业资本主义的缔造者。到了 19 世纪晚期，托马斯·爱迪生和亚历山大·格拉汉姆·贝尔等发明家已经成为社会崇拜的对象。像《大众科学》和《大众力学》这样的出版物不断报道着有关新技术令人兴奋的消息。而 20 世纪的孩子们渴望长大后能成为一名发明家、工程师或创造者。

但这些对发明家的追捧往往忽略了一个事实，即技术是通过许多人的头脑和双手创造的，而绝非出自一个人的谋划。例如，伊莱·惠特尼因"发明"轧棉机而受到赞誉，尽管轧棉机的基本技术在世界其他地方已经存在了数百年。但相比于更加复杂的现实，观察家们更喜欢天才的故事，这种偏好一直持续到今天。当伟人埋头工作时，许许多多的普通人为其"掌灯"，但在后来的科技传记中他们都被抹去了。[3]

爱迪生是一个很好的例子，他作为灯泡以及其他许多产品的发明者而闻名。爱迪生并不是一个人在他的门洛帕克实验室里辛勤工作。相反，他雇用了几十名工作人员作为机械师进行实验，研究专利，绘制设计草图，并在笔记本上仔细记录。一大群爱尔兰和非洲裔美国仆人维护着他们的家和公寓。在门洛帕克还专门有一栋供工作人员住宿的公寓，而萨拉·乔丹 (Sarah Jordan) 夫人、她的女儿艾达 (Ida) 和一个名叫凯特·威廉姆斯 (Kate Williams) 的佣人负责为这些发明家们做饭以及打扫卫生等，提供一个干净舒适的住所。但在爱迪生和他的灯泡合影的经典照片中，你看不到这些人中的任何一个。[4]

具有讽刺意味的是，只有当资本主义在某种意义上正在超越这个阶段时，对发明家的崇拜才达到了高潮。在 20 世纪早期，像杜邦、通用汽车和

AT&T 这样的大公司建立了许多工业研发实验室，在那里成批的工程师和科学家团队致力于棘手的技术问题并负责开发新产品。公司这样做的部分原因是为了摆脱对独立发明者的依赖，因为他们可以凭借专利索取大笔报酬。而研发实验室的建立成功地把发明过程纳入公司内部，这样公司就能更容易地控制它。在同一时期，公司营销部门通过每年更新产品型号、广告、电影和展览，使向公众展示新奇事物的艺术臻于完美。例如，通用电气在 1933 年的芝加哥世界博览会上建起了自己的"魔术屋"（house of magic），在那里展示了电子微波等尖端技术。

通常情况下，这些企业的盛大庆典会通过展示一个美好而梦幻的未来图景来证明自己。通用汽车 1955 年的"工业音乐剧"《为梦想而设计》（*Design for Dreaming*）就是一个很好的例子，你真的应该上网查查看。这部电影描绘了一个消费者的仙境，有几款未来汽车的模型，各式各样的高级定制时装，以及配备了自动化技术的 Frigidaire "未来厨房"，可以让女性的工作更容易。"新娘没有必要感到悲伤"，电影中的旁白如此说道，烹饪"就是按键魔法"。在影片的结尾，一辆豪华自动驾驶汽车载着一对夫妇回到他们郊区的家，他们唱着："明天，明天，我们的梦想将会成真。一起，一起，我们将创造新的世界。"

即使在 19 世纪中期，技术变革也已经与社会进步的概念紧密相连。在某种程度上，这种结合是可以理解的。这些年来由于医学的进步，婴儿死亡率下降了。我们的寿命延长了，而且治疗疼痛的能力也提高了。后来，从电灯到空调，从柔软的合成床垫到电视和电子娱乐，物质享受大大增加，使人们的生活越来越方便。

人类的苦难的确普遍减少了，尽管我们同样应该认识到，现代化带来的福利从未被平等分配，甚至在世界上的某些地方，人们实际上并不知道这些好处。而得到好处的地方，也同样付出了代价。许多美国人变得肥胖，经常久坐不动，还患有糖尿病。一些人认为，今天官僚的、注重认知的、受到监督的劳动形式是他们遭受痛苦的源泉。此外，过去两百年来一些最重大的社会进步，如奴隶制的终结或妇女和少数族裔投票权的扩大，与技术变革并没有多大关系。

人们很容易忽视技术进步和社会进步之间的差异，而把它们看成是同一件事。1959 年，美国在莫斯科 Solnoski 公园举办了美国国家展览。这一展览是某一文化交流项目的一部分，该项目的官方目的是缩小美国和苏联之间的差距，但它也是展示美国资本主义优越性的宣传工具。组织者用各式各样的消费奇迹来填充展览，如彩电以及其他琳琅满目的家用电器，以代表普通美国工人就能负担得起的家庭设施。

1959 年 7 月 24 日，美国时任副总统理查德·尼克松与苏联时任总理尼基塔·赫鲁晓夫参观了该展览。两人参加了后来被称为"厨房辩论"（Kitchen Debate）的一系列激烈辩论，因为这场辩论的部分地点就在样板房的厨房里。赫鲁晓夫为自己辩护说，在经历了 300 年的历史之后，消费用品也许是美国能做的最好的事情。赫鲁晓夫还预测（目前来看是错误的），苏联此时刚建立了 42 年，并将在 7 年内在发展上超越美国。尽管尼克松和赫鲁晓夫存在分歧，但他们都理所当然地认为，技术先进程度可以被视为判断一个国家经济体系优劣的基础。

将进步重新命名为"创新"

"创新"一词的使用在第二次世界大战后的几年里开始兴起。语言上的这种变化有几个原因，而专业的经济学家，这门沉闷科学的先锋们，起到了关键作用。

20 世纪 50 年代末，在美国工作的经济学家面临着一个难题。[5] 传统上，经济学家用资本和劳动力的变化来解释经济增长，但到了二战后，这些因素已经根本无法解释经济的巨大回报。经济学家罗伯特·索洛在 1957 年的一篇文章中假设，技术变革实际上提高了工人的生产效率，进而提高了人们的生活质量。新的生产工具的引入产生了深远的影响：索洛估计，从 1900 年至 1940 年每小时人均产量翻了一番，而他的一位同行计算出，这一增长大约 90% 来自技术进步。十年间，索洛关于"技术进步"推动经济增长的观点在许多经济领域成为正统，并引发了一场学术雪崩。今天，索洛的文章已经被引用超过 15 000 次。

如果越来越多被称为"创新"的技术变革是经济增长和企业健康发展的关键，那么尝试从中获得更多是有意义的。因此，"技术创新"一词在 20 世纪 60 年代开始流行，当时经济学家、商业领袖、政策制定者和其他人都在试图运用这项秘诀。美国商务部和美国国家科学基金会等政府机构就这一问题还召开了会议并发布了报告。举个例子，美国商务部在 1967 年发布了一份题为《技术创新：环境与管理》（*Technological Innovation: Its Environment and Management*）的报告。联合碳化物电子公司的首席执行官罗伯特·查皮（Robert Charpie）与来自商界、学术界和政府部门的约 30 名有影响力的人士共同发起了这项活动。他们将"发明与创新"置于美国进步的核心位置（引用索洛 1957 年的文章作为证据），并以十几条促进进步的建议作为总结。然而，大多数的想法都像"培养创新和创业人才"一样模糊。[6]

从很多方面来说，这些 20 世纪 60 年代的作品与今天的创新语言没有什么区别。例如，在肯·罗宾逊先生 2006 年的 TED 演讲《学校扼杀了创造力吗？》中，教育改革者提出了一些听起来并不是不合时宜的观点，该视频在 YouTube 上有超过 1500 万的点击量。"一所仅仅传授信息的工程学校是一种奢侈的浪费",《创新教育》(*Education for Innovation*) 一书的编辑如此写道。[7] 他认为,学校应该提供"一种创造性的体验,激发学生的想象力,帮助他们在一个不完美的世界中……做好准备迎接悬而未决的竞赛"。他没有提供任何证据证明任一工程项目"仅仅是传递信息",但他坚持认为"有创造力的人为这种体制所压迫,而真正的发明和创新世界与它格格不入"。[8] 我们会发现,制造虚幻的危机是创新演讲者的普遍习惯。

与今天的同行相比,20 世纪 60 年代这些关于创新的报告充满了乐观情绪。当时,美国处于世界之巅,经济蓬勃发展。美国国家科学基金会主任利兰·霍沃思(Leland Haworth)在 1966 年的一次会议上告诉与会者:"我们知道我们目前能够取得工业霸权的关键所在。从不那么幸运的国家的经验来看,我们了解到,面对日益增长的人口,技术进步的速度如果不够快,只会迫使更多的人生活在令人不满的标准之下。"就像在厨房辩论中一样,美国有创新的动力,但其他国家没有。

然而,很快光芒就消失了。从 1973 年左右开始,美国和许多其他富裕国家的经济开始下滑。造成这次衰退的因素有很多,而经济学家们对其原因争论不休。1973 年石油输出国组织石油禁运以及其他事件提高了能源价格,加重了生产和消费的负担。欺诈和其他腐败行为导致银行倒闭,令金融部门惶惶不安。经济学家们对一个看似不可能的现象百思不得其解:经济增长停滞,而通胀却大幅上升。

与此同时,"进步"一词的使用频率显著下降,"创新"概念则成为一种替代,继续着变革的理想,而无须承受迫使美国社会进行结构改革的痛苦。正如历史学家吉尔·莱波雷所言:"用'创新'取代'进步',回避了新事物是否意味着进步的问题——这个世界可能不会变得越来越好,但我们的设备正在变得越来越新。"然而,进步总是包含某种形式的社会改善。从 19 世纪 90 年代的进步时代(progressive era)到 20 世纪 70 年代,进步意味着利用政府和政策来改善公民的处境。另外,创新的提倡者常常表现得好像技术变革以及随之诞生的新产业,会(至少是间接地)自行生产必要的社会产品。

因此,如果 20 世纪 70 年代的美国社会不能实现其最伟大的进步理想,即人人享有自由和公正,那么或许可以通过技术创新推进自己的伟大进程。在某些圈子里,这种说法是有道理的。并且它仍然是我们许多政策背后激励精神的内在逻辑,比如苹果和亚马逊等盈利企业低得惊人的税率。但经济学家、社会学家和历史学家(以及其他一些人)注意到,这个故事的情节并不合常理。首先,到 20 世纪 90 年代中期,观察人士注意到,在这个被认为是技术迅速变革的时期,经济不平等有所加剧——并非所有人都能分享到创新带来的好处。[9]

一种思路质疑技术是否真的在如此迅速地发生改变。经济学家罗伯特·戈登在 2016 年出版的《美国增长的起落》(The Rise and Fall of American Growth)一书中指出,自 20 世纪 70 年代以来到 20 世纪 90 年代末,最引人注目的技术进步出现在计算机、手机和其他数字技术领域,其中很多都聚焦于娱乐。这些最新的技术可能会给人留下深刻印象,事实上正如我们在上一章所看到的,许多人对这些工具大为赞叹。但是戈登认为,他们不能与 1870 年到 1970 年间发生的技术变革相提并论,比如电力、城市卫生设施(饮用水和污水)、医药和化学(塑料)、现代建筑材料(混凝土和钢铁)、交通(汽车和飞机)、计算机、电子产品以及现代通信系统等。一些人甚至认为,今天的初创公司只是在不断完善 20 世纪 70 年代之前创造的技术,而不是创造全新的技术。

对于戈登的论点以及数字技术对经济生产率的贡献程度，人们展开了有益的辩论。现在还不清楚谁是对的，而且毫无疑问这场辩论还会继续下去。我们的观点是这样的：到 20 世纪 70 年代末，经济学家、政策制定者和其他人已经开始严重担心生产率问题，而这种担忧对我们此后讨论创新的方式至关重要。

随着这些变化在战后几十年间不断酝酿，创新的倡导者们在一个似乎体现了他们所有希望的地区找到了灵感，同时这个地区还成功扛住了困扰美国其他地区的所有负面的社会和经济趋势。这个地方被称为硅谷，它非凡的转型历史为技术变革、创新、创造神话和炒作提供了一些经验。

创新专家的崛起

如果说硅谷的崛起有一个"秘方"，那么其中最重要的成分是由弗雷德·特曼（Frederick Terman）配制的。他在 1944 ～ 1958 年担任斯坦福大学工程学院院长，在 1955 ～ 1965 年担任斯坦福大学校长。特曼重新定义了斯坦福大学，将学校的研究与军事重大项目相结合，并利用国防合同的资金从不断增长的电子行业招聘老师。特曼还鼓励斯坦福大学的老师到私营部门担任顾问或者创建自己的公司。由此产生的知识、人员和技术在军事、工业和大学之间的流动为特曼赢得了"硅谷之父"的美誉。

特曼模式的成功体现在一系列初创公司和轰动性技术的稳步发展：英特尔生产的功能强大且价格更低的微处理器，互联网协议的定义（斯坦福大学的一位计算机科学家帮助创建的），苹果制造的用户友好型电脑和集成媒体设备，以及谷歌和 Facebook 制作的文字、音频和视频分享平台。它们的技术结合在一起，使得在一个巴掌大小的设备上观看来自外太空的视频成为可能。而我们才刚刚开始思考由硅谷建立的技术的深远影响。

正如硅谷地区被誉为成功的典范一样，苹果、谷歌和 Facebook 等硅谷领先公司同样备受赞誉。它们建造了郁郁葱葱的公司园区，开放的工作场所配备有沙袋和乒乓球桌，数十亿美元的利润是常态。硅谷的思想体系不只是一种商业战略，还包含着一套完整的文化，据说比以前管理机构冗杂、制度烦琐的企业巨头的"组织人"（organization men）更时髦、更善良、更开放。他们的穿着很随意：黑色 T 恤、牛仔裤和无处不在的连帽衫。

该地区凭借其令人眼花缭乱的技术创造了大量财富，这一事实没能逃过政客们的眼睛。世界各地的城市和地区开始寻求创造属于自己的奇迹：纽约的硅巷、中西部的硅原、印度硅谷（班加罗尔）、智利谷（圣地亚哥）以及硅溪（特拉维夫）。[10] 所有这些努力，都利用特曼秘方中的基本成分——在一个明确界定的区域将大学、投资者和企业家联系到一起，来复制这份特殊的酱料。

硅谷的创新语言并不总是能善终，其突破性概念最终变成了陈词滥调，包括颠覆性创新、黑客马拉松、天使投资者、思想领袖、内部创业者、体力激荡、技术交流分享会、游戏化、大数据、变革推动者、创意、初创企业、孵化器、同理心、设计思维、创新思维和独角兽。即便如此，硅谷的神秘感还是将创新语言的福音传播到 21 世纪社会的各个领域，因为各种各样的公司都试图效仿初创企业。在美国乃至其他地方，我们看到，学校购买 iPad，医疗保险公司发布应用程序，博物馆和图书馆进行创新，政府机构将公共服务游戏化，当选官员不停地发推特。全球各地的组织，包括我们将在后面的章节中看到的像通用电气这样的老牌公司，都在努力模仿硅谷初创企业的魔术并取得了不同程度的成功。

随着创新成为优先事项，它创造了正如历史学家马特·维斯尼奥斯基（Matt Wisnioski）所说的对创新专家——一种通常作为顾问的新型个体的需求。他们为如何使个人、组织，甚至城市、地区和整个国家更具创新性提供愿景和计划。我们所说的"提供"是指"售卖"：如果你有一个非常具有吸引力的创新理论，你就可以赚很多钱。

哈佛商学院的克莱顿·克里斯坦森是这种现象的一个很好的例子。克里斯坦森在 1997 年出版的《创新者的窘境》（The Innovator's Dilemma）以及随后的一系列出版物中阐述了"颠覆性创新"的概念，即一种新的技术或商业模式可以颠覆现有的市场、公司或产品。克里斯坦森的颠覆性创新概念就像一种崭新的、伟大的、强劲的药物一样流行起来。世界各地的公司董事会都弥漫着亢奋的气息，高管们个个把自己想象成下一个颠覆者，将会打造出下一个能够击败竞争对手的杀手级软件。一些人则经历了糟糕的状况，他们担心自己会被所在领域的一些新兴的、看不见的初创企业所颠覆。

如果你真的很担心，你可以雇用克里斯坦森的咨询公司 InnoSight 为你排忧解难，它会帮助你认清周围所有的颠覆机会。克里斯坦森并不是唯一一个推动这一想法（或从中获利）的人。例如，领英的创始人雷德·霍夫曼在一篇名为"创业的十大规则"的帖子中将"寻找颠覆性变革机会"列为第一条规则。通用电气旗下的 GE Reports 等媒体发布了《如何创造颠覆性创新》（How to Create Disruptive Innovation）之类的文章。这些术语在科技世界的各个角落流行起来，然后通过商业杂志和 TED 演讲传给我们其他人。

然而问题在于一系列的出版物（包括流行的和学术的）已经对颠覆性创新的概念提出了质疑。克里斯坦森的著作《创新者的窘境》的一个主要案例研究聚焦于 20 世纪 80 年代那些"颠覆"了磁盘驱动器行业的年轻新贵公

司。但是，正如历史学家吉尔·莱波雷在《纽约客》上指出的那样，2014
年依然存在的公司是"在20世纪80年代引领市场的公司"。[11]"从长远来
看，"她总结道，"磁盘驱动器行业的胜利似乎属于那些擅长渐进式改进的
制造商，不管它们是不是第一个将这种颠覆性的新形式推向市场的制造商。"

此外，尽管克里斯坦森和其他硅谷思想领袖鼓励企业以颠覆为目标，
但没有任何证据表明这样做会带来更多新产品和商业模式，或颠覆现有的
技术和行业。颠覆不是你能努力或计划的事情，无论是为互联网创建基础
协议的国防部工程师，还是试图撼动从新闻到家庭娱乐、从零售到旅游计
划等整个行业的万维网发明者蒂姆·伯纳斯·李。然而，这就是他们所做
的：他们通过渐进式改进实现的创造产生了深远的、意想不到的结果。真
正的创新是通过一个个小步骤进行的，而不是大战略。

城市规划者理查德·佛罗里达以及他"创意阶层"的核心概念是一个
热门想法的例子，但经过仔细观察不难发现，这个想法只不过是不良社会
风气的又一例证。在他2002年出版的《创意阶层的崛起》（*The Rise of The
Creative Class*）和随后的一系列出版物中，佛罗里达提出了一种"梦想之
地"（Field of Dreams）的公共规划理论，"建造它，他们就会来"，只为吸引
那些创意人才而非棒球运动员。佛罗里达认为，"创意阶层"的存在，包括
"科学家、工程师、大学教授、诗人和小说家、艺术家、艺人、演员、设
计师和建筑师"，导致了投资和经济增长的良性循环。[12]为了利用这一阶层
的力量，城市需要培育对他们有吸引力的各种城市特色——时尚酒吧、艺
术画廊、高档咖啡馆和共享单车等项目。如果城市想知道它们应该怎么做，
它们可以聘请佛罗里达的咨询公司Creative Class Group。该公司自称是"一
家由领先的研究人员、通信专家和商业顾问组成的精品咨询服务公司"。

一项又一项的研究都未能支持佛罗里达的观点。[13]例如佛罗里达声称，

创意人才向城市的迁移推动了经济增长，但许多其他研究发现二者之间的因果关系恰恰相反：工人迁移的主要原因是就业机会更多。但更可悲的事实是，很多地方都尝试过佛罗里达的想法，但发现它们根本不起作用。正如作家弗兰克·布雷斯（Frank Bures）所言："铁锈带那些不幸的城镇为此花费了数百万美元，寄希望于一家咖啡馆、一条自行车道和一个共同办公空间能够恢复它们战后的工业荣光。然而，对于扬斯敦、克利夫兰或德卢斯等重视佛罗里达理论的城市来说，繁荣从未真正到来。"

谁是值得信赖的"专家"？哲学家、社会学家斯蒂芬·特纳（Stephen Turner）认为，我们应该通过这些"专家"是否已经被证明能够发挥作用来区分他们。例如，我们应该相信物理学家，因为他们可以用自己的知识做一些事情，比如建造能工作的桥梁或能飞的火箭。但在这个星球上，没有人确切地知道如何进行更多的创新，如果有人声称知道如何做，那么他可能有东西要卖给你。

然而就本书的目的而言，《创意阶层的崛起》还有一个方面同样引人注目。佛罗里达的观点不仅仅是城市应该把所有的注意力都投入到让创新者感到舒适和快乐上。他积极诋毁他所谓的"服务阶层"，即那些从事食品服务、酒店服务和个人护理等非创新职业的人。正如佛罗里达所写的，许多服务阶层的成员"没有出路，终身被困在卑微的工作中"，过着"在他人的财富边缘艰难挣扎"的生活。[14]

佛罗里达的创意阶层建议对这些维持世界运转的普通人有什么帮助？并不多。事实上，它们甚至可能造成了一些伤害。城市变得越来越不平等，在富人和穷人之间撕裂，而创意阶层类的政策可能通过鼓励中产阶级化（gentrification）加剧了这种分化。2017 年佛罗里达出版了新书《新城市危机：不平等与正在消失的中产阶级》（*The New Urban Crisis：How Our Cities*

Are Increasing Inequality，Deepening Segregation，and Failing the Middle Class——and What We Can Do About It）。许多人认为这本书是佛罗里达对自己错误的道歉。[15]（尽管从某种程度上说，他在那之后的几年里变得加倍推崇创意阶层理论。）

有一个最近受到审视的创新概念叫作"设计思维"（design thinking）。它的根源可以追溯到 20 世纪五六十年代，始于专业设计领域内的一场有益讨论。如今最流行的设计思维形式与充满传奇色彩的设计公司 IDEO 有关，该公司最著名的作品是在 1980 年为苹果设计了第一款鼠标。该公司的创始人之一戴维·凯利（David Kelley）声称，做出好的设计的一个核心方面是要具备"同理心"（empathy），他将其描述为"透过他人的眼睛去体会、理解人们为什么要那样做的能力"。[16]许多人将凯利的同理心概念视为对设计和工程领域的重要干预，因为设计和工程越来越依赖于定量方法来创造东西，有时似乎忘记了用户的存在，导致人们创造出了一些没人想要的、笨重的、毫无用处的垃圾。

凯利和其他人将设计思维编入教授"同理心"和其他一些他们认为最为基本的方法的课程之中。凯利是一个著名而又有影响力的人物，或者说是某种意义上的大师，而设计思维的确有一些力量和优势。在大学里教授设计的同事告诉我们，这是一种向学生们介绍一些设计基本原理的便捷方法。

但这种方法的作用很快就被夸大了，因为支持者开始把它当作可以解决人类生活中任何领域的问题的技巧来推销。这一转变源于 IDEO 自身的变化。正如传播学学者莉莉·伊拉尼（Lilly Irani）所描述的那样，到 2005 年前后，IDEO 面临着来自中国制造商和设计公司日益激烈的竞争。在这种竞争环境下，伊拉尼写道，IDEO "已经无法在面向工程类的设计项目上要求高利润"。正如伊拉尼所说,公司决定"不再强调事物的设计",转而效仿麦肯锡等老公司进入咨询行业。设计思维越来越多地成为 IDEO 的核心输出,最初作为一种商业咨询和企业教育的形式,后来演变为一款可以出售给大众的教育产品。当伊拉尼采访该公司机械车间的工人时,其中一人这样说:"现在已经有了一种转变,不再那么机械,而是变得越来越神秘。"这种神秘主义就包括赋予设计思维一种看似神奇的能力——让一切变得更好。

大约在这个时候,凯利接触到一个富有的粉丝客户,希望"为设计思维创造一个家",在这里可以向来自各种背景和行业的个人传授设计思维的方法。因此诞生了凭借 3500 万美元捐款建立的斯坦福大学哈索·普拉特纳设计学院,也被称为"d.school"。斯坦福大学开始向个人收取近 1.5 万美元的费用开展为期四天的"设计思维训练营"活动,名为"从洞察到创新"。或者你也可以支付给 IDEO 399 美元获得自定义进度的,以视频为授课形式的设计思维课程"创新洞察"。如果你认为这两个标题非常接近,那么可以告诉你有很多人具有同样的感受。设计学院和设计公司之间的界限并不总是那么清晰。

但是,设计思维越是被当作灵丹妙药出售,它就越是被淡化,它的局限性也就越明显。设计师娜塔莎·珍(Natasha Jen)是设计公司 Pentagram 的合伙人。在引起疯狂传播的演讲《设计思维是胡扯》(*Design Thinking is Bullshit*)中,她列举了一个又一个例子,说明设计思维能够创造出的东西同样可以通过任何其他方法(包括常识)实现。例如,她在墙上画满卡通的房间里向孩子们展示一台核磁共振成像机,让孩子们感觉更舒服。然后,她还点击进入玉兰油和 IBM 的产品页面,它们看起来非常像……这些公司所在领域的其他任何人都能生产的产品。在珍看来,"设计思维包装了设计师为非设计师受众工作的方式……声称它可以被任何人应用于任何问题"。[17]

这种产品可以卖给那些渴望成为创新者但又不想经过多年训练成为真正设计师的个人和公司。

我们在克里斯坦森、佛罗里达以及设计思维的故事中看到了一些重要的相似之处，而其中最为关键的是它们都以咨询为中心。这里蕴含着一个由渴望成为创新者的组织和个人组成的巨大市场，它们／他们愿意为此花大价钱。创新"专家"的成功得益于人类根深蒂固的弱点，哲学家路德维希·维特根斯坦称之为"对一般性的渴望"。当然，一般性的陈述对生活至关重要。如果你不能学会诸如"着火了"或"红浆果是有毒的，会杀死你"这样的道理，你就活不了太久。但维特根斯坦的观点是，在复杂的世界难以被轻易总结的情况下，我们往往渴望一般性。如果我们考虑被我们称为创新的广泛事物（将新事物引入我们的世界），我们很快就会发现并没有特定的模式能用来解释它们是如何形成以及在社会中传播的。

当我们回顾技术和商业的历史时，令人震惊的是竟有如此多的成功并不符合设计思维的过程。亨利·福特虽然并不爱护或尊重他的用户，但他的产品做得还不错。史蒂夫·乔布斯认为，客户并不知道他们想要什么，而必须由聪明的人（就像……史蒂夫·乔布斯）来告诉他们。此外，许多关键的创新创造了需求，而不是对已经存在的需求作出反应。当电力在1900 年左右首次被引入市场时，许多房主认为没有必要。必须想办法让他们相信这是有用的。大多数创新和后续开发都是不可预测的，无法被计划、构思或模型化。20 世纪 90 年代初，没有一个致力于互联网商业化的人预见到模因（meme）文化或 Instagram "网红"（influencer）的出现。

当我们把所有这些例子放在一起看时，很容易就会发现根本没有创新的秘方。然而，正如一个朋友对我们说的，"嗯，但你可以靠兜售秘方赚钱"。如果仅仅依靠像"设计思维"这样的方法就能够产生"在任何领域中可靠的创新成果"，那么世界将变得更简单、容易和易于管理。

我们并不反对真实创新。事实上，我们两人已经发表了许多关于如何改善美国创新政策的文章。我们的观点是，我们应该抵制某种观念，即这个星球上的任何人都知道如何提高创新的速度和质量，我们每一个人都应该对任何提出这种主张的人持怀疑态度。已故经济学家内森·罗森伯格和其他对创新进行了深入研究的人倾向于强调渐进式变化和长期持续改进的过程。事实上，过去三百年来促成巨大变革的大多数创新和变化都是这种类型的。渐进主义的观点认为，人们能给出的关于创新的最好建议是：小心、注意、做好自己的工作。这种建议不会吸引数百万美元的资金被捐赠给大学，也不会让你亲爱的作者开一家咨询公司而一夜暴富。但我们相信这是一幅更真实的图景，展示了技术变革实际上是如何运作的。

为了挣脱创新语言，我们需要拥抱不同的、更微妙的技术思维方式。（我们强调的是不同的而不是新的思维方式。改进需要借鉴长期以来的思想传统以及其他事物。）这条道路的下一步是将"创新"与"技术"脱钩，并认真思考我们首先想要从技术中得到什么。

第 3 章

创新之后的技术

为什么维护难以避免，然而往往会被忽视

我想和你一起做个思维实验。它有三个步骤。

第一步，花点时间看看你的周围，在脑海中做一些笔记。你看到了什么技术？你周围哪些技术是新的，哪些是旧的？

如果你在一栋建筑里，你可能会看到由钢材、水泥、木材、螺丝、钉子和油漆组成的墙壁。你还看到了家具、电灯、窗户、地毯、水槽，或者厕所（如果你真的很喜欢这本书的话）。在你身边的新技术中，一个是地毯，它通常是由 20 世纪 30 年代（尼龙）和 50 年代（聚丙烯）发明的合成材料制成。另一个是 LED 灯泡，它是在 20 世纪 60 年代发明的，并在过去 10 年里被推向大众市场。而你看到的最新科技可能是数字时代的产品：电脑、电视，或者你有一个像 Amazon Echo 或 Google Home 这样的声控智能家居设备。

现在，尝试这个思维实验的第二步。在你周围的科技中，哪些对你的生活至关重要，哪些你不使用也可以？它们是传统技术，还是新技术？假设你不得不丢掉家中某一样东西，比如 Amazon Echo 或钢筋混凝土。你会选择哪一个？或者假设你需要丢掉当地小学中某一样东西，比如玻璃窗或iPads。你会选择哪一个？

第三步，回想一下在过去 24 或 48 小时内你使用过的各种技术。哪些是传统的，而哪些又是新兴的？大概会有一些数字设备和服务。但是其他的事情呢？上下班或上下学乘坐的汽车、自行车、公共汽车或火车，做饭用的厨具，用来清洁身体和洗衣服的肥皂，以及将气、电、水输送到住所或工作场所的基础设施，等等。

我们进行这个思维实验的目的是让你关注到日常生活中的普通技术。它们的重要性与我们的文化对创新的痴迷形成了鲜明的对比，我们在第 2章中已经描述过这种现象。要解决我们在整本书中所探讨的深层次问题，包括对创新的痴迷以及相应的对普通技术和维持世界运转的人们的漠视，提高对我们实际如何利用技术的认识是至关重要的第一步。

在本章中，我们将重新介绍维护的概念，并特别强调其核心悖论：它是绝对必要的，但通常又会被忽视。这是一个残酷的讽刺，因为维护是确保技术的好处最深入、最广泛地被人们感受到的关键。再想想你所依赖的技术，然后重新考虑一下如果不维护这些技术会发生什么：房间里昏暗无比，厕所堵塞散发着刺鼻的气味，窗户滴滴答答漏着水，汽车抛锚趴在车库里，甚至桥梁会轰然倒塌等。

维护可以保持事物的秩序。这是一场与熵的持久战——热力学第二定律指出，随着时间的推移，在没有干预的情况下每个系统都会陷入无序和随机之中。虽然你不会从专注于创新和发明家的历史中了解到这一点，但事实上，大部分人类历史是关于稳定的故事：关于社会如何协调劳动来维持我们自古以来赖以生存的大规模公共系统。

为了确保我们的社会避免低估维护的后果，我们需要从更广泛的角度重新审视我们对技术的看法。我们将从考虑一些已经溜进我们日常行为，甚至是日常话语的词汇开始——从突然无处不在的术语"科技"（tech）开始。

"科技"与技术

"科技"这个词无处不在。报纸上连篇累牍的文章思考"大型科技公司"（big tech）的未来，分析师告诉我们"科技股"（tech stock）的命运，纽约时报有一个"科技修复"（*Tech Fix*）专栏，涵盖优步、谷歌和社交媒体。[1] 当你读到或听到"科技"时，它通常是基于互联网的数字设备、服务和应用程序的简称。谷歌、Facebook、微软、苹果和亚马逊等"科技"公司凭借广告嵌入、便利性和用户依赖性的多元结合而获利。

但是用"科技"来代替"技术"（technology）是有误导性的。这个术语的意思太狭隘了。技术作为一种人类现象要广泛和深入得多，它包含了所有人类文明创造的工具和方法，包括非数字技术，如枪支、人行道和轮椅。当我们把"技术"简化为"让人上瘾的数字设备及其应用程序"时，我们就忽略了数千年的创造和努力，不必要地将我们的注意力和资源集中在一小部分人类体验上。

正如同每个强有力的概念一样，"技术"的定义随着时间的推移而不断变化，并随着定义它的人的兴趣而不断变化。在 20 世纪 30 年代之前，说英语的人很少使用"技术"这个词。而"实用艺术""应用科学""机械""制造"等术语更为普遍。一个例外是，19世纪中期少数几所新成立的美国大学将这个词纳入了它们的名字中，比如麻省理工学院（Massachusetts Institute of Technology）和史蒂文斯理工学院（Stevens Institute of Technology）。在这些情况下，人们很清楚，"技术"指的是这些学校的教育使命：培育机械师和工程师。

在20世纪初，这些受过大学教育的工程师联合组成了各种专业团体，部分原因是为了提高他们在大学和公司中的地位。随着他们财富的增加，他们系统性地削弱了工匠和其他专业工人群体的贡献，如妇女、移民、非裔美国人和未受教育的穷人，他们的劳动对机器时代同样至关重要。到了20世纪30年代，在芝加哥（1933年）和纽约（1939年）的世界博览会上，"技术"几乎等同于进步和物质丰富的愿景。并且它几乎总是与来自中上层社会的白人男性的光辉事迹相联系。[2]

在这种新观点看来，技术是历史发展的驱动力。反抗毫无意义，接受才是明智的。尽管一些评论家担心向技术"投降"，马丁·海德格尔1954年的文章《技术的追问》（*The Question Concerning Technology*）仍然是大学技术伦理研讨会的基础，但批评者毕竟是少数。作为一种进步的、不可阻挡的力量的概念，技术与战后消费社会中的美国人的日常体会相符合。这同样适用于那些商业模式依赖于公众意志的企业和大学。

这种认为技术现在并且永远是进步动力的想法在20世纪70年代的环境觉醒中幸存了下来。受20世纪70年代、80年代和90年代新型电子设备、计算机网络和软件兴起的启发，专家们创造了一些新的术语来描述他们所认为的世界向信息时代的历史性转变，如信息高速公路、网络空间和计算机通信等。但这些新词都不足以形容互联网、移动电话和便携式计算机应用程序普及所创造的令人惊叹的新世界。"ICT"是信息和通信技术的简称，从来都不是人们津津乐道的词汇。相反，网络化的数字电子产品变得如此普遍、如此迷人，以至于企业、记者，最终每个人都默默地、无意识地把这些东西称为"技术"，或者干脆就是"科技"。

这种技术概念的低劣化让我们感到担忧，因为它体现了最糟糕的创新语言——它是如此肤浅，只关注新事物和数字技术，排除和贬低了对社会如此重要的技术的其他含义。作为一个对象，技术不应该仅仅是数字的和新的；作为一个过程，技术不应该仅仅是创新。

为了找到一种更健康的方法来认识技术，让我们从考虑一个简单的定义开始：技术包括人类用来帮助自身实现目标的所有东西。这些东西包括工具（包括普通的东西，如餐具），建筑，布料，街道和人行道，以及我们用来运输水、垃圾、能源和信息的管道、泵和电线等。已故小说家厄休拉·勒古恩有一个更简单的定义："技术是一个社会应对物质现实的方式。"她还补充说："我们对150年来不断扩大的技术力量如此麻木，以至于我们认为没有什么比计算机或喷气式轰炸机更简单、更普通的东西值得被称为'技术'。"[3]

我们将再次强调两个基本要点。第一，技术不仅仅是"科技"，它不仅仅是数字设备和软件。第二，技术不仅仅是创新。我们所依赖的大多数技术都是如此常见，以至于我们几乎不会想到它们。它们逐渐龟缩于我们文化的角落里，更重要的是在我们的财务规划中慢慢消失。然而，保证这些东西继续发挥作用是至关重要的，任何经历过停电或水管破裂的人都可以证明这一点。

既然技术不只是创新，而且我们日常使用的工具大多是旧东西，那么合乎逻辑的下一步是，不仅要思考技术是什么，还要思考技术处于什么阶段。

一项技术要经历三个基本阶段：创新、维护和衰败。我们在上一章讨论了创新，现在是时候关注创新之后会发生什么了。

当人类与技术互动时，他们通常不会创造技术。相反，他们使用和维护它。我们要花费大量时间打扫房子，给车子加油和修理，以及更新电脑和应用程序。（或者，在很多情况下，我们认为其他人会为我们完成这些任务。）此外，随着人类发明越来越多的新事物，我们也创造了越来越多必须维护的东西。否则这些东西就会坏掉，而建立在它们之上的社会同样如此。当然没有什么是永恒的——衰老和衰败对于人类、动物和技术来说是自然而不可避免的。[4] 但如果我们照顾好它们，那么还有很多东西能够多维持一段时间。

从直觉上讲，每个人都知道维护的重要性。当我们还是孩子的时候，我们就知道维护是我们日常生活的重要组成部分。如洗澡、刷牙、锻炼和饮食，所有这些活动都能保持我们身体的健康，并使身体保持良好的工作状态。

我们也通过定期或半定期的例行工作来维持我们物质财产（也就是技术）的工作秩序：除尘、扫地，检查汽车的机油和轮胎气压，擦拭厨房柜台、刀叉和盘子，清理电脑和手机里的旧照片和文件，以及确保人行道、甲板、水槽和排水管正常工作。此外，我们还会通过祈祷、冥想，以及花时间反思或减压等活动来保持头脑清醒和冷静。事实上，很多人发现休息活动结合了维护功效，如瑜伽（精神和身体）或摩托车修理（精神和技术）。

显然，维护对于个人健康至关重要。那么对于社会健康呢？艺术家米尔勒·拉德曼·尤克里斯（Mierle Laderman Ukeles）曾给出过答案，在她那个时代，她提出了一个令人振聋发聩的问题："革命之后，周一早上谁来打扫道路上的垃圾？"1978 年，尤克里斯成为纽约环卫局（New York Department of Sanitation）的第一位常驻艺术家，当时环卫工人正在罢工，市政府也没有足够的资金用于维持街道和人行道的清洁。她强烈呼吁纽约市民关注那些他们认为理所当然的事情。她花了几个小时跟踪、采访环卫工人并与他们握手，这被认为是一种唤起人们对他们生命和劳动价值的关注的全新行动。[5]

尤克里斯的工作阐明了技术的一个基本事实——它需要维护和关怀。卡罗尔·吉利根、内尔·诺丁斯和弗吉尼亚·赫尔德等学者的后续研究认为，关怀是所有社会的基础；关怀行为经常被女性化，即社会中有权势的行动者将关怀行为简单地视为女性的义务；它的价值通常被低估且没有多少回报；它出现在各种社会环境中，从亲情、友谊到政府机构、实验室。[6]

当出现问题时，我们首先要看的是关怀关系是否健康。新学院大学的政治哲学家南茜·弗雷泽指出，资本主义的过度行为和全球生态灾难有一个共同的根源：它们都是忽视造成的代价，以及一个把个人财富积累看得比公共利益更重要的社会带来的后果。这场危机的症状在许多现象中显而易见，如美国的医疗保健体系问题、因公共交通系统逐渐崩溃而蓬勃发展的优步以及漂泊在海洋中的商品塑料包装。换句话说，如果我们花更多的精力去关心每一事物，如我们的健康、出行和环境，那么我们自然会花更多的精力致力于共同的维护问题。很难理解这些维护或任何形式的维护是如何在缺乏关怀的情况下进行的。继而如果没有它，很难想象何种技术文明能够继续存在。

因此，关怀既指对健康和福利给予必要的关注，也指一种超越理性或实用关系的关切感。像尤克里斯那样重视关怀行为是摆脱自我陶醉的物质主义文化而迈出的关键一步。然而，对新奇和创新的痴迷会让我们忽视关怀的价值。正如我们将要看到的，关怀的一些显著特征，尤其是它的普遍性和对它的低估，也是维护工作历史上的永恒主题。

历史上的维护：如此关键却被忽视

如果你去书店或图书馆探寻技术史，书架上会摆满像爱迪生、特斯拉和贝尔这样的伟大发明家的传记，以及关于发明飞机、火车和汽车的故事。然而，正如我们所见，大多数人类活动的主体是使用技术，而不是创造技术。但我们与物质世界日常互动的故事在很大程度上可以说难觅踪迹。

接下来，我们将以不同的方法（一种更加强调维护和关怀的方法）来描述这些故事，这样我们就可以更清楚地了解我们是如何达到目前状况的。在我们对技术历史的复述中，你将看到两个永恒的主题：维护和关怀是必不可少的，然而它们经常被忽视。

从衣服到武器再到编织篮子，只要人类发明了技术，就需要维护和关注才能保持其可用性。例如，考古学家发现的古代衣服经常有修补的迹象。有些文化甚至在它们的宗教和律法中制定了维护和修缮的要求。例如，犹太人的圣经和法典列明了对圣物和经文进行检查和维护的例行程序。

文化期望，包括清洁感、秩序感和责任感，在决定我们选择什么样的维护方式方面发挥着巨大的作用。麦克阿瑟奖得主、研究中世纪技术的历史学家帕梅拉·O. 朗（Pamela O. Long）通过污水的生动案例向我们解释了这一点。15 世纪和 16 世纪的罗马街道上到处都是动物排泄物以及人们倒掉的垃圾、污水。"从现代的角度来看，它们非常令人反感。"朗说。在朗查阅的 200 多年的文献中，她发现"一道又一道的教皇训谕和政府法规"要求保持街道清洁。"要做到这一点非常困难，部分原因是没有真正设立社会机构或政府部门来负责这件事。"所谓的"街道负责人"是在政府中任职的公民精英，由他们负责维护道路，"但他们并没有领导一个专门的机构——这个机构雇用有许多固定的员工，他们拥有特定的岗位和设备，专门负责垃圾收集和污水处理"。

基于这些原因，朗总结说，无论在历史上还是现在，维护都不应该被视为理所当然。"我想说这根本不是天然安排好的。它包括了一整套在人类历史上原本并不存在的技术体系。在城市，维护是一项艰巨的任务，并失败过无数次。"

随着历史的车轮滚滚向前，19 世纪中期的城市化和工业资本主义的崛起，导致了维护历史上一些非常重要的变化趋势。

1800 年，94% 的美国人在农村生活和工作，主要是在家庭农场。到 1870 年，这一数字下降到 74%；到 1920 年，又下降到 50%。[7]（如今，不到 20% 的人口居住在农村地区。）这些农民都去了哪里？当然，他们移居到了城市，在那里他们可以找到更赚钱但通常非常劳累的工作。到 19 世纪末，大型企业在全国各大城市如雨后春笋般涌现。许多这样的大公司都是"资本密集型"的，在它们真正开始运营之前需要在材料和设备上进行大量投资。铁路、钢铁厂、炼油厂和其他规模化生产企业都符合这一标准。它们的核心技术设备需要不断的维护和修理。没有了维护，它们的机器将会失灵，生产将会中断，而工人们只能站在那里等着，资金就这样白白浪费掉了。

随着企业开始使用和依赖越来越复杂的技术，新的职业角色出现了。

"技工"（mechanic，更早的拼写为 mechanick）早在 16 世纪是一个广泛用于形容工匠和体力劳动者的词。[8] 例如，莎士比亚在 1623 年的戏剧《科里奥兰纳斯》（*Coriolanus*）中就提到了技工。但到了 1800 年，这个词的使用更加严格，指的是熟练操作机器（如蒸汽机和水轮）的人。

到 19 世纪末，铁路已经成为机械化社会的焦点，这是有充分理由的。铁路是美国实现商业发展和实力扩张的基础设施，而学会了利用铁路的企业家（如范德比尔特、卡内基、洛克菲勒、梅隆和弗里克）和城市（如芝加哥、匹兹堡、丹佛和纽约）享受着铁路带来的巨大利益。

该行业的巨头们知道，只有当它们的铁路成为美国商业可靠的大动脉时才能获利，所以它们很快就成为实施和思考维护工作的试验台。因为铁路公司雇用着数百名员工，拥有数量惊人的实物资产：从发动机和汽车到铁路和路基，再到设备和建筑。所有这些东西都需要维护和修理，而铁路工人的维护经验在今天仍然具有重要意义。

虽然铁路公司的高管们经常看不起维护部门（至少维护人员是这么想的），但县或市一级有关部门雇来维护道路的道路养护员（roadmaster），对铁路在社会中扮演的角色有着一个宏伟的愿景。在道路养护员和道路养护协会（The Roadmasters and Maintenance-of-Way Association）的第一次会议上，一位道路养护员宣称："铁路是现代商业的现代版'公路'。帝国的君主，共和国的首脑和总统，以及他们的广大追随者，均把未来托付给铁路的强大力量，而管理这一影响世界进步的重大因素，必须承担起与铁路所肩负重任相对应的可怕责任。"铁路或许为芝加哥和圣路易斯等城市带来了经济增长和繁荣，但如果没有铁路维修工，除了大量血流成河的事故以外什么也不会发生。例如，1879 年 12 月 28 日，泰河桥（一座位于苏格兰泰河湾上连接沃米特和邓迪的铁桥）的一部分桥段倒塌了，落入水下近 100 英尺[⊖]处。一列行驶其上的火车跟着坠入大海,火车上的人员全部遇难,估计有 75 人。调查发现,大风是主要原因,但维护不当同样是一个关键因素。正如一名调查员(当时为残骸监理专员)在一份报告中所写的那样,"毫无疑问,导致大桥倒塌的原因是风力作用在一个建造和维护都很糟糕的结构上"。

尽管铁路公司的高管们自我感觉极好,但道路养护员发现他们低估了维护的价值。轨道工作属艰苦繁重的劳动,是铁路工作等级中最底层的工作。铁路公司往往非常苛刻地对待这些雇员,只给予微薄的报酬就让他们拼命工作。例如,1889 年,佐治亚州韦克罗斯(Waycross)的一家铁路公司给新入职的轨道工人的工资是每天 75 美分,最高可达 1.5 美元,按 2018 年价格水平计算,即每天 14 美元至 28 美元,或每年 3640 美元至 7280 美元。如果一个工人表现很好并且(或者)碰上好运,他可能会被任命为工头,每天能挣到 2.25 美元。⁹ 在一次会议上,一位道路养护员解释说,他故意给工人们发放微薄的工资。"你会使他们穷得走不掉吗?"另一个工人问道。他回答说:"正是这样。"此外,在工作中受伤或致残的人往往会被直接解雇而且得不到任何补偿。

鉴于这项工作的难度,管理人员对于如何让一个人成为优秀的轨道工人有着明确想法。历史学家斯科特·雷诺兹·纳尔逊(Scott Reynolds Nelson)在他的著作《钢铁般的工人:美国传奇中不为人知的故事》(*Steel Drivin' Man:The Untold Story of an American Legend*)中认为,著名民谣《约翰·亨利》(*John Henry*)的核心人物很可能是一名被迫在弗吉尼亚州做轨道工人的因犯。这些受到强迫的劳工中有许多人死于他们所面临的艰苦条件。道路养护员给他们的工人服用可卡因,以使工作变得更

⊖ 1英尺=30.48厘米。——译者注

轻松并麻痹疼痛感。正如尼尔森所写的那样，"对道路养护员来说，毒瘾可能是阻止男人们离开的额外诱因。对人们的健康来说，可卡因是非常可怕的"。[10]

维护工作非常重要但被忽视的现象并不仅是存在于铁路行业，在那个时代的其他主导行业同样如此，包括钢铁厂、化工厂和炼油厂，以及电力和电话系统。虽然现在可能很难想象，但在这一时期，富人们经常自己安装电路、电话、有轨电车和其他设备。自封的专家们出版了大量的操作指南类书籍来解释这些设施需要什么——有点像今天的商业自我提升书籍。以记录发明为中心的历史忽略了不断增加的操作手册，而这些手册始终强调设备维护和修理的重要性。

随着 20 世纪美国工业生产蓬勃发展，一个快速发展的市场是家庭技术的创造——这是消费文化兴起的主要因素。消费者购买了留声机、收音机、电扇、烤面包机、冰箱、吸尘器和洗衣机。在车道上，汽车越来越多地取代了马车。这些技术的出现，使得维护和可靠性等工业概念与长期以来家庭范围内维护和关怀的传统和矛盾相碰撞。

这些技术中的许多是为了节省人们的时间和精力，特别是当涉及维护房屋或者说"持家"的时候。比如一些公司在推销诸如吸尘器和洗衣机之类的设备时，承诺它们将会减少家庭主妇的工作。正如历史学家露丝·施瓦茨·考恩（Ruth Schwartz Cowan）在她的经典著作《母亲的工作更多了》（*More Work for Mother*）中所论证的那样，这些说法纯属无稽之谈。虽然新技术使得女性从体力要求较高的工作中解放出来，比如洗衣服这项累人的家务，但它们也带来了更高的清洁标准，让女性做更多的家务，而这些工作从定义上讲是永无止境的。

消费者被迫越来越多地依赖外部专家来维持他们的技术设施正常运行。撇开可能致命的电力线路和设备不说，即使是最基本的管道系统也超出了许多房主的知识范围，或者至少超出了他们的耐心。"修理工"这个词在1850年以前几乎是闻所未闻的，在20世纪的头几年里突然被使用起来。修理工为众多不同类型的团体做了许多工作，但他们总是一直专注于为消费者拥有的技术设施提供服务。在整个20世纪中，从事维修的创业者们开设了一批又一批的商店来服务新型消费电子产品，从收音机到电视再到电脑，这种现象一直延续到今天的iPhone维修店。

也许美国最具标志性的维护和修理场所就是汽车修理厂了。起初，成为一名汽车修理工似乎是男性跻身中产阶级的一个有效策略。他们可以得到为富人维修汽车的好工作，在那个时候富人是唯一买得起汽车的人。然而，在20世纪的进程中，汽车修理逐渐开始被视为一个"陷入死胡同的工作"，只有没有前途的学生才被怂恿着进入这个行业。而汽车保养和维修的状况也受到影响，因为修理工让消费者感到焦虑：车主依赖他们，而且很容易被他们的专业知识所左右。因此，汽车维修历史上一个永恒的主题就是关于汽车修理工欺骗客户的担忧和谣言。[11]

汽车制造商试图让汽车更容易维护，以此来应对这些担忧。最早的汽车需要经常保养和维修。如果你在20世纪10年代使用汽车，那么你最好有一些技术知识。但是像通用汽车这样的汽车制造商为了使汽车引擎和其他系统更加可靠而投入了大量资金，以减轻消费者维护的麻烦，并达到其他重要目标，比如安全。同样的改进故事也适用于其他一些技术，尽管有许多众所周知的例外。（一位家电维修工曾向我们抱怨冰箱制造商增加了像制冰机这样的花哨功能。这些功能让消费者赞叹不已，也吸引了不少消费者，但通常都以失败告终，恼火的消费者不断因为这样的事情给他打电话。）

　　许多公司还制订了保修计划，承诺消费者不会因为任何一个损坏的产品而发愁。后来，美泰克公司（Maytag）推出其广告宣传活动"美泰克人"（*Maytag Man*）时就复制了这个想法：美泰克人是"镇上最孤独的人"，只能玩纸牌和填字游戏消遣，因为美泰克的产品太好了，以至于他从来没有接到过维修电话。

　　这就是工业时代留给我们的启示：我们知道维护很重要，但如果我们拥有恰当的方法，我们就永远不必担心。

维护专家的崛起

　　在 20 世纪早期出现了两个重要的概念：延期维护和预防性维护。

　　随着铁路和工厂等资本密集型企业的不断出现，工程师和会计师需要一种方法来记录机器和实物资产在老化时的质量下降状况，尤其是在它们没有得到适当维护的情况下。到 19 世纪 90 年代，图书出版商开始印刷折旧表和尤因·马西森（Ewing Matheson）的著作《工厂、矿厂和工业企业的折旧及其估值》（*The Depreciation of Factories*，*Mines*，*and Industrial Businesses and Their Valuation*）。[12] 大约在那个时候，延期维护经常被用来描述一个储备账户，表示组织或政府用来处理被推迟的维护项目的留存资金。有时这在今天仍然能够看到，但自 20 世纪 10 年代以来，"延期维护"更多地被用来跟踪未完成的工作，既没有制订修复计划，也不知道钱将从哪里来。

　　预防性维护的概念出现在 20 世纪 20 年代和 30 年代。它实际上是一种勉为其难的接受，即维护是必要的，但它应该以有计划的、有秩序的方式进行，而不能影响生产。《工业企业维护工程》（*Maintenance Engineering in Plants*, *Mills*, *and Factories*）杂志在 1931 年解释道，"在以前维护被认为等同于修理。如今，业界认为将修理视为维护的一个次要阶段"，因为维护还包括对建筑和设备的各个方面进行系统检查。其梦想是，在因为某些问题而被迫中断工作之前，预防性维护能够避免掉所有的失败、故障和事故，尽管这个不可能的梦想从未成为完美的现实。

二战后，预防性维护的概念从私人部门扩展到了公共部门。艾森豪威尔的州际公路系统（Interstate Highway System）等项目建设了具有显著经济和社会意义的大型基础设施。虽然这些新的基础设施促进了经济增长，提高了一些人的生活质量，但它们也给地方政府和公民带来了不断增加的维护成本。1954 年，也就是州际公路系统开始建设的两年前，州政府管理公路的年维护费用约为 6.48 亿美元。到 1974 年，该项费用已经膨胀到 27 亿美元。虽然部分原因源于失控的通货膨胀和其他经济问题，但这更多的是不愿为新建设施承担未来责任的产物，预测往往是错误的。1968 年美国州公路官员协会（American Association of State Highway Officials）估计，到 1977 年公路维护成本将达到 25 亿美元。然而到 1973 年美国就达到了这个门槛，几乎只用了预期一半时间。[13]

面对巨额的维护成本，各国政府的反应往往是推迟维护。就可靠性而言，这是明显的倒退行为。推迟维护工作当然会导致系统老化，也可能导致事故和其他对公共卫生的威胁。除了造成的危害，这些问题有时还会导致州和地方政府面临高昂的诉讼费用。举个例子，在 20 世纪 70 年代，有个州在高速公路中间种植了一种低维护费用的深红色三叶草，但没有及时修剪。当三叶草长得太高，挡住了过往汽车的前灯时，最终酿成了一场可怕的交通事故并造成一名年轻女孩死亡，法院裁定州公路部门应对这起事故负责。全国各地的许多公路部门都面临着与养护公路和周围植被有关的诉讼案件。[14]

在 20 世纪中叶以前，规划者和工程师们被激励着去寻找新的方法来防止意外和故障。通过"预测性维护"的新方法，他们开发出来用来保持工业机械可靠性的技术和工具，从而使得工业社会处于良好的运行状态。

预测性维护的概念源于 T. C·拉斯伯恩（T. C. Rathbone）1939 年的论文《振动耐受性》（*Vibration Tolerance*）。他在论文中断言，随着机器状况恶化，它们的振动会愈加剧烈。他认为，如果工程师和管理人员能够测量振动强度，他们就更有可能在机器发生故障和停产之前发现问题。包括美国军方分支机构在内的几个组织吸收并发展了拉斯伯恩的见解，创建了图表方法和其他决策工具。[15]

20 世纪 60 年代，一些公司发明了能够检测潜在故障的电子设备，从而催生出一个名为"监控"的全新领域。但最重大的突破发生于当工程师开始使用数字计算机进行监测、数据分析和预测的时候。20 世纪 70 年代末，北美第四大铝生产商 Alumax 设计出第一套能够实现上述功能的系统。当 Alumax 的经理们在南卡罗来纳州的霍利山建造新的冶炼厂时，他们设计了一个主动式维护系统。为了实现这一点，他们不得不开发自己的计算机系统，因为在刚刚起步的数据库市场上并没有类似的系统。他们的计算机系统是创新性的：它采用了整体式的维护方法，并能够通过在线数据库向所有员工提供工厂的任何业务功能。实际上，这是第一个计算机化的维护管理系统（CMMS）。

该系统在 Alumax 的拥护者是小约翰·戴（John Day, Jr.），他现在在专业维护和可靠性领域备受尊敬。戴是该领域的先驱人物，他坚持计算机可以用于维护管理（那是在 20 世纪 70 年代），将维护视为一项为获取利润而进行的投资而非成本，并阐明了维护和可靠性如何为投资带来正向回报。多年来，戴完善了他自己的"维护哲学"，包括对管理方法、成本、资本支出数据、计划性和应急性员工时间、库存等的详细论述。他影响最持久的贡献也许是6比1的"黄金法则"，即建议每1个修复性维修行动应该与6个预防性维护行动相平衡。换句话说，公司花在维护上的每1美元，其中应该至少有84美分用于计划性维护。遵循这一"黄金法则"的公司只需要在应急维护或被动维护上花费相对较少的资金。

20世纪80年代是一个痴迷于产品质量和可靠性的时代，当时Alumax系统在国际上赢得了来自许多咨询公司和行业杂志的赞誉，如《工厂工程》（*Plant Engineering*）和《维护技术》（*Maintenance Technology*）等。即使在今天，当专业人士谈论"世界级的维护"时，他们也并不是指任何行业标准或公布指标。相反，这个术语被广泛接受的意思是绝大多数用于维护的支出都是提前计划好的。

Alumax系统能够在维护领域取得如此显赫地位，归功于小约翰·戴和他的同事们率先将计算机数据库和软件纳入维护工作中。后来的计算机维护管理系统增加了许多复杂的功能，包括预算、成本估计、库存和采购控制、设备历史以及能源使用和节约数据等。[16]一些系统可以在给员工分配任务之前检查人力资源数据库，以确保员工掌握最新的培训和认证信息。然而，维护专业人员面临的核心挑战是如何将这些系统集成到日常操作中——这个挑战一直持续到今天。

维护的计算机化可能有助于使其管理更容易，但具有讽刺意味的是，计算机的广泛普及也创造了一个需要维护的全新技术层面。数字技术体系的承诺和现实之间存在着一片虚幻的空白。虽然计算被一系列无实体指向的词语所包围，比如"虚拟"和"网络空间"，但我们用数字技术做的每一件事，从打开一个应用程序到搜索互联网，都涉及使用某些设备做一些相当实际的事情，无论是在我们手中还是在遥远的"云"服务器上。

这又是一个悖论：维护既被需要，又被忽视。它就围绕在我们身边。它存在于单位的后台办公室里，最刻板的印象就是里边坐满了害羞的、呆头呆脑的技术男，正如BBC《IT狂人》(The IT Crowd)这样的节目中所描述的场景。它存在于修理店里，当我们的笔记本电脑和手机莫名其妙地坏掉的时候，我们不得不前往那里。它存在于无数下载到我们设备上的软件更新、安全补丁和漏洞修复中。所有建成的东西，即使是数字的，都需要维护。再一次，正如罗马人与流过他们街道的污水斗争一样，问题归结为一个选择：我们真的了解它的重要性吗？我们愿意投入必要的时间、精力和资源来维护它吗？

尽管像 CMMS 这样的系统为维护工作提供了便利性和洞察力，但是没有技术可以解决缺乏维护思维的问题。光靠软件拯救不了我们。当我们参加一个维护管理者的会议"Mainstream"时，我们听到了关于这一点的一个有趣的例子。一位在阿肯色州某家化工厂工作的经理描述说，几年前他刚到那里时，工厂的维护工作是按照"比利·鲍勃法"(Billy Bob method)进行的。然后他对着对讲机假装说："呃，比利·鲍勃，我们这里有个麻烦。"换句话说，工厂的维护完全是被动的——它基于修理和修复已经出现的问题，而不是任何更有组织和计划的事情。这位经理后来偶然发现，该公司已经购买了 CMMS 软件但从未使用过它。软件被束之高阁，无人问津，就如同价值不菲的镇纸一样被雪藏着。

随着时间的推移，虽然思想和技术可能会在某些方面取得进步，但我们认为维护的历史并不尽然，往往只是一个勉强跟上时代步伐的故事。如今，美国铁路系统的某些部分维护得如此糟糕，以至于火车必须以每小时略高于 5 英里[⊖]的速度缓缓"爬行"。美铁（Amtrak）表示，需要 380 亿美元的资金来解决位于波士顿和华盛顿之间的东北走廊铁路线的延期维护问题，该条线路的乘客经常因轨道问题而面临长时间的延误。在社会的不同领域，从肮脏的医院和摇摇欲坠的桥梁，到失败的学校和无能的政府机构，我们目睹了维护投资的缺乏是如何造成灾难性问题的。

但政治家、学者和高管们仍在继续呼吁更多的创新以使我们免于各种危机，如气候变化、经济放缓和低效的医疗保健等。这种把我们所有的希望都寄托在创新上的本能，正是我们总结为"创新者的迷思"的问题所在。

在本书的第二部分，我们将探讨创新者的迷思带来的高昂代价——不惜一切代价盲目追求创新，甚至牺牲对最重要事物的维护。我们将在三个不同的尺度上记录这些成本：在社会中，基础设施长期受到忽视；在组织中，不成熟的创新努力使得组织盈利为非理性投资所侵害；在我们的个人生活中，持续不断的"颠覆"压力搅乱了我们的家庭和事业。

我们已经看到维护如何被忽视。现在，是时候考虑这对我们有什么影响了。然而这幅图景并不赏心悦目。

⊖　1英里=1609.34米。——译者注

THE INNOVATION
DELUSION

第二部分

第 4 章

缓慢而至的灾难

忽视维护对基础设施造成的影响

2015 年 1 月，华盛顿地铁的乘客们从朗方广场站登上黄线[⊖]302 号列车，前往弗吉尼亚。列车在出发片刻之后，便在离站台不到 400 英尺的地方停了下来，车厢里弥漫着浓浓的黑烟。原来，担负着为列车输送高压电力任务的第三条铁轨，此时以一种被称为"电弧放电"的方式发生了故障——当电力电缆的绝缘性能下降时会引发电弧，使得附近的灰尘、树叶、垃圾和其他碎屑穿过其中。高压电力在那里接地，迸发出火花和浓烟，从而造成了此次事故。

在那一天，紧急应对措施做得一塌糊涂。如果结果不是那么悲惨的话，这一切就几乎是可笑的。地铁管理局切断第三条铁轨的电力供应大约花了40 分钟，而疏散 302 号列车上的乘客所用的时间也差不多一样长。一些乘

⊖ 华盛顿特区地铁系统的线路名称。——译者注

客主动逃离，但很多人，尤其是老人和残疾人，被困在浓烟和黑暗中。其中有三名乘客为一名昏倒的妇人做了 20 分钟的心肺复苏，但她终究没有苏醒过来。这时一个男人过来抱起她，走进了浓烟滚滚的黑暗之中。之后这三名乘客再也没有见过她。虽然烟雾最终散去，但 61 岁的卡罗尔·英曼·克洛弗（Carol Inman Clover）再也回不来了。她是两个孩子的母亲，刚刚在工作中获得了年度员工奖。在这次事故中，另有 70 多人因吸入浓烟被紧急送往当地医院。

在一年后发布的最终报告中，美国国家运输安全委员会（NTSB）发现地铁管理局"未能正确安装和维护第三轨道的电力电缆，导致其被水和其他污染物损坏"。[1] 维护工作被推迟到某个幻想着会有充足资源的日期，但最终也没有兑现。更重要的是，在 2009 年造成 9 人死亡的撞车事故后，地铁管理局未能按照 NTSB 的建议采取安全措施，比如检查铁轨、通风隧道和列车，以及派遣维修人员和消防人员响应烟雾报告这类简单的事情。[2] 自 1982 年地铁发生第一次致命事故以来，这些安全问题就已经得到了充分的记录。但地铁管理局似乎是一个没有吸取教训的组织。例如，在对 2015 年火灾的调查中，NTSB 发现，如果华盛顿地铁"遵循标准操作程序，在第一次报告出现烟雾时停止所有列车运行，事故列车就不会被困在烟雾弥漫的隧道中"。[3] 从而将不会有人死亡。

2016 年 3 月，也就是卡罗尔·克洛弗由于烟雾窒息而死一年后，一起火灾在凌晨时分发生，而原因完全相同——电弧。这些问题仍然没有得到解决。地铁总经理将整个系统关闭了一天以便进行紧急检查和维修，导致许多乘客滞留在郊区。领导们认为，最终的解决办法是关闭维护最差的铁路线数周。可能只有到那时，地铁才能做完本该更早完成的工作。

多年来，负责领导和资助地铁建设的官员们一直把技术创新和地铁系统扩张放在首位，而不是维护和保养已经建成的设施。从一开始，规划人员就在设计地铁系统时强调自动化：直到 2009 年发生一起致命事故之前，列车都是由计算机控制的。在那之后，这项技术才被中止，改由人工操控。[4]（计算机控制的列车于 2019 年底在华盛顿地铁重新启用。）一些批评人士认为，自动化以及对技术的盲目信任塑造了地铁管理局松懈而缺乏活力的安全文化，并最终引发了事故。[5] 负责地铁建设的政客们仍然不断推动地铁系统的扩张和新线路的建设，同时拒绝征税、设立新收费或提高票价来支付维修和其他基本运营需要的费用。

其中一些问题源于华盛顿特区地铁独特（且破旧的）管理体系，该体系要接受经常发生功能失调的董事会、华盛顿特区的立法者、马里兰州和弗吉尼亚州的州立法机构以及美国国会的命令。可以说，地铁的财务状况要取决于来自蒙大拿州以及弗吉尼亚州西部农村地区代表们的决定，但他们绝对没有政治动机来确保地铁保持良好状况，有时甚至会起到抑制作用，比如向选民表明他们反对税收和支持有限的政府支出。

我们将在后面的章节中讨论这些管理问题，但目前更吸引我们眼球的是，这种倾向于创新和扩张的想法如此肤浅的思维模式是如何加剧地铁面临的问题的。显然华盛顿地铁并不是美国唯一处于这种境地的基础设施。

2017 年纽约市的夏天被人们视为"地狱之夏"，因为地铁系统的紧急维修造成了长期的交通拥堵，导致人们在路上花费了更多时间，既漫长又痛苦。在未来 15 年里，修复该系统的成本估计在 190 亿美元到 430 亿美元之间。《纽约时报》随后的调查揭露了纽约地铁数十年来不断延期维护和削减预算的行为。就像华盛顿地铁一样，这最终是由糟糕的管理决策以及同样糟糕且更加不负责任的政治活动的综合影响造成的。例如，2017 年，纽约州州长安德鲁·科莫（Andrew Cuomo）"向当局施压，要求他们花费数千万美元研究在 MTA [⊖] 的桥梁上安装可编排显示内容的灯光，在公交车上安装无线网络和手机充电插口，并在地铁车厢上涂上纽约州的徽标"。[6] 与此同时，MTA 削减了 40 多种维护工作，将地铁车厢的例行维护工作从每 66 天一次延长到每 73 天一次。

这只是两个有关交通运输的例子。在其他地方，2017 年加利福尼亚州萨克拉门托山谷的奥罗维尔大坝面临垮塌的危险，届时会形成 30 英尺高的水墙顺费瑟河而下，从而淹没当地社区。两年后，联邦政府拒绝向加利福尼亚州支付 3.06 亿美元的维修费用，因为它发现，这次差点引发重大灾难的事故是由于维护不足造成的，所以联邦灾难基金并不打算支付这笔费用。10 年前，也就是 2007 年，明尼阿波利斯市 35W 州际公路的一段桥梁坍塌，坠入密西西比河，造成 13 人死亡，145 人受伤。工程师们早已经认定这座桥存在结构缺陷，但在坍塌时进行的小规模维修显然不足以拯救这座桥的结构以及它承载着的生命。

如果这些例子丝毫没有发挥警醒作用，那就难怪美国土木工程师协会（ASCE）经常在其基础设施报告单上给美国打出接近不及格的分数。美国 61.3 万座桥梁中有近 10% 存在结构缺陷，这意味着桥梁的某些部分需要检测或维修。但 ASCE 发现，该国的大坝、堤防和供水设施的状况甚至更糟，而公共交通处于最糟糕的状态。[7]

历史学家斯科特·诺尔斯提出了一个恰当的术语来形容这一情况——慢速灾难。快速灾难，或者我们通常所说的灾难，包括飓风、洪水、龙卷风、地震和工业事故等。这些事件迅速袭来，破坏了人们的生活以及支持我们正常生活的技术设施系统，并留下持久的创伤。在寻找故事的新闻摄像机打包离开很久之后，受害者们还在收拾残局。一些企业和家庭再也回

⊖ Metropolitan Transportation Authority，纽约大都会运输署。——译者注

不来了，人们的生活变得支离破碎。

相比之下，慢速灾难是由于长期忽视而造成的伤害累积。当儿童吞食从老化的含铅漆上剥落的碎屑，或者当凹凸不平的路面对交通造成安全威胁时，就会发生这种情况。

当然，慢速灾难可能导致快速灾难，比如存在结构缺陷的桥梁垮塌，或路基维护不善导致火车脱轨。维护不足会加剧其他类型的灾难，比如当飓风或地震袭击脆弱、老化的基础设施时。在波多黎各登陆的飓风玛利亚就是最近的一个可怕例子。在美国该领地面临多年金融危机期间，其电力系统的维护被不断推迟。2017 年飓风来袭后，该岛花了 11 个月才完全恢复供电。研究人员将飓风后死亡人数激增归咎于电力系统故障，最终死亡人数估计约为 3000 人。

慢速灾难的概念有助于我们从长远的角度来思考这些悲惨的案例，使我们意识到维护不足以及过分重视新设施的思维方式的问题。记者在镜头前眉飞色舞地向我们展示飓风的威力有多大，而慢速灾难的概念将我们从这种 24 小时新闻周期的急迫中拉出来，并把我们的注意力转移到遭到忽视的长期危害上。

我们在谈论基础设施问题时必须小心。正如我们在前面的章节中所看到的，自 20 世纪 70 年代以来，美国和其他富裕国家经历了经济、生产率和工资增长的下降或停滞。人们习惯于通过过于简单的有关道德沦丧的故事来解释这些变化。例如，20 世纪 70 年代生产力下降的原因有时会被归咎于懒惰的长发嬉皮士——他们抽了太多的 j-bird 香烟，而且缺乏职业道德。把糟糕的事情归咎于道德上的失败是很容易的，但当事情出错时，这往往不是最好的解释。

此外，一些思想家，如罗纳德·里根政府管理与预算办公室负责人、保守派评论员戴维·斯托克曼（David Stockman），认为人们对基础设施的普遍担忧在很大程度上被夸大了。我们不同意他的评价，但我们同意他的信念，即我们总是应该提防夸张和歇斯底里。严重的基础设施问题显而易见，而且我们没有理由相信这些问题会在短期内得到改善。

道德败坏、愚蠢和缺乏才智有时甚至经常被用来解释基础设施的破败，但其原因实际上是极其复杂的，并且基础设施的破败会导致各种各样的问题。然而，在核心问题上，我们认为是一系列致命的因素造成了我们现在的处境，这其中就包括我们重视创新和增长，却不关心我们已经建立起来的世界。

脆弱的基础

很难估计现代基础设施为改善我们的日常生活所做出的巨大贡献。自来水系统提供清洁的水源，而下水道系统负责排除污水，保护我们免受霍乱、钩虫和痢疾等疾病的侵害。在历史的大部分时间里，这些疾病残忍地夺去了人们的生命，而现在在这个星球上的许多地方仍然如此。电力系统为各种各样的技术设施提供动力，使我们的生活更轻松、舒适。从电话到互联网，通信系统以几百年前根本无法想象的方式将我们与他人联系起来。我们所认为的现代生活的许多方面都建立在被我们称为基础设施的技术网络体系之上。

正如我们在第 3 章中所看到的，在我们的文化中，人们已经对谈论创新非常着迷，其中部分原因是新技术对经济增长做出了突出贡献。它们使我们能够以更少的资源做更多的事情，而交通技术以及相应的基础设施为这一点提供了一个清晰的视角。当美国刚成立时，马匹是主要的交通工具。它们走的是土路，这些土路通常没有人照管，在有些季节甚至泥泞得无法通行。从纽约到弗吉尼亚需要花费几天的时间。旅行是如此困难，以至于当詹姆斯·麦迪逊在《联邦党人文集》（*Federalist Papers*）中提倡组建联邦政府时，他认为国家不必担心产生暴力集团或危险的煽动者。因为当时的通信速度实在太慢了，人们很难在相隔数百英里的地方互相鼓动起来。

显然，从那时起，交通运输逐渐得到了改善：铁路、汽车、半挂车、现代混凝土道路（最后还建立了州际公路系统）、航空和多式联运枢纽，自20世纪70年代以来巨型集装箱船的兴起以及它们所带来的全球生产网络。甚至到了20世纪中期，一把螺丝刀前一天还在美国中西部生产，第二天就出现在纽约市被人们所使用。自1800年以来，生产率以惊人速度不断提高。

但不断恶化的基础设施表明，经济增长并不是单向的。如果人类活动可以得到改进并变得更有效率，那同样可以退化并变得更低效。说到基础设施，这个道理或许可以通过思考下面这个啤酒厂的例子看得更清楚。

我们的一个朋友在美国著名的内华达山脉（Sierra Nevada）啤酒厂工作了多年。由于美国的铁路系统维护得如此糟糕，火车车厢颠簸得非常剧烈，该啤酒厂和其他啤酒厂不得不在运输途中增加额外的衬垫和缓冲物，以防止瓶子破裂。这种填充材料占用了很大的空间，所以这些公司只能运输很少的啤酒。此外，数百或数千英里的美国铁路轨道已经老化，以至于火车在某些路段上的行驶速度必须低于它们应有的速度。所有这些都意味着铁路运输的效率比它本来可以达到的水平（实际上它曾经达到过）要低。在这一方面，我们已经迷失在增长中，并将酒精饮料置于危险之中。这就引发了一个问题，我们是否已对人类的基本需求视而不见，以至于敢拿啤酒冒险？

对于基础设施不断恶化的担忧，实质上与构成这些基础设施的大规模技术体系一样久远，无论是私营的（如铁路）还是公共的（如水利工程）。但自 19 世纪 70 年代以来，这一担忧更加强烈，经济学家、政策分析人士和土木工程师不断发表著作强调基础设施的问题。这个时机并不奇怪。因为在 20 世纪 70 年代，当美国经济开始走下坡路时，地方、州和联邦各级政府都试图削减成本，而维护几乎一直是受害者。

1981 年，帕特·乔特（Pat Choate）和苏珊·沃尔特斯（Susan Walters）很早就揭露了这个日益严重的问题，他们为美国国家规划委员会（Council of State Planning Agencies）发表了一份题为《废墟中的美国》（*America in Ruins*）的报告，涵盖了从下水道系统到公路、地铁等各种公共基础设施。它发现，在 20 世纪 80 年代，修复非城市公路的成本将超过 7000 亿美元，如果维护成本的通货膨胀率继续保持在 12.5% 的现行水平，目前的资金只能覆盖大约三分之一的账单。[8] 该报告还发现，仅纽约市的公共工程就需要 400 多亿美元用于未来十年的维护，以使其达到良好的运行状态。正如我们现在所知，至少在纽约地铁项目中，这笔钱从未出现过。

正如乔特和沃尔特斯所指出的那样，后衰退时期的预算削减"破坏了振兴经济的努力，并威胁到数百个社区消防、公共交通和供水等基本服务的延续"。[9] 虽然这篇报告最初没有得到多少报道，但它最终被《纽约时报》《时代》和《新闻周刊》重点报道。在今天，乔特和沃尔特斯的警告听起来很有预见性。

在《废墟中的美国》问世三年后，美国国会成立了全国公共工程改进委员会（National Council on Public Works Improvement），该委员会由来自商界和政界有影响力的人物领导，并受命编写一份关于美国基础设施状况的报告。这份名为 *Fragile Foundations*: *A Report on America's Public Works* 的报告于 1988 年发表。总的来说，这份报告可能更关注于建设新的基础设施，而不是关心现有的基础设施。但维护仍然是一个重要的主题，部分原因是在公共工程支出不断下降的同时，维护成本的增长速度却轻松地跑赢了通货膨胀速度。运营和维护成本从 1960 年的 216 亿美元上升到 1984 年的 565 亿美元，而公共基础设施支出已从 1960 年国民生产总值的 3.6% 下降到 1985 年的 2.6%。[10] 维护支出的减少意味着更多现有的桥梁、大坝、堤防和其他设施正在崩溃，即使我们在不断建造新的。

《脆弱的基础》是关于基础设施最早的文章之一，提出了一个后来反复谈及的命题：维护并不"性感"。正如该报告所指出的那样："维护支出不会像新资本项目那样令人兴奋。公众很少意识到维护，除非一个路面的坑洞存在或公共汽车的空调坏了。除了具有隐形的特点之外，维护在政治上也不引人注目……运营和维护预算很容易被削减掉，因为选民往往注意不到基础设施的恶化。"[11]

然而，《脆弱的基础》最为显著的影响是，它是第一个包含基础设施评级报告单的出版物。该报告对八种公共工程进行了评级。其中水资源的评级最高，为 B 级；危险废物的评级最低，为 D 级；公共交通的评级为 C 级，部分原因是"一直缺乏可靠且必要的维护工作，尤其是在老城市"。[12]

十年后，ASCE 正在寻找一个能够提升该组织形象的项目。当意识到国会不打算更新《脆弱的基础》时，工作人员突然想到了发布他们自己的报告单的想法。该报告于 1998 年首次发布，标题为"美国基础设施报告单"，自那以后大约每四年发布一次。如果 ASCE 的目标是引起关注，那么这份报告显然已经取得了巨大成功。比尔·克林顿在 1998 年的报告单发布几天后就引用了其中公立学校评级为 F 的内容，而巴拉克·奥巴马在主张增加基础设施支出时引用了 2009 年和 2013 年的报告单。[13] 另外，美国大多数重要新闻媒体都引用过这份报告单。它在激发公众对国家基础设施需求的讨论方面具有巨大的影响力。正如一份总结中所说："在 ASCE 的六张报告单中，该组织发现了同样的问题。我们国家的基础设施正在老化、表现不佳，需要持续的关注和行动。"[14]

基础设施倡导者认为，解决该问题的答案是增加支出。在某些方面，我们同意。但是在过去的十年里，还有一种对基础设施的思考已经浮出水面。如果这是正确的，那么我们的情况比基础设施倡导者所认为的要可怕得多，而且无论多少支出都无法让我们摆脱目前的困境。

推迟现实

查尔斯·"查克"·马隆（Charles "Chuck" Marohn）是一个严谨的，甚至可以说是古板的土木工程师。他是一名说话温和的天主教徒，而且还是一名共和党人。他在农村长大，曾在国民警卫队服役，后来与高中时的女友结婚，并搬到以农村为主的中西部地区的一个小城镇。所有这些因素都让人们觉得马隆不太可能具有"思想领袖"的潜质。然而，从他的家乡明尼苏达州的布雷纳德开始，马隆和他的同事们发起了一场日益壮大的、有影响力的运动——"强大的城镇"（Strong Towns）运动。这是一个非营利组织，旨在让美国城市在财务上更具弹性。

大学毕业后，马隆成为一名典型的土木工程师，致力于发展他所在地区的社区。"我那时一心想要扩大城区"，他后来这样告诉一位采访者。然而从 25 岁左右开始，马隆经历了一场信仰危机。他时常在工作时感到沮丧，他想要在公司中晋升的雄心大大超过了老板愿意给他的职位。他可能要在目前的岗位上工作几十年才能晋升。

后来，他得到机会参加当地扶轮社的一个海外交换项目。俱乐部把他和其他一些人送到了意大利，但当马隆和他的同行伙伴抵达时，发现意大利人对他们的到来毫无准备。这次旅行宣告失败，扶轮社想要召回马隆和其他人，但马隆拒绝了。他租了一辆车，而后开车在意大利各地辗转了一个多月，每天晚上就睡在车里。

在旅行期间，他特别关注意大利的基础设施，并观察建筑工人如何工作。虽然他对自己所看到的东西很感兴趣，但也带着一种美国人的优越感。他不敢相信意大利的一些工程实践竟然如此原始。"有这么一个地方，"他告诉我们，在意大利国土"靴子后跟"位置的小城莱切，"一群男人正在把巨石铺就的路面挖开来修理一根管道。正如一个 25 岁美国小伙子，我的第一反应就是，'这些人真蠢'。就好比，'看看这些坐在这里用手搬石头的傻瓜。真是一群白痴'。但当我收敛起自己的优越感……我开始意识到，好吧，在美国我们修一条柏油路，它的使用寿命大概是 12 年，之后就会变得坑坑洼洼。除非你进行严格的维护，那它可能会持续使用 25 年或 30 年。而那块该死的石头从公元 400 年起就在那里了。"

在那次旅行结束回到家后，马隆很难回归正常工作，在他身上已经发生了某些变化。在他 26 岁时，他甚至曾考虑过辞掉工作、离婚以及离开家乡。在努力应对这场生存危机的同时，他经历了某种职业上的顿悟。

马隆曾被派去负责明尼苏达州雷默的一个项目。雷默是一个不到 400人的小镇，因为排放过多的废水而被州政府罚款。当时废水已经从雷默的废水存储池和处理池中溢出，正如马隆后来所写的那样，溢出的废水"可能使土质护堤坍塌，并向邻近的威洛里弗输送数千加仑的浓缩污水"。[15] 在这种情况下，一般原因是干净的地下水流入了下水道管道，导致下水道系统中废水溢出。马隆进行了调查，"半夜里从一个检修井到另一个检修井"，不断测试水流量以寻找泄漏位置。最终他找到了"罪犯"——那是一条 300 英尺长的管道，从附近的一条高速公路下穿过。经过测算，修复管道将花费 30 万美元，但该镇全年的预算只有这个数字的一半，显然雷默没有钱来维护自己的下水道系统。

马隆四处寻求政府援助，但是没有一个联邦拨款计划来解决如此小的项目，尤其是维护项目。于是马隆想出了一个巧妙的解决办法，他设计了一个耗资 260 万美元的升级版下水道系统，并且大大扩展了原有规模，原来的维修计划几乎是被当作该项工程的附属品。马隆后来写道，这个项目"现在成了联邦拨款计划的完美选择对象"。

马隆成功地提交了一份拨款申请，并为该项目取得了资金支持，尽管这要求雷默必须向美国农业部借款 13 万美元，而该镇根本没有类似业务可做。项目竣工后，镇上的人们都欣喜若狂，政客们排着队参加剪彩合影活动，甚至宣布了一个"查克·马隆日"的节日。"那不是游行之类的，"马隆后来告诉我们，"那里只有一个放有烤架和一些热狗的小帐篷，人们围坐在一起说，'这太棒了。我们修复了这座城市。这太伟大了'。"他还从这段经历中得到了"丰厚的奖金"。但随着时间的推移，当马隆回想起自己的所作所为时，他开始相信，美国基础设施政策的核心存在着一个根本性的谎言。

最基本的问题是：联邦资金支持了美国大量新基础设施的建设，但使用联邦资金来维护这些设施是困难的，有时甚至是不可能的。例如，2014 年，美国联邦政府支付了近 40%（或 690 亿美元）的新基础设施项目，但只支付了 12%（或 270 亿美元）的运营和维护费用。[16] 换句话说，超过 70% 的联邦基础设施支出用于新的建设项目，而 65% 的州和地方资金用于运营和维护。[17] 地方政府仍乐于接受建设新项目的资金，尽管它们需要同意承担起项目建成后整个生命周期内的维护责任这一"潜规则"。

如果美国民众能够创造足够多的税收收入来支付维护费用，这一切都不会成为问题。但通常情况下，他们不会，甚至差远了。例如，当马隆和一些同事在路易斯安那州的拉斐特做调查时，他们发现该市的基础设施支出需求约为 320 亿美元，但税基只有 160 亿美元。[18] 在拉斐特，平均每个家庭每年要缴纳 1500 美元的税款，其中约 10% 用于基础设施维护。马隆估计，为维持该市基础设施当前的使用状况，每个家庭每年就需要额外支付 3300 美元的税收，这并不包括增加新的道路或其他设施，也不包括对现有设施进行升级改造。[19] 大多数家庭根本负担不起这笔费用，如果该市领导人试图根据实际情况提高税收，那么他们的任期也不会太长。马隆认为，拉斐特这种"颠倒"的财务状况正在成为美国各地的常态。

像雷默下水道系统这样的项目给当地带来了负担不起的豪华基础设施。然而，后果不言而喻，官员和市民们可以为自己的成就沾沾自喜，却把担忧和问题留给了未来。你可以看到这种做事方式与马隆在意大利的所见所闻是多么截然不同，那里的基础设施建设较慢，甚至是低效率的，但显然是可持续的。毕竟，这已经持续了几千年。

这两种做事方式之间的差距让马龙难以忍受。他甚至考虑抛弃自己的事业、城市和婚姻，并幻想着去做一些"简单而快乐"的事情。他后来告诉我们："我想成为一名缆车司机或在迪士尼乐园开巴士。"当马龙为未来做着打算时，他的妻子试图挽回他，让他想出一个不需要离婚的解决方案。

马隆最终决定攻读明尼苏达大学城市与区域规划专业的硕士学位。在这次经历中，他学到了很多东西，但其中很多与他之前作为工程师时所学到的知识相冲突。例如，在他以前的工作中，马隆曾帮助规划了带有弯曲的小巷和"死胡同"的住宅区。但在明尼苏达大学，他了解到传统的街道网格组织对社区更有利，因为它使出行更高效，开发模式也更灵活。在马隆毕业回到布雷纳德后，他成立了一家名为社区发展研究所（Community Growth Institute）的咨询公司，帮助小城镇制定有关城市规划、法规条例和街区划分方面的决策。"我们的内在使命是拯救美国乡村地区。"他告诉我们。

马隆在雷默等地目睹的情况与他在研究生学校所学到的仍然存在矛盾，但他当时还没有意识到。"我认为……每个规划者都相信，如果你有一套正确的区划规则，你就能解决所有问题。就像是你可以治愈癌症和维护世界和平……这是诱人的。你开始相信自己比别人拥有更多的知识和洞察力。"

马隆思想比较开明，他意识到自己可能是错的，并在读了马尔科姆·格拉德威尔的文章《爆炸》（Blowing Up）之后有所顿悟。在这篇文章中，格拉德威尔对比了两名不同的投资者：维克多·尼德霍夫和尼古拉斯·塔勒布，后者后来写了《黑天鹅》（The Black Swan）和《反脆弱》（Antifragile）等畅销书。尼德霍夫在很多方面都是一个传统的投资者，他相信通过数学分析可以在市场中找到获利的机会。在 20 世纪 80 年代和 90 年代初，他通过这种方式大赚了一笔。

许多人把尼德霍夫的成功归功于他的专业能力，认为他有一些其他人没有的知识。但塔勒布采取了完全不同的方法。他认为自己确实很无知，并不能预测未来，明天永远比他所能预想的复杂得多。所以他利用期权押注于市场的剧烈波动，打赌事情将以无人能预料的方式发生变化。

在格拉德威尔的叙述中，寓意已经很清楚。尼德霍夫的投资公司在遭受巨大损失后，于 1997 年破产。大约 10 年后，他的下一家公司再次倒闭。所以说，塔勒布采取稳健（或弹性）战略的方法更胜一筹，因为它不会受到意料之外的负面事件的破坏。

马隆在格拉德威尔的文章中领略到了深刻的真理，并相信它指明了规划和工程领域面临的基本问题。他有理由相信，规划者们已经被训练成"尼德霍夫"式的人物——应该预见和控制未来的人。结果，他们完全低估了人类社会的复杂性。马隆开始相信，多一些像塔勒布这样的人和事物会更好——避免过度规划，选择简单但有弹性的解决方案。给地方修建太多它们负担不起的基础设施的现状正符合脆弱性的含义，也就是弹性隐秘的对立面。

马隆开始相信这种存在问题的情形部分源于人类的心理作用。你可以在他位于布雷纳德的办公室里看到，墙上挂着一张认知偏差图表。他认为，美国人倾向于为了眼前的收益而忽视未来的成本。也许是其他的心理因素，包括喜欢简单故事和解决方案的倾向，以及认为未来会和现在一样的习惯想法，使得我们对城市和基础设施规划等问题的思考变得模糊。

随着马隆的思想在塔勒布和自由主义经济学家弗里德里希·哈耶克等人的影响下不断发展，他的所思所想与他作为规划者的角色产生了矛盾。"从专业角度上说，我变得自我否定了，"马隆后来告诉我们，"如果我去一个城市，他们会说，'嗯，我们真的很想建一个社区中心，这样就可以让我们的年轻人聚在一起打乒乓球'。而我可能这样回答，'你们在说什么？这座楼已经摇摇欲坠，你们根本修不了！你们这些人到底有多蠢？'"但与早些时候逃离土木工程不同，这一次他侥幸免于脱离规划行业的痛苦。或者说，正是失败的经历使他幸免于难。

2006 ~ 2007 年，社区发展研究所的业务开始放缓。事后看来，这正是2008 ~ 2009 年金融危机的开端。这场危机摧毁了该公司赖以生存的建筑和施工项目。马隆不得不开始裁员，但当危机席卷全国各地时，公司实际上已经破产了——剩下的只有马隆欠下的债务。

然而在公司倒闭之前，马隆就已经开始通过他的"规划者博客"（The Planner Blog）的方式来记录他的想法了。他这么做不但是因为他认为这对自己来说是一种治疗方法，也因为他的想法可能会被人看到并帮助到他人。"我们去的是那些不断衰败的城市。"他告诉我们。他想要以一种简单的方式来鼓励市政当局保持弹性和财务健康——一种他开始称之为"强大的城镇"的存在状态。

起初，这个博客只关注当地的问题。但随着越来越多的人关注和传播马隆"叛逆"的思想，它关注的范围开始逐渐扩大。最后，一位朋友鼓励马隆创办一个非营利组织来宣传他的思想。马龙告诉他的朋友，他不知道应该起什么样的名字。"我记得他当时这样说：'你傻吗？我们当然就叫它强大的城镇。'"

从那时起，"强大的城镇"就成了重新思考美国基础设施问题以及严重危害其运行的延期维护问题的主要声音。马隆从历史角度来解释我们是如何走到今天这一步的。数百年来，人类以传统的、相对密集的、适合步行的形式建造城镇和城市。这些地方不仅规模庞大，而且经济发达：它们产生的税收足以支付其基础设施成本。19世纪末开始发展起来的有轨电车式郊区虽然没有市区那么密集，但与后来的城市相比仍然相当紧凑。

真正的变化发生在二战后，马隆称之为"美国式郊区化的伟大实验"。战后规划的城镇，比如长岛著名的莱维敦，考虑到了它们的居民将会大量拥有汽车，所以城市规划非常松散。在人类历史长河中，它们是密度极低的"城镇"，但同时拥有更密集的基础设施。它们需要更多的道路，以及更多的下水道、供水管道和其他公用设施。

强大的政治和经济力量推动了这一模式的传播和延续。开发商、建筑公司、房地产经纪人和相关行业组成的共同利益集团在州一级形成了一股强大的游说力量，至今仍是如此。很少有法律能阻止这伙人的欲望和计划。通常在联邦政府的资金以及几乎各级政府的税收优惠的帮助下，开发商和承包商建成基础设施密集的城区，然后将维护工作移交给地方政府。

在"强大的城镇"博客上的一篇又一篇文章中，马隆审视了这种不可持续的发展状况。在他看来，战后最初的郊区繁荣与接下来发生的事情相比相形见绌。从 20 世纪 60 年代开始，白人外逃和其他因素掏空了美国各地经济发达的市中心，留下了在工作时间之外基本上没有生活可言的死城。而在所谓的"锈带"以及美国各地税基蒸发的城市，基础设施已经老化破败。

然而，即使在经济停滞和税基减少的情况下，城镇的政客们仍然通过动用联邦资金和借款来追求基础设施规模增长。二战结束时，市政债券债务加起来占了国内生产总值（GDP）的 1%。但到 1980 年，这个数字已经飙升至 6%。如今，这一数字为 27%。[20] 政客们有充分的动机以经济增长的名义举债——无论是以债券的形式，还是以日后需要维护的基础设施的形式。因为增长意味着就业、金钱和其他一些新鲜事物。政客们需要表现出他们正在做一些事情的样子，他们不会为基础设施疯狂扩张付出代价，因为这些基础设施的下游维护成本在 10 年或更长时间后才会显现出来。

马隆还批评了城市规划者，尤其是工程师，因为他们鼓舞了一种支持增长的心态，这种心态几乎只专注于建设新的基础设施。他把 ASCE 的基础设施报告单和相关工作称为"基础设施崇拜"，因为在他看来，这些工作是建立在对增长和越多越好的非理性、毫无根据的信念之上的。马隆开玩笑说，ASCE 的一份报告应该取名为"假装是 1952 年"。他的批评经常惹得工程师们不高兴。2015 年初，马隆收到通知，一名前 ASCE 研究员和明尼苏达州土木工程师就马隆的工程许可证向该州发起投诉，称其"在'强大的城镇'博客上存在不当行为"。[21] 在马隆指出明尼苏达州的土木工程师在推动扩大基础设施支出时有明显的利益回报后，投诉随之而来。

你不必认同马隆对有限政府的保守倾向，也能领会其基本观点：如果政府、组织和个人在没有为基础设施的未来维护提供保障的情况下大兴土木，我们最终就会面临堆积如山的基础设施延期维护和债务问题，这正是我们今天在社会许多地方看到的情况。在过去五年的研究以及与多个领域专家的交流中，我们相信马隆的思想可以应用于技术和维护的其他问题。从图书馆到公司再到独栋住宅，个人和团体在采用某些技术时（有时伴随着极大的喜悦和兴奋），并没有考虑到他们需要承担的长期义务。

马隆的研究还帮助我们在讨论对基础设施的担忧时做出了一个关键的区分：美国前总统唐纳德·特朗普在 2016 年总统竞选期间曾承诺改善美国的基础设施，而自那以后基础设施一直是一个热门话题。（尽管任何有意义的立法似乎从未取得进展。）但大多数的讨论，包括特朗普的最初计划，都集中在建设新的基础设施上，而不是维护和修复我们已经拥有的基础设施。此外，人们所说的"维护"通常是拓宽街道、增加更复杂的交通控制技术以及进行其他升级的委婉说法。其中一些变化无疑会造福于公共利益，但它们也会通过创造更多需要维护和修缮的东西而增加基础设施的债务。换句话说，即使我们在公共讨论中听到了大量关于基础设施的内容，真正的维护也很少成为焦点。这种忽视给已经在社会和经济不平等的系统模式中首当其冲的人群带来了不成比例的代价。

一部分人的生活

在始于 2014 年的弗林特水危机之后，记者们发现，成千上万的美国城市遭受着饮用水铅含量升高的困扰。路透社发现了近 3000 个饮用水铅含量高于弗林特的地区，这些地区的总人口约为 1250 万。在超过 1000 个这样的社区中，血铅水平是弗林特情况最糟糕时的四倍。正如记者 M. P·贝尔（M. P. Bell）和约书亚·施奈尔（Joshua Schneyer）所言："与弗林特一样，这些地区中的许多地方也受到遗留铅问题带来的困扰：油漆剥落、铅制管道，或者遗留下来的工业废物。"[22] 人们生活在由过去所犯错误带来的阴影中，而如果不是因为缺少资金、资源和关怀，这些错误早就应该被消除了。

弗林特和其他许多存在铅中毒的城镇面临的一个主要问题是人口减少。查克·马隆强调了美国基础设施政策通常是如何看待增长的——我们对基础设施的选择带有一种天真，甚至危险的乐观主义，即明天的人们将能够以某种方式为我们今天建造的设施买单。但很多时候，关于增长的认识都是完全错误的。显而易见的现实是，几十年来，许多美国城市的人口一直在减少，这使得他们在基础设施方面的困难更加严重。人口减少削弱了城市的税基，留给它们越来越少的资源来处理各种问题，包括维持对基础设施的维护。这些城市面临着艰难的，有时甚至是危险的选择。

含过量铅的水甚至不是人口减少的城市所面临的唯一问题。2011年，巴尔的摩市聘请鲁迪·周（Rudy Chow）管理该市的水和废水管理局（Bureau of Water and Wastewater），该局辖区不仅包括巴尔的摩市，还包括周边的县。周出生于中国台湾，十几岁时就来到美国，最终考入大学学习工程学。在过去的 27 年中，他在华盛顿郊区卫生委员会从事水务工作，该组织管理马里兰州的乔治王子县和蒙哥马利县一万多英里的淡水和污水管道。

退休后，他加入了巴尔的摩公共工程部（Department of Public Works）。在水和废水管理局的成功运行得到公众认可之后，他成为该市整个公共工程部的主管。

当周第一次来到巴尔的摩时，这个城市的供水系统状况很糟糕。该系统的整体设计给他留下了深刻印象，但是在几十年间管道维护严重不足。从20世纪60年代到90年代末，供水系统经历了一段相当漫长的扩张和增长阶段。"但对于如何维护这个系统，并没有长期的计划。"周告诉我们。在这一方面，巴尔的摩并不是唯一的城市。"我和全国各地的水资源管理人员交谈过，这是他们都面临的问题。"

巴尔的摩供水系统的问题可以用很多方法来衡量，一个简单的方法就是计算管道故障次数。像许多古老的城市一样，巴尔的摩会发生很多管道故障，每年大约有1200起。当管道破裂时，街道和住宅有时就会被淹没，公共工程人员不得不挖开街道来修复破裂的地方。有时巴尔的摩的问题会变得更糟。在2018年2月异常严酷的寒流期间，该市一个月内就发生了600起管道故障，几乎是其年平均水平的一半。公共工程部被迫强制其工作人员进行紧急轮班：每天16小时，每周6天，连续数周。事实证明，巴尔的摩的基础设施问题是完全无法维持的。

在第9章中，我们将学习鲁迪·周和巴尔的摩公共工程部的其他领导实施的计划，以及为什么他们相信未来会更好，甚至是充满希望。在某些方面巴尔的摩和其他类似的城市是幸运的，认识到这一点至关重要：有时拥有濒临崩溃甚至已经瘫痪的基础设施总比没有好。

一个简单的事实是，许多美国人从未接触过那些定义现代体验的先进技术设施。正如科幻作家威廉·吉布森曾经说过的那样："未来已经在这里了——只是你还未拥有而已。"而2017年12月联合国极端贫困和人权问题特别报告员菲利普·奥尔斯顿（Philip Alston）访问美国部分地区以考察美国最贫困人口的生活状况的经历，就凸显了这一点。奥尔斯顿之前考察过毛里塔尼亚、智利和罗马尼亚等大家都有所了解的贫困国家。但他说，他对自己在美国的发现感到震惊。

在亚拉巴马州的黑土带，一个以肥沃的深色土壤而得名的地区，奥尔斯顿遇到了仍然缺乏稳定电力供应以及现代化下水道系统的人们。[23] 他拜访了一个住在狭小房子里的五口之家，包括两名儿童和一个18岁的唐氏综合征患者。在排水方面，这座房子以及周围的房子都依靠所谓的"直管"，即一根把未经处理的污水引入露天池子的PVC管道。这个存储污水的露天池子使得空气中弥漫着刺鼻的气味。但问题不仅仅是美观层面的。因为这个家庭的主要供水管线也已年久失修并可能存在裂缝，导致人类排泄物进入了他们的饮用水中。"每个人都会突然生病。"一位大人告诉奥尔斯顿。

几个月前，一项调查发现，该县34%的居民美洲板口线虫（钩虫的一种）检测呈阳性。钩虫是一种肠道寄生虫，在贫穷的热带国家较常见，而一般认为在美国已几乎被根除。"我认为这在发达国家很少见。"奥尔斯顿在亚拉巴马州调查时告诉记者。[24] 当你的皮肤接触到未经处理的污水时，你就很容易感染钩虫病。这种寄生虫附着在宿主的小肠上吸食血液，会导致许多健康问题，特别是对发育中的儿童而言。它会导致"缺铁、贫血、体重减轻、疲劳和智力功能受损"。[25] 另一项调查发现，朗兹县73%的居民曾接触过未经处理的污水，要么是在地表上的，要么是从泄漏的化粪池和老化的供水系统中冲回家中的。

《卫报》记者埃德·皮尔金顿（Ed Pilkington）亲自去该县看了看。在一个拖车公园，他看到一根PVC直管从一间活动房屋延伸到30英尺外的几棵树底下。这根管子上有几处裂缝，并且离孩子们玩的篮球筐只有几英尺远。"露天的下水道里到处都是蚊子，还可以看到一长串蚂蚁沿着房子延伸出的污水管穿行。"皮尔金顿写道，"在离房子最近的水池尽头，黏稠的液体在斑驳的阳光下闪闪发光。近距离观察发现它实际上正在移动，其中的人类排泄物随成千上万条蠕虫的活动而起伏翻滚。"

这一现实连同查克·马隆对美国基础设施的评估，为我们的社会提出了巨大的政治和道德考验。例如，我们是否应该把清洁的水源、稳固的桥梁和没有人类粪便涌上街道的下水道系统视为一种人权？如果是这样，我们应该如何安排基础设施支出以使这些系统普及？大城市和富人阶层应该在多大程度上支持贫困的农村地区？当现有基础设施危害到公共卫生时，谁应该最终承担责任？

在电台节目《魔鬼经济学》（*Freakonomics*）的"对维护的赞美"这一期中，主持人史蒂芬·都伯纳（Steven Dubner）向著名经济学家、前美国财政部长、哈佛大学校长拉里·萨默斯请教了创新与维护之间的紧张关系这一话题。（另外需要说明的是，这一节目也部分基于我们的工作成果。）萨默斯在节目中回答说："我认为一个伟大的国家可以一边走路一边嚼口香糖。"我们都希望这是真的。但是，当我们在充满创新语言的文化背景下审视基础设施的状况时，我们发现我们社会的一部分正在不断落后，而另一部分则沉迷于保持领先地位。在接下来的三章中，我们在社会的其他领域发现了类似的东西，从领导人如何投资于企业和大学，到工人的生活经验以及日常的住房维护。我们发现，这些领域因为许多相同的原因在维护方面苦苦挣扎，特别是因为他们沉迷于增长和短期收益，而不是关心我们所拥有的事物。

第 5 章

不惜一切代价的增长
创新者的商业迷思

当杰夫·伊梅尔特在 2001 年 9 月 7 日成为通用电气的首席执行官时,该公司经常在全球最受尊敬公司的民意调查中名列榜首。伊梅尔特的前任和导师杰克·韦尔奇已经成为商学院案例研究的典型。这位严肃的高管对这家制造业巨头进行了"规模最优化"和现代化改革,从而帮助其成为利润丰厚的金融服务市场的领导者。但伊梅尔特的第一个十年留下了很多不足。通用电气的股价在 2001 ~ 2011 年间下跌了大约一半。尽管在接下来的几年迎来了渐进式的增长,但伊梅尔特显然迫不及待地想要更多。2015 年 6 月,伊梅尔特在华盛顿特区的经济俱乐部发表演讲,他在演讲中担心"美国经济增长太慢了"。幸运的是,解决方案就在眼前:"我们几乎所有的问题都可以通过更强劲的增长得到解决。"[1]

既然伊梅尔特公开称赞"像苹果、Facebook 和谷歌这样伟大的公司"引领全球经济进入数字时代,那看到通用电气通过全力以赴搞创新来塑造与苹果等公司相同的公众形象也就不足为奇了。《纽约时报》2016年对该公司新部门的一篇报道给读者留下的印象是，一群老人正在观看电视剧《硅谷》的某一集。更夸张的是，"全公司的员工都要去圣拉蒙'朝圣'——参加技术简报会，也为了融入那里的文化。这一切行动命令都是为了借鉴硅谷的数字魔法和雷厉风行的作风，以使其适应通用电气的工业制造世界"。[2]这篇报道中还提到，通用电气是一家"拥有124年历史的软件初创企业"。

大约在2016年秋天的时候，我们收到了一封某位通用电气经理主动发送的邮件。这位经理（我们在下文中姑且称他为布莱恩）提到他读过我们一篇探讨过这本书中某些观点的文章，并发现我们的批评切中要害。他写道，通用电气正在围绕"创新"的概念大做文章，并询问我们是否可以帮助他的团队充分思考"与这种炒作有关的历史背景和不同的观点"。我们被吸引了：这家公司的一位经理已经喝下了创新语言的镇静剂（kool-aid），热切地想要重拾他们的辉煌。并且，他想要和我们谈一谈。我们怎么忍心拒绝呢？

我们很快安排了与布莱恩的后续通话，他要求他的老板加入。在这些对话中，我们了解到通用电气正在拥抱"快速失败"的心态，鼓励内部业务部门像企业家一样思考和行动——就像《纽约时报》描述的"拥有124年历史的软件初创企业"。我们最终在一次团队活动中拜访了布莱恩和他的几十位同事。但我们只是午餐时分的"娱乐项目"，所以我们狼吞虎咽地解决掉三明治之后就开始播放幻灯片。在我们的演讲中，我们让布莱恩的团队警惕一些我们在本书中已经概述过的问题：硅谷的"快速失败"准则作为一般模型具有局限性；"颠覆"并不一定能带来美好的结果，可能给人们的生活带来痛苦和损害；领导者忽视设施维护、系统可靠性、确保事情顺利、安全运行所需的艰苦工作。一段引人入胜的提问和讨论环节让我们觉得观众理解并认可了我们的观点。但当我们收拾行装准备离开时，我们想知道他们在听取了我们的总体建议之后会如何行动。

在离开的路上，我们忍不住问布莱恩，他是如何发现我们与主流论调格格不入的文章《向维护者致敬》（*Hail the Maintainers*）的，正是那篇文章最先促使他萌生了联系我们的想法。"哦，是的。"他笑着说。他开始讲述起这个故事：有一天，他参加了长达数小时的会议，这些会议都是在描绘通用电气变得更具创新性后将会带来的好处。幸运的是，他终于熬到了会议结束。但那天夜晚当他上网时，痛苦仍然一直伴随着他。在无声的绝望呐喊中，他在搜索引擎中输入了"去他的创新"这几个字。瞧！我们的名字出现了。

尽管我们的"干预"改变了通用电气一些人的想法，但该公司的战略发展轨道已经牢固地确立下来。一年后，事实证明我们的担忧是正确的：通用电气试图通过变得更加灵活和具有创业精神来实现它的宏伟蓝图，但它最终并没有做到。2017 年 6 月，通用电气发布公告宣布伊梅尔特将辞去首席执行官一职。到 2017 年底，通用电气的股价从每股 27 美元（与我们2016 年 11 月访问时相同）跌至每股 16.90 美元。随着 2018 年时间的流逝，通用电气的混乱继续招致各种负面报道——一位作者追溯了通用电气从"美国标志到令人震惊的混乱"的历程，还有一位作者探讨了"通用电气如何使人们对它普遍失望"的问题。到 2018 年底，通用电气的股价已经跌至每股 7.89 美元。

如果这种行为仅限于一家公司，那么我们可以耸耸肩走开，大可不必如此关注。但并非只有通用电气认为，成功的秘诀只不过是诱骗其员工表现得就像他们在软件初创公司工作一样，或者制造业巨头也可以模仿更年轻、规模更小且灵活的公司的做法。这个问题要复杂得多。这种思维方式（如果我们抓住了最新的趋势、变得更具"创新性"、成长得更快，转机就会到来），已经在美国商界蔓延，并渗透到各种组织中。

在本章中，我们将更深入地了解在商业和重要的公共机构（如学校和医院）中因为创新者的迷思而付出的代价。当我们审视这些构成了我们生活中某些最重要方面的机构时，我们会更生动地了解到忽视的代价、长期衰退的压力以及陷入更新（重建）和无休止创新的幻想的危险。我们将观察到在第 4 章中所看到的问题和模式：关于创新和增长的肤浅观点的广泛流行；（负责任的）维护投资所涉及的政治风险；忽视维护常常会给那些已经在社会和经济上处于不利地位的人带来不成比例的伤害的事实。

增长的信条

在我们有关商业、教育、健康甚至是思想世界的共同信念中，增长的重要性怎么强调都不为过。现如今无论是抚养孩子还是管理个人财务都仍然充满不确定性，人们需要通过繁荣来刺激增长。这不仅仅是一种抱负。在很多情况下，这是一种本能。而且，增长的信条是正统经济思想的一部分，深深根植于各种工业资本主义之中。

增长是保持公司财务健康的动力，也是增进社会经济福祉的动力——这就是为什么记者和当选官员经常援引 GDP 或道琼斯工业平均指数（简称"道指"）等指标来表明事情在朝着正确（或错误）的方向发展。如果 GDP 上升或者道指上涨，那就是个好日子。因为社会进步可以用生产率提高、经济增长以及人均物质财富增加来衡量。从 GDP 或股市的角度来看，进步的逻辑非常简单：当我们提高生产率、促进经济增长和实现物质丰富时，事情就会变得更好。换句话说，对于任何可以想象到的问题，增长都被视为唯一的解决方案。正如历史学家伊莱·库克（Eli Cook）所说，"美国社会的最终盈亏已经变成了它的头等大事",以及"净资产成为自我价值的代名词"。[3]

美国人欣然接受了这一逻辑,但似乎迟迟没有完全领会其中的含义。他们知道的是,创建像 GDP 或道指这样简单明了的指标的唯一方法就是将更复杂的变量排除在外。结果,他们忽视了那些难以衡量的价值,比如痛苦、不平等或快乐。并且许多可供欣赏的、让生活更有意义的事物并没有被纳入考虑范围。这是一个奇怪的世界:所有有价值的东西,如土地、劳动、技术、创造力、情感、快乐、痛苦等,都被简化成可以记入资产负债表并根据它们产生收益的能力来判断大小的数字。

然而,增长也是一把双刃剑。医生们用一个词来描述由不良饮食习惯造成的无约束生长——肥胖。政治科学家们用一个词来描述无限制的地缘政治扩张——帝国。在这两个例子中,增长都占据了一种自相矛盾的地位:尽管增长是获得许多积极成果的基础,但如果引发了一种为增长而增长的永无止境的循环,后果将不堪设想。这些想法对经济学家来说并不新鲜,用瑞典"环保少女"格雷塔·通贝里打动人心的话来讲,"经济永恒增长的童话故事"已经存在了几个世纪。包括亚当·斯密和约翰·斯图亚特·穆勒等在内的现代经济学奠基人都认识到,现有土地和其他生产要素的供应限制意味着经济增长会随着时间推移而自然趋缓。然而,增长迷思之所以长期存在,是因为人类本能地陷入短期思维中,并对简单的短期激励做出反应。

在前一章中,查克·马隆描述了盲目地将增长迷思应用于基础设施领域会发生什么。同样的情况也发生在商界:企业家们打造了闪亮的新物件,但他们和投资者很少为这些物件失去光泽、公司在延期维护和技术债务的重压下步履蹒跚的日子做计划。就像我们在通用电气公司看到的那样,发现自己处于这种情况的高管和经理很容易转向创新领域的热门技术和新趋势（大数据！自动化！区块链！），认为它们具有能够创造轻松而持续的增长从而解决所有问题的神奇功效！

需要强调的是，这些高管和经理初心并不坏，也没有被愚弄。相反，他们陷入了这样的困境：公司需要寻找机会并创造不断增长的投资回报以确保投资者和股东满意。现如今"股东价值"普遍被置于所有其他结果之上，学者和政治家们都在为解决这一棘手的问题而绞尽脑汁。例如，历史学家威廉·拉佐尼克（William Lazonick）和玛丽·奥沙利文（Mary O' Sullivan）曾指出，那些执着于向股东"秀肌肉"的公司往往会破坏有助于长期发展的因素，比如研发投资以及员工工资和福利。同时，对股东价值的痴迷也会使得公司忽视为每个与其成功有利害关系的人带来好处的可能性——不仅是投资者，还有员工、客户和社会公众。

过分强调股东价值的后果可能是灾难性的。2019 年 4 月，旧金山的一名联邦法官批评加利福尼亚州天然气和电力供应公司 PG&E 向股东支付了45 亿美元的股息，却忽视了对其设施的日常维护，比如修剪可能对电线构成危险的树木。PG&E 的律师对此抱怨说，即使公司显然有多余的资金，进行彻底的维护和检查所需的费用也过于高昂。这些决定让加利福尼亚州居民首先遭殃：2010 年，8 人在 PG&E 天然气管道爆炸中丧生；PG&E 设备故障可能是 2017 年湾区葡萄酒产区大火和 2018 年"坎普野火"（Camp Fire）的原因。"坎普野火"是加利福尼亚州历史上最致命、代价最高的野火——导致至少 85 人死亡，摧毁 1.8 万多栋建筑，并造成 165 亿美元的损失。法官威廉·阿尔索普（William Alsup）担心这种疏忽可能会导致更多生命和财产损失，因此要求 PG&E 加强维护工作。"很多钱都花在了股息上，而这些钱本应该花在你的树上。"他说道，"他们都指望你安全地完成这项工作。"

但近六个月后，也就是 2019 年 9 月下旬，PG&E 报告称，它只完成了全年计划工作的 31%。这让加利福尼亚州居民怀疑，如果 PG&E 决定将资金优先用于维护而不是股息，2019 年 10 月爆发的数十起火灾的损失是否会得以减轻。[4]

而对于一家在数字行业的运营公司来说，这种做法可能会奏效。谷歌就提供了许多这种现象的例子。维基百科上"下架的谷歌服务"页面列出了超过 100 种不再支持的产品。读者可能还记得 Picasa、Wave、Dodgeball、Buzz、Aardvark、Health、Knol、Meebo、Orkut 和 Google+ 等软件。在一些情况下，这些产品的停用激怒了用户；在另一些情况下，旧产品整合到新服务之中，或者一开始就表现很差以至于很少有人注意到或关心它们的消失。不管怎样，所有案例中的产品无疑都是失败的。这些产品曾被寄予厚望，在大张旗鼓的宣传下面世，但最终它们都遭受了同样的命运：衰落、忽视直至抛弃。[5]

与此同时，谷歌仍在持续创造利润。事实上，该公司能在创造股东价值方面取得成功，在一定程度上是因为它愿意放弃一些产品，以便专注于其他产品。但对谷歌有利的未必对美国有利，对软件公司行之有效的方法未必适用于生产实体产品和服务的公司。

我们再举两个简单的例子来说明试图最大化股东价值会如何损害公众利益。具有讽刺意味的是，这些尝试也可能伤害到企业本身。第一个例子来自波音公司。2019 年 4 月《纽约时报》发表了一篇重磅报道，该报道讲述了波音"只重视生产速度而忽视质量的企业文化"，正是这种文化导致波音两款旗舰产品 737 Max 和 787 梦幻客机的制造故障。另外，《泰晤士报》发布的证据说明了安全和质量问题是如何被那些热衷于保持增长的管理人员忽视的：高管和股东只考虑如何成功交付，接着如何派发红利。但是在

2018 年末和 2019 年初，两架 737 Max 飞机坠毁，并导致 346 人死亡，无情地粉碎了这种幻想。[6] 这些糟糕的决定也让波音付出了沉重的代价：2019 年底，波音估计 737 Max 危机给公司造成了超过 90 亿美元的损失，并报告季度利润下降了 51%。

第二个例子来自一份看似无关紧要的季度收益报告，这一案例凸显了增长是如何使得公司的需求与客户的需求对立起来的。2018 年 11 月 1 日，苹果公布 2018 财年第四季度收入为 629 亿美元，利润为 141 亿美元。这些数据大大超出了华尔街的预期，收入较前一年大幅增长超过 526 亿美元。但投资者却并不满意，使得苹果的股价大跌了 7%。这是为什么呢？从一定程度上来讲，是因为其标志性产品 iPhone 的销量没能达到投资者的预期。

分析师们争先恐后地想弄明白为什么 iPhone 的销量会低于他们的预期。一开始，苹果首席执行官蒂姆·库克将中国市场需求下降归咎于特朗普的贸易政策和中国经济增长放缓。但几个月后，库克承认，相比于让用户购买一部新手机，苹果允许老用户更换 iPhone 手机电池的项目更受欢迎，这也导致了 iPhone 销量的下降。这个解释引起了很多 iPhone 用户的共鸣：如果你可以花 29 美元修理你已经拥有的手机，为什么还要花 750 ～ 1100 美元去购买一部新手机呢？

当你从更全面的角度去思考时，你就会更清楚地发现苹果的情况是多么荒谬：苹果的股价下跌是因为用户选择了维修而不是扔掉旧 iPhone 这样一种非常温和的方式。但是苹果高管和股东似乎并不关心这些选择的潜在好处，如降低对自然资源的需求，减少为了一块新电池而将运行良好的 iPhone 扔到垃圾场里的可能性，以及允许客户把钱花在更重要的东西上。这些可能性对库克来说似乎都不重要，他在致投资者信的结束语中说："苹果的创新能力是全球独一无二的，我们不会将脚从油门上移开。"[7]

如果创新型公司的目标是不断提高利润，那么一切资源都将被用于服务这一目标，甚至像效率和可持续性这样的价值取向。尽管经济史上早有明确的证据表明，我们不太可能重复美国早期黄金时代创新和生产率的高增长速度，但首席执行官和其他管理者们仍然痴迷于创新，并在追求短期增长的过程中浪费了大量资源。这一行为对个人和整个社会都造成了巨大的损害，其表现形式为过度劳累、劳动剥削和环境退化——所有这些都是为了追求难以捉摸、永无止境的利润。

因此，问题的核心在于，社会上有一股将增长视为灵丹妙药、将创新视为药引子的强大力量在驱使着人们。我们已经探索了这种行为的一个原因——一种目光短浅的短期思维方式，其表现为渴望在季度财务报告中有利好消息。当一家被寄予厚望的公司开始陷入死亡漩涡时，情况就不妙了。

泡沫破裂之时

历史学家大卫·基尔希（David Kirsch）对商业和技术领域一种尚未得到充分研究的现象十分着迷：倒闭。21 世纪初，当专家和投资者都在寻找下一个数字经济的重磅炸弹时，基尔希正在回顾 2000 ～ 2002 年互联网泡沫破灭时留下的满地疮痍。作为一个研究企业家行为和精神的历史学家和一本关于 19 世纪 90 年代发明的电动汽车的书的作者，基尔希想知道互联网时代那些一闪即逝的东西将会变成什么样子，如营销范儿（marketing swag）、咨询幻灯片和 1995 ～ 2000 年大繁荣高峰期产生的命运多舛的商业计划。随着时间的推移，他逐渐理解了互联网狂热，认为它是繁荣和非理性这种反复出现的经济现象的一个生动实例，或者用一个词来说——泡沫。

　　基尔希和经济学家布伦特·戈德法布（Brent Goldfarb）将"泡沫"定义为资产价格的剧烈上升，但未能反映其隐含的资产内在价值的变化。换句话说，泡沫从根本上说是由集体行为驱动的社会现象。当人们不断地寻找各种事例来证实对特定市场机会或某一做事方式的持续信任和投资是正确的时，这样的事例就会得到进一步发展和壮大。然后，这些事例反过来又有助于继续维持这种集体错觉。

　　泡沫并不只会带来倒闭。以 2000 ～ 2002 年的互联网泡沫为例，尽管像 eToys、Webvan 和 Pets.com 这样的公司都没能幸存下来，但亚马逊可以说是那个时代最赚钱的成功公司。在这个互联网公司和电子商务成为数字版淘金热的基础的时代，巨额的"烧钱"游戏被视为一家公司遵循"快速扩张"逻辑的证据。eToys 首席执行官托比·伦克（Toby Lenk）在反思自己 8.5 亿美元的损失时写道："增长，增长，增长！首先要抢占市场份额，其他问题以后再考虑吧。"1999 ～ 2000 年，有近 200 家互联网相关公司宣布 IPO，当时这些公司实际上是亏损的，而投资者们并不介意，仍然疯狂购买它们的股票。但残酷的现实在 2000 年 3 月至 2002 年 9 月之间降临，当"快速扩张"的逻辑崩溃时，整个经济都感受到了：纳斯达克指数下跌了 76%，标准普尔 500 指数下跌了 48%。这段时间现在被人们称为互联网泡沫破裂。

　　许多公司虽然避免了极端的泡沫，但仍然在长期前景并不确定的狂热和潮流上押下重注。我们以通用电气为例子开始了这一章，这家行动迟缓的巨头在 2010 年后效仿硅谷的"酷孩子"们，建议部门经理们要敢于"快速失败"，并将自己的公司视为一家"拥有 124 年历史的软件初创企业"。但这在历史上并不是通用电气第一次追随商业潮流而带来灾难性后果。

　　由托马斯·爱迪生和其他电气行业先驱创建的通用电气是 20 世纪美国企业的一个标志。"GE 带来美好生活"是一句恰如其分的广告语，这家公司拥有着世界级的研究实验室和制造工厂，遍布于马萨诸塞州、宾夕法尼亚州和纽约州北部。毫无疑问，通用电气的产品的确改善了美国人的生活：电灯、收音机、电视、喷气发动机以及医疗设备等。凭借持续、稳定的高水平管理队伍，该公司也成为美国消费者、投资者、军方官员，甚至总统的可靠合作伙伴。

然而在 20 世纪 70 年代情况发生了变化，通用电气的经营规模开始缩水，它关闭了许多工厂并解雇了其中的工人。这是因为有调查人员揭露了其工厂产生的有毒副产品对哈德逊河造成了长达数十年的系统性污染。当时，人们还没有意识到美国公司将难以延续通用电气等公司在过去一百年里所保持的生产率显著增长的态势。

当杰克·韦尔奇 1981 年接任通用电气首席执行官一职时，他迫切地想要整顿公司，并为公司寻找新的增长机会。在杰克·韦尔奇担任首席执行官初期，他曾做过一场名为"在疲软的经济形势下实现快速增长"的演讲，并采取了积极措施来实现这一目标。首先，韦尔奇通过收购数百家公司，将通用电气的业务扩展到新的领域，其中最引人注目的当属金融服务领域。这样一来，他重新塑造了通用电气作为一个稳定可靠的雇主的传统形象。其次，"中子弹杰克"每年都会通过他所谓的"评级和封杀"（Rank and Yank）计划清洗掉公司排名最低的 10% 的管理人员，这一做法大大减少了通用电气的整体员工数量。[8]

在韦尔奇掌舵通用电气的 20 年间，通用电气由一家难以撼动的制造业巨头转变为金融巨头，创造了一系列惊人的数据。公司的净收入从 1981 年的 16.5 亿美元增长到 2000 年的 127 亿美元，并将员工人数从 40.4 万"调整"到 31.3 万。而在证券市场，通用电气的市值上涨了 4000%。这一切都源于韦尔奇从制造业到金融服务业（因此出现了裁员）的决定性转变。因为在一段时间里，GE 金融在保险、抵押贷款以及航空和能源融资领域的布局，恰好赶上了美国金融繁荣的浪潮。[9]

但快速增长的时代并没有持续下去。2001 年韦尔奇卸任后，他的"徒弟"杰夫·伊梅尔特继承了他的衣钵，接管了这家正冲入"荆棘丛"的公司。转眼到了残酷的 2008 年，其公司股价从每股 37.10 美元跌至每股 8.50 美元。通用电气已经难以为继，通过一系列紧急援助，其中包括沃伦·巴菲特 30 亿美元的注资，该公司才得以从这场灾难中幸存。[10]

随着 2008 年金融灾难的影响越来越清晰，通用电气在 20 世纪 90 年代中期大举进军金融服务业的举措看起来也越来越糟糕。很容易理解为什么韦尔奇认为这一举措很有吸引力——毕竟，1995 ～ 2000 年，《财富》杂志每年都将能源融资巨头安然评为美国"最具创新力的公司"。因此，很显然通用电气需要寻找新的收入来源，并设法重新赢得投资者信心。

我们很难不对通用电气抱有一丝同情之心，特别是在这样一个时代：那些未来充满未知的初创企业（像 Uber 和 WeWork 等）成了华尔街和硅谷投资者的宠儿——尽管这些企业每年亏损不了数十亿美元的话，也要亏损几百万美元。在许多方面，通用电气只是经济激励和文化潮流的另一个受害者罢了，它不断给予创新者丰厚的报酬，却忽视了诸如日常维护和循序渐进增长等活动。

然而，这种态度正在为美国机构铺就一条毁灭之路。到目前为止，在本章中我们关注的是像通用电气、PG&E、谷歌和 eToys.com 这样的公司。但是在教育和医疗保健这两个与每个美国人的生活息息相关的大行业中，增长迷思也很明显。在下文中我们首先来看看教育机构——那些我们相信可以培养孩子的地方，那些增长迷思横行的地方。

教育领域中创新的代价

教育之所以能够成为诱人的破坏目标，正是因为它如此普遍——每个人都以这样或那样的方式参与其中，而且几乎没有其他社会机构能比教育领域吸引到更多的资源。此外，教育总是存在改进的空间，而且有大量的证据可以说明哪些方面需要改进以及改进的程度。2017年发布的基础设施报告单上，美国学校的成绩勉强及格，为D+。该报告聚焦于公立学校设施的糟糕状况，但很少有慈善家和教育科技公司会关注到这一领域。目前，美国公立学校共有10万栋教学楼，容纳了近5000万名K-12教育体系中的学生和600万名成年人，但公共教育的系统性投资不足造成了380亿美元的资金缺口，而这笔资金是学校保持良好运行和为学生提供健康、安全和现代化的学习环境所必需的。报告中指出，"超过一半（53%）的公立学校需要在维修、翻新和现代化方面进行投资，才能被认为是处于'良好'状态"。尽管亿万富翁们向教育工作者提供了大量数字化设备，并承诺要进行"改革"和"颠覆"，但这份报告发现，"目前有四成公立学校没有一个长期的教育设施计划来解决运营和维护问题"。[11]

公共投资因2008年的经济衰退而受到冲击。（就在最近的2014年，有31个州的公共投资额比2008年还少。）对于那些关心学校设施维护和可靠性的人来说，其后果令人沮丧。报告总结道："面对紧张的预算，各学区用于维护的资金被迫削减，导致供暖、制冷和照明系统加速恶化。"这种状况会导致债务和衰退的恶性循环，从长远来看，最终会让学区花费更多的钱。

这些问题并不局限于K-12公立学校。公立高等教育的成绩也一直很差，只不过评分来自不同的评级机构。穆迪投资者服务公司每年都会发布"高等教育展望"（higher education outlook），而2018年和2019年的数据都不太乐观。[12] 核心问题在于大学无法实现其收入增长目标，迫不得已只能选择控制成本。

21世纪高等教育存在的财务困境其实很简单。在20世纪末期，大学学费每年都要上涨 5%～10%，而学生们不得不申请有息学生贷款来支付高昂的学费，借此学校成功地将经济负担转嫁给了学生，但现在这一创收策略越来越难以维系。管理人员正努力跟上教育和学生服务成本不断上升的步伐，但传统的资金来源（如慈善捐赠和研究赞助），仍由少数精英院校主导。另外，大学也定期尝试与企业和政府部门建立"战略伙伴关系"，这一方式的落实通常用创新语言来说就是孵化器、创新园区，等等。但现有证据表明，这些措施很少能创造出其倡导者所承诺的就业机会和经济效益。[13]

那么，"控制成本"的委婉说法在教育行业中究竟意味着什么呢？根据穆迪的数据，由于劳动力成本占到高等教育成本的 65%～75%，对于学校预算主管者来说，最显而易见的措施就是保持工资水平不变，避免雇用更多的人以及增加临时工和兼职教师的数量。但当这些还不够的时候，管理人员只能反复浏览预算簿，寻找其他大额数字来缩减开支，此时他们的光标和铅笔就不可避免地停留在维护和设施成本上了。

一个显而易见的解决办法是通过增加学生注册人数来增加收入，换句话说，通过增长来解决这个问题。因此，大学重复了我们在本章和上一章中所观察到的模式，即当领导者面临复杂问题的时候，再一次喋喋不休地谈论起创新、颠覆和增长。现如今的大学管理者和教师们面临着巨大的压力，疲于创造所谓的"创新"项目来紧追热词和潮流，如大数据、人工智能和编程，而不断将资源投入到这些新项目上意味着相对忽视了老牌的项目和基础学科，如写作、数学、历史和语言，而这些可以为所有学生提供持久的知识和技能。

就像其他许多领域的创新言论一样，教育家、企业家、改革者和其他人越来越关注技术解决方案，即所谓的教育技术。为大规模在线开放课程（Massive Open Online Courses，MOOCs）提供底部支撑的计算机技术，算是教育技术的一个经典案例，克莱顿·克里斯坦森和许多人都曾为MOOCs大肆宣传过。然而大多数情况下，对教育技术的尝试一次又一次以采用该技术的学校或研发该技术的公司的失败而告终。一篇题为《记录过去十年教育技术最大的失败》（*Chronicling the Biggest EdTech Failures of the Last Decade*）的文章讲述了 inBloom 的例子。inBloom 本质上是一个面向教师的应用程序商店，也是一个供学校分享学生数据的平台——表面上是为了更加充分地利用学生数据。[14] 该公司获得了 1 亿美元的资金，其中大部分来自比尔和梅琳达·盖茨基金会，但在软件推出 1 年内这个公司就倒闭了。在其他地方，最近的一项研究发现，那些在"所有或几乎所有"的课程中使用平板电脑的四年级学生，在标准化测试中的得分要低于其他同龄人。[15]

然而，即使面临令人失望的教育成果和一系列惨痛的失败，支持者们仍然坚持着教育技术的梦想。学者克里斯托·西姆斯（Christo Sims）在纽约市的一所学校从事人种学研究，该学校于 2009 年开办，专注于培养学生应对未来经济变化的能力。西姆斯写道："整个课程体系设计得像游戏一样，最新的数字技术也被应用于所有课堂之上。"[16] 但学校的许多努力并没有达到目的，而且其课程也不像学校领导所宣称的那样独特和先进。西姆斯认为，即使面对不利的证据，在某种技术理想主义心理的作用下，教育技术支持者也会继续坚持下去。正如他所写的那样，支持者们"尽管经历了一轮又一轮往往令人失望的挫折，但他们共同勾勒的美好前景被不断地维护、修复和更新"。正如奥黛丽·沃特斯（Audrey Watters）在她发人深省的"全景式"作品集《十年来最糟糕的 100 次教育技术失败》（*The 100 Worst Ed-*

Tech Debacles of the Decade）中所记录和总结的那样，西姆斯研究的现象是非常普遍的。[17]

对维护缺乏思考和计划是教育技术不断失败的其中一个方面。在最近的一本书和相关文章中，学者摩根·艾姆斯（Morgan Ames）研究了名为"每个孩子都应该有一台自己的笔记本电脑"（One Laptop Per Child，OLPC）的项目，该项目诞生于麻省理工学院曾一度引以为豪但现如今已经声名扫地的媒体实验室。[18] OLPC 承诺为每个孩子提供廉价耐用的笔记本电脑，希望能够彻底改变发展中国家的教育状况。然而，艾姆斯发现，这个项目的领导者没有考虑到维护和维修的现实问题。他们确实把这些设备给了孩子们，但谁知道孩子们会用来做什么？从泰国到弗吉尼亚州东部，这一项目均因无法解决维修问题而宣告失败。

信息学教授罗德里克·N. 克鲁克斯（Roderic N. Crooks）在研究一个为加利福尼亚州某所市中心学校学生提供平板电脑的项目时发现，学生们正在修理坏掉的电脑。[19] 教育技术倡导者有时认为，如果孩子能成为维修工也算是一件好事，因为他们可以学到有价值的技能。但克鲁克斯发现，学生们之所以自己动手修电脑，是因为学校并没有相关维修计划，也没有提供足够的资源。正如我们所见，由于建筑物维护不足而情况堪忧，ASCE 的基础设施报告单才给了美国学校一个 D+。但现在我们给学校配备了成百上千甚至上万台数字设备，而由于没有考虑这些设备的维护问题，使得本已严峻的形势更加糟糕。

医疗保健领域中创新的代价

正如我们所看到的，增长迷思是这样一种观念，认为经济增长将会解决我们所有的问题，无论是在商业领域还是在公共事业领域。这种观念的局限性可能在医疗保健领域表现得最为明显，生命的衰老和衰退是在所难免的，而保持长生不老或通过医疗技术延长寿命的执念则是拒绝面对现实的生动案例。

但乍一看，医疗保健领域又好像为创新带来的好处提供了一些最明显的例子。想想实验室里的发现，比如抗生素和胰岛素，它们拯救了世界各地数百万人的生命，而疫苗则在世界范围内降低了儿童的死亡率。人们在医学科学和管理方面的创新成果极大地减轻了人类的痛苦，这一点都不夸张。[20]

与此同时，虽然医疗保健领域的创新带来了不可否认的好处，但也让人们对仍然存在的问题有了一个清晰的认识。医疗保健领域处于一个悖论的核心，并惹恼了一代又一代的美国政策制定者、改革者和卫生专业人员：美国人在医疗保健领域上的人均支出最多（根据一些研究，是其他高收入国家的两倍），但在婴儿死亡率和预期寿命等方面结果却很糟糕。[21]

寻求解决方案的压力最终创造出了一个畸形不堪、充满矛盾的体系。例如，美国是数字技术的全球领导者，但健康护理组织仍然依赖于纸质记录，通过传真机或人工来传递这些材料。还有一个矛盾是所谓的"孤儿病"现象，目前全国范围内患有这类病的人不到 20 万。其中一些病听起来很熟悉，如囊性纤维化或卢伽雷病，但其他患者人数低于 100 人的疾病，几乎不为人所知。由于研究和治疗费用非常高昂，且愿意为此买单的患者数量太少，市场机制往往会忽略掉这部分需求，因此美国国会、美国国立卫生研究院（NIH）和美国食品药品监督管理局（FDA）制定了一系列财政激励措施，鼓励研究人员和制药公司研究这些疾病——这些公司在做决定时首先要考虑财务因素。但这些做法还是不够：尽管自 1983 年国会通过《孤儿药法案》（*Orphan Drug Act*）以来，FDA 已经批准了近 800 种孤儿病药物，但有 95% 的罕见病都还未找到特效药。[22]

所有这些问题都源于一个共同的根源：美国人没有以一种有益于全体公民的系统化方式将他们的好想法付诸实施。这个普遍存在的问题正与我们在商业和教育领域所看到的常见趋势相契合——附带着这样做必然会实现财务成功的隐含假设，领导者们义无反顾地选择引导他们的组织走向创新之路。

创新者的迷思在医疗保健领域的一个明显例子来自器官移植领域。尽管器官移植存在各种潜在的风险，但自芝加哥利特尔公司玛丽医院（Little Company of Mary Hospital）首次进行肾脏移植以来的 70 年来，器官移植的成功率稳步提高。然而，该领域在 20 世纪 90 年代发生了戏剧性的转变，医学研究人员开始用胚胎干细胞进行再生疗法的实验。他们看到了干细胞可以分化成任何类型的人类细胞的潜力——最终可以制造出人造器官，可以修复受损器官的组织并应用于靶向细胞疗法！这些突破的诱惑让资金提供者和研究人员难以抗拒。医学杂志和顶级研究机构，如梅奥医学中心，都在积极谈论它的创新潜力。2016 年，美国国立卫生研究院启动了"再生医学创新项目"（Regenerative Medicine Innovation Project），每年将投入 3000 万美元用于拓展该领域的发现。

在等待这些投资获得回报的同时，部分专家们担心，有限的监管正在为不择手段的企业家创造机会，他们可能为了牟利而在患者身上使用不安全的产品和疗法。哪怕创新的拥护者会信誓旦旦地告诉你，令人窒息的法规是他们前进的最大障碍——但当涉及生物医学治疗时，如培养新器官，谨慎似乎是有道理的。与此同时，资源和专业知识正从更安全的器官移植方法上转移：根据美国器官移植基金会（American Transplant Foundation）的数据，有近 11.4 万人在等待一项能够挽救生命的器官移植手术，其中平均每天有 20 人在等待期间死亡。2015 年，美国卫生与公众服务部报告称，器官捐赠者的数量一直停滞不前，过去 10 年里，通过活体捐赠者获得的器官数量下降了 16%。医生们可能并不愿意公开谈论这一困境。一位医生告诉我们，他所在医院的器官移植部门已经有几十年的历史了，"面临着基础设施不足，护理资源匮乏的问题"。他感到沮丧的是，有数十亿美元的资金流向再生医学初创公司，而在他看来这些钱等于白白浪费掉了，但同时他也觉得除了申请该领域的研究基金外，自己别无选择。

当我们考虑到美国对待老年人护理和老年学（研究衰老的科学）的方式时，同样不正当的动机也显而易见。阿图·葛文德（Atul Gawande）在他《最好的告别》（*Being Mortal*）一书中描述了老年医学治疗如何有效地提高老年患者的生活质量。大量的老年学研究集中在保养身体，或者更准确地说，帮助他人保养自己的身体上。葛文德抒情地写道，一位医生可以通过检查一位老年病人的脚趾来判断她能否照顾好自己。趾甲长到肉里的疼痛是很容易避免的，但是随着步入老年，人们的行动会越来越迟缓，视力也越来越差。未修剪的趾甲虽不是致命的，但它们表明病人需要更多的关注和支持。然而，葛文德指出，在美国的许多地方老年医学研究正在走向消亡，因为年轻人更喜欢进入那些被认为更具创新性和前沿性的专业领域，从而获得更高的薪酬。

葛文德是许多警示老年人护理危机的医学专家之一。联邦数据证实了许多美国家庭已经知道的事情：大多数养老院没有足够的人员配备。随着婴儿潮一代逐渐变老和预期寿命增加，这个问题只会变得越来越严重和突出，但未来可接受的生活质量和标准并不是每个人都能享受到。不幸的是，对于一个奖励创新、低估维护和护理价值以及缺乏公平机制的医疗体系来说，这种情况是可以预见的。这些都是一种文化的后果，这种文化痴迷于把增长视为灵丹妙药的肤浅错觉，而忽视了它对人类健康、学习和生计造成的严重损害。

我们已经看到了一些例子，说明创新者的迷思是如何渗透到美国的商业、教育和医疗保健领域的。我们从自己目睹的数十个以及他人推荐给我们的成百个例子中选择了这些例子。毫无疑问，读者会想到更多的例子。在所有这些例子中，都有一个明确而共同的主题：创新者的迷思破坏了我们的社会基础设施，损害了公共或私人机构，并对我们的健康产生了不良后果。在下一章中，我们将看到它如何对我们的私人生活，以及对各种维持社会运行的工作的价值产生深远影响。

第 6 章

维护人员的"种姓魔咒"

地位不同，工作不同

拉尔夫在美国中西部一所大学的 IT 部门工作。他身材高大结实，留着灰白色的头发和胡子，他从来不太在意穿着，牛仔裤搭配 T 恤成了他的标配，几乎很少看到他穿别的衣服。拉尔夫在芝加哥附近一个处于锈带的贫困小镇长大，那时当地的钢铁厂已经倒闭很久了。他在大学里学的是物理专业，毕业后换了好几份工作，最终选择了 IT 行业。虽然拉尔夫的所有计算机技能都是自学的，但他成功从每小时 12 美元的初级工作爬到了年薪超过 6 万美元的高薪职位。

在工作方面，拉尔夫最喜欢的就是他的同事们。他说，他们具有一种"我能帮你什么吗？"的生活态度，而很少有人（如果有的话）是追求个人荣誉的卖弄者。IT 工作者经常会面临各种各样的难题。拉尔夫告诉我们："在我的工作中经常听到的一句话是，'垃圾软件就是垃圾！'"然而，同事之间互帮互助的情谊让工作变得更有价值了。

IT 从业者的谦逊和慷慨有时很难在他们的客户身上找到，一旦软件或者程序遇到什么问题的话，这些人就会要求你马上去解决，并想当然地认为这是你的过错。据拉尔夫描述，用户在软件运行出错时会立即联系他的办公室，说他们不知道发生了什么，一定是 IT 部门做错了什么才导致了这种情况。即使错误提示明确告诉他们问题是用户操作造成的（如篡改了计算机核心文件），拉尔夫办公室的电话还是会照常响起。

具有讽刺意味的是，拉尔夫在计算机科学系遇到了一些最让他挠头的要求。该领域的教授们肩负着利用各种方式追求"创新"的使命，他们经常要求 IT 部门做一些事实上不可能办到的事情，比如让信息在网络上以超乎可能的速度传递——而且他们经常以一种"我有权这样"的傲慢口吻提要求。

例如，有一位教授抱怨他的系统运行太慢。但 IT 团队调查时发现他在连接着多台计算机的网络上运行程序，而不是直接在一台计算机上运行程序——从计算机 a 发送命令给计算机 b 需要更多的时间和计算开销，因为系统也要遵循物理定律。用拉尔夫的话说，这种工作方式"绝对不如在自己的计算机上采用独立磁盘模式下的本地运行那样快"，但教授似乎并不理解这一点。

造成这个问题的部分原因是，在学术理论与实际操作之间存在着一条巨大的鸿沟。拉尔夫说得更直白一些："计算机科学并不算科学，而且很大一部分'教授'肯定不知道计算机的工作原理。"每当 IT 部门收到帮助请求，要求它去做一些根本不可能的事情时，他说，"你必须以一种能告诉某人他们很无知的最礼貌的方式回复"。在他看来，教授们的期望是建立在理论领域之上的，但他们却懒得去思考如何让自己的想法在现实世界实现。

拉尔夫在大学里扮演着重要的角色，他负责保证450台经常供吵闹的学生们使用的Linux计算机以及一些虚拟计算机的正常运行。然而，没有人会惊讶于教授们占据了大学里所有的地位。该大学的网站上充斥着创新言论，包括教授们如何实现这种或那种创新的新闻报道，以及学院如何举办黑客马拉松、编程夏令营和其他旨在把学生变成"颠覆者"的活动。当然，在学校的网页上看不到那些保证所有电脑正常运行的工作者的名字。尽管IT工作者的工作至关重要，但他们却被人们忽视了，并被视为理所当然。

拉尔夫并不是唯一一个被忽视的人。从整体上来说，在各种组织和社会中，维护角色通常处于社会阶层的底部。几乎所有的维护人员都曾在工作中感受过其他人满满的优越感，无论是通过被忽视、被命令，还是通过被利用的方式。例如，在许多组织中，门卫和维修人员被要求穿特定的制服（通常是连体工作服）以表明他们的身份。这些传统和心态从何而来？在本章中，我们将利用大量的社会科学知识和访谈来表明，我们的维护人员正陷入一种类似于种姓制度的社会等级制度之中，而为了使我们的社会更加理性和公正，我们必须要对这一结果进行反思。

我们从父母那里学到的职业观念

劳动分工比人类文明还要古老。在许多非人类动物物种中，不同类型的个体有着不同的角色，如一个蜜蜂（蚂蚁）群体中有工蜂（工蚁）、雄蜂（雄蚁）和蜂后（蚁后）等。一项对红胡须蚁的研究发现，不同种类的工蚁分别负责四项任务之一：觅食、巡逻、维护巢穴和维护蚁群的垃圾堆。[1]需要注意的是，这四个任务中有两个明确地以维护为重点。

同样地，人类很早就学会了劳动分工。狩猎采集社会以性别分工为特征（现代社会仍然具备这种特征），男性和女性专注于不同的任务。但是，随着社会体系变得更加复杂以及阶层分化，维护和清洁工作的不平等分工不断加速。例如，古希腊的柏拉图认为，对于哲学家来说最重要的事情是skhole，即花在追求知识上的闲暇时间，这个词最终演化成我们现在所说的"school"（学校）。正是奴隶和仆人的工作维持着社会运转，才使得哲学家和其他空想者有了这种自由时间。随着时间的推移，在西方文化中，这些现象催生了"头"和"手"之间的工作区别：脑力劳动被视为比体力劳动更加高贵，后者则是地位低下的人应该做的。

在有明确的种姓制度的社会中，围绕工作（包括维护和修理）的社会等级划分变得最为明显。印度有着世界上最著名的种姓制度，尽管专家们不断争论它的历史和来源。在印度的种姓制度中，达利特（或称"不可接触者"）的家庭从事被称为"手工清理"（manual scavenging）的工作，包括用手清理露天厕所和下水道。其中 90% 的工作是由女性完成的。[2] 这是一份既肮脏又危险的工作。手工清理者经常因有毒气体而窒息死亡。

然而，印度并不是唯一一个有种姓制度的社会。在也门，Al-Akhdam（字面意思是"仆人"）是一个被社会隔离的少数群体，他们只能从事地位低下、肮脏的工作，比如打扫马路和清理厕所。"如果你的盘子被狗碰过，就把它洗干净；如果你的盘子被 Khadem 碰过，就把它打碎。"这句也门谚语暗示了他们在社会上的地位。[3] 除了印度和也门，世界上许多国家也存在种姓或类似于种姓的制度。

我们不应该自欺欺人地认为美国和其他西方社会没有这种等级制度。奴隶制度的终结并不意味着社会等级制度或职业地位体系的终结。例如，在弗吉尼亚州和其他南方州，有许多工作不属于该州最低工资规定的范围，包括酒店门卫和家庭帮佣等传统上由非裔美国人担任的工作。

自 20 世纪 20 年代以来，社会科学家们一直在研究美国各地职业类别与社会地位之间的关系——也被称为职业声望问题。在一项反复进行的研究中，研究人员给受试者一张列有 25 种职业的清单，并让他们根据社会地位对这些职业进行排序。结果显示这一排名非常稳定，即使这项研究在美国各地重复进行了几十年也几乎没有变化。其中，银行家、医生和律师这些需要用"脑袋"工作的职业一直排在最前面，而门卫、砖瓦工、挖沟工人则总是在最后面。像水管工和理发师这样的维护角色，确实落在了排名的后半部分。这些工作中有许多是至关重要的，没有它们社会将难以正常运行，但许多人宁愿把它们抛到脑后。正如许多社会科学家所言："这些'非体面工作'（dirty work）尽管也是一项工作，却很少进入到一场'文明'的公共谈话之中。显然，人们都想要营造一个光鲜美好的社会氛围，但这却是对从事'非体面工作'的劳动者的侮辱。"[4]

然而，随着时间的推移，一些职业的声望确实发生了很大的变化，尤其是那些与技术有关的工作。例如在美国历史的早期，机械师和电工的地位相当高，是工人阶级实现成功人生的标志。然而随着社会的发展，正如历史学家凯文·博格所指出的那样，汽车修理工之类的工作成了那些被人们认为不是"上大学的料"且"前途渺茫"的人的饭碗。

我们有充分的理由相信，当今流行的以技术为核心的相关工作的职业声望在未来必然也会下降。克莱夫·汤普森（Clive Thompson）在《连线》杂志上发表了一篇名为《编程将成为下一代蓝领工作》（*The Next Blue-Collar Job is Coding*）的文章，在互联网上引起了极大的争议。他在文章中指出，许多 IT 工作都类似于蓝领工作，随着时间的推移，此类工作的培训可能会更加职业化。即使在今天，正如我们在本书的其他地方所看到的，大多数 IT 工作还是以维护为主要内容的。汤普森没有强调的是，随着越来越多的工作者进入该市场，这一过程几乎不可避免地会导致 IT 行业的工资和福利下降。

当一些工作的排名随着时间的推移而不断变化时，另一些工作的排名却一直非常稳定。但是，如果我们的职业排名结果是可靠的，或者从某种意义上说我们拥有着相同的认识，那么我们判断某种工作社会地位高低的直觉是从哪里来的呢？好吧，从很多地方，但也许最重要的是通过父母的教育。

在一篇名为《动物整天都在干什么？》(*What Do Animals Do All Day*) 的经典文章中，社会学家约翰·李维·马丁围绕理查德·斯凯瑞的儿童读物《人们整天都在做什么？》(*What Do People Do All Day？*) 创建了一个数据库。在斯凯瑞关于"忙忙碌碌镇"的丛书中讲述了不同的动物做着不同的工作的趣味故事，以帮助孩子们了解各种职业。马丁对斯凯瑞书中的动物和它们所做的工作之间的关系进行了统计分析。马丁发现了动物物种和社会地位之间的相关性。如果你生活在忙忙碌碌镇，你会想成为一个捕食者。镇长和飞行员是狐狸，医生是一头开着路虎汽车的狮子。那什么动物从事蓝领最为经常做的工作呢？正是卑微的猪，马丁形容它代表了"美国的工人"。书中的猪不仅从事着经常受到污名化的体力劳动，如环卫工作等，而且它们往往还会在忙忙碌碌镇中造成许多麻烦和事故。斯凯瑞在书中塑造的角色弗鲁姆先生就是一头猪，而它存在的意义似乎就是因为愚蠢而不断引发各种事故。

马丁的文章读起来很有趣，有些地方还很好笑，但他的观点是严肃的。正如他所写，在阅读忙忙碌碌镇时，"孩子不仅了解了人们整天在做什么事情，还了解了什么样的人在做什么样的事情"。换句话说，当父母花费宝贵的甜蜜时光给专心的孩子读忙忙碌碌镇的时候，他们正在教育孩子职业的尊卑。正如马丁所指出的，我们并不清楚斯凯瑞是否有意识地在书中流露出职业等级观念。他可能只是不假思索地表现了他小时候被灌输的身份意识。

我们也从其他地方了解到什么样的人应该从事什么样的工作。一位住在曼哈顿摩天大楼里的朋友给我们讲述了她如何不得不和小女儿谈论美国的种族问题，因为这个小女孩经常遇到的所有非裔美国人都属于服务工作者阶层，比如门卫和清洁女工。如果不加以质疑，孩子可能会根据其日常经历认为，非裔美国人应该扮演这些角色而不是别的什么。

即使我们只关注美国，这些也不能说明在每个地方都存在同样的情况。我们两位作家都体验过学者四处奔波的生活状态，从十几岁一直到将近不惑之年我们都在不停地搬家。在伊利诺伊州、纽约州和弗吉尼亚州的农村地区，我们注意到，像门卫和快餐店服务员这样"低技能"的工作主要是由中下层的白人从事的，如快餐店服务员有时会是青少年。而在芝加哥或纽约等城市的市中心，从事这些工作的往往是少数族裔，通常是新来的移民。然而，各个地区不同群体之间的相对地位是不变的。这可不像在伊利诺伊州的阿科拉或其他中西部城镇，门卫都开着镀金的豪华车，而医生则开着使用多年几近报废的二手生锈铁皮车四处闲逛。

我们在学校里学到的职业观念

随着创新言论的思想渗透到我们的文化中，它对我们的教育体系造成了非常严重的冲击，并进一步巩固了创新人员和维护人员之间的地位差异。对于学前教育和博士培养来说同样如此。在美国，创新言论通常与 STEM（科学、技术、工程和数学）教育联系在一起。培养 STEM 学生被认为是在国家层面上保持和促进创新的一种方式，也是帮助孩子们长大后找到好工作的一种方式。学生们被鼓励参加黑客马拉松、编程营、机器人俱乐部和其他旨在培养创新潜力的课外活动。像设计思维 K12（DTK12）这样的教学潮流，以及詹姆斯麦迪逊大学的 X-Labs 这样新建的大学研究中心，都声称要培养学生的"创新能力"。

在第 2 章中，我们批判了创新来自具有某些特殊"能力"的"创新者"，并且这些能力可以通过教育获得的观点。想想发明家托马斯·爱迪生、尼龙的发明者华莱士·卡罗瑟斯，以及奥普拉·温弗瑞和阿里安娜·赫芬顿等企业家，这里并没有一套特定的能力或技能将他们联系在一起。有些创新来自喜好交际的性格外向者，他们总能在社交场合中发现机会；还有一些创新来自害羞的自闭症患者，他们宁愿把图钉插入手指甲里也不愿参加派对。此外，我们有大量证据怀疑笼统的"批判性思维技能"可以通过教育来获得，像詹姆斯麦迪逊大学的 X-Labs 所宣称的那样。[5] 大多数创新是渐进式的，而且来自某一领域的专家，他们致力于改进自己所熟悉的领域。这些专家都是经过几十年的训练和努力才得以有所创新，并没有捷径可走。

但是，除了推行不太可靠的教育理论之外，真正的损害来自大学对创新的推崇，因为大多数学生最终从事的是没有创新性，但至关重要的工作。在过去的几年里，我们在人满为患的教室里给大学生们做过几次关于"维护者"（The Maintainers）的演讲。当我们问他们当中有多少人想毕业后成为机械师、电工、IT 支持人员或其他以维护为主要内容的工作时，没有人举手。当然，我们的问题是为了活跃一下气氛。人们上大学一般不是为了找这类工作。但我们的目的只是让学生们在考虑他们的抱负时可以有更多的选择。学生们认为他们最终会成为创新者，因为他们就是这样被教导的。

2012 ～ 2016 年，我们一直在斯蒂文斯理工学院工作，该学校还为"创新型大学"注册了商标（这对我们来说有点尴尬）。作为他们高级工程学顶点项目展示的一部分，斯蒂文斯的学生被要求描述他们的项目是如何创新的。当然，大多数项目都没有丝毫的创新，所以学生们学到的主要内容就是如何编造报告，并把它们包装得高大上。重要的是，作为一个"创新者"，需要把自己的工作做得更加新颖并引起人们的注意，这是我们稍后会讨论的话题。但更深层的问题是，斯蒂文斯式的创新要求严重曲解了工程学的本质。真正的现实是，大约 70% 的工程师在维护和监督现有的系统。[6] 只有一小部分工程师的工作专注于发明和研究与开发（R&D）的"研究"部分。一般来说，工程师是维护者和运营者，而不是创新者。

目前许多大学的热门领域——计算机科学也是如此。数据显示，在某些企业软件支出预算的 60% ~ 80% 用于维护。[7] 这还没有算上进入非软件计算领域的大学毕业生，比如 IT 基础设施、技术支持和网络工程。大多数毕业生最终将会成为维护人员。考虑到大学是人们追求真理的地方，我们相信，大学能够更好地描绘一幅现实的世界图景，以及它们的学生能在其中做什么。未来它们可能会找到一些方法来突出维护思维以及大多数学生最终将从事的维护和运营工作的价值。

一个在很多方面都与创新言论有关的、更深层次的错误观念就是你只有上大学才能成为中产阶级。虽然大学毕业生的确比从事同行业的人挣得更多，但只关注这一事实会忽略掉其他因素。例如，如果把学费、生活费和学生贷款的利息算在内，职业学校的平均费用为 3.3 万美元，而获得学士学位的费用约为 12.7 万美元。[8] 此外，约 70% 的学生通过贷款支付大学学费，其中 20% 的学生最终贷款超过 5 万美元。偿还这些贷款和利息会减少他们的收入，并且通常会持续几十年。此外，上职业学校只需要两年，与四年制大学毕业的同龄人相比，它们的毕业生至少多两年的收入。许多学生完成大学学业需要超过四年的时间，如果不退学的话，就更是如此了。

这种认为上大学是走向成功的唯一途径的错误观念并不是美国独有的。西澳大学工程学教授梅琳达·霍德凯维奇（Melinda Hodkiewicz），几十年来一直致力于维护方面的工作，既是一名执业工程师，也是一名学术领域的研究员。她解释道，21 世纪 10 年代初澳大利亚大学政策的变化让学生更容易进入工程专业，而不是职业培训。这一政策的改变造成了一些不良后果：新生往往对数学和严格的理科课程缺乏准备，同时社会对这一行业的人才有迫切的需求。正如霍德凯维奇指出的，"有些人会说，我们现在有一代未被雇用的而且不能被雇用（能力太差）的工程专业毕业生，他们不会再梦想从事技术工作"。[9]

有时人们会走向极端，认为美国需要更多的职业劳动力。例如在过去的十年里，一些人认为存在所谓的技能缺口，即行业需求与受过专业培训的技术人员的供给之间存在明显错配，如焊工和电工等。但最近有研究表明这种技能缺口并不存在，尽管专家们可能会就此争论一段时间。[10]（另外，在我们居住的地方，比如弗吉尼亚州西南部和纽约州中部，很难找到为你的住房提供服务的人，诸如清洁和粉刷木质房屋等外部工作，以及管道维修疏通等内部工作。这个问题大家都知道，各行各业都在讨论。因此，至少在地理区域上来看，某些地方拥有更多的职业劳动力似乎是有益的。）

不过，我们的观点有所不同。过分重视大学教育的错误观念会引导我们以为薪水最高的工作才是最好的工作，而实际上人们在做适合自己的工作时能发现更多的满足、意义和快乐。另外，这种观念还强化了一种意识，即以维护为中心的工作在某种程度上来说"配不上"我们，不值得我们追求。

我们的一个学生几年前亲身经历了这个危机。这个年轻人当时正在攻读（非常昂贵的）工程学位，但他大部分时间在一家从事维护、修理和安装的暖通空调系统（HVAC）公司工作。他很热爱这份工作。他说体力劳动非常值得做，并在"与那些家伙们一起工作"的过程中找到了极大的乐趣。团队合作和相互认同的文化和氛围使得这份工作比他的学业以及从前做过的其他任何工作更令人着迷。更讽刺的是，他的薪水很丰厚，丰厚到他根本不在乎赚更多的钱，而且他似乎做好了准备某一天来掌控公司。如果是那样的话，他一年可以轻松赚到六位数。

李问道，为什么他要折磨自己去上他不感兴趣的课程，拿一个他用不到的学位，并且这还会增加他的学生贷款债务？这名学生说，他的父母不想让他辍学。他们认为大学是他未来的关键，尽管他知道并非如此。虽然我们非常理解家长想把最好的留给自己的孩子，但他们坚持让儿子留在学校的决定显然在情感上和身体上都伤害到了他，因为他在满负荷的课业之外还要做一份要求很高的工作。

总而言之，对创新的痴迷影响了孩子们对工作和地位的认识，扭曲了高等教育中学生们的感受——永远朝着创新前进，却与现实渐行渐远。一旦我们进入工作世界，它就会继续误导管理者追逐创新并激励我们忽视维护者。

我们在工作中学到的职业观念

这位图书馆副馆长又在谈论"创新"，并且用了很多词，比如数字人文、数字转型和虚拟现实。图书馆的工作人员对这些演讲已经麻木了，这在很大程度上是因为这些演讲通常缺乏后续实际行动。当有新项目上马时，副馆长就会变得手忙脚乱，但当他感到无聊转而投入到下一个新项目时，就不会再给予它关注和资源了。图书馆在大约几年的时间里完成了三个战略计划。最终工作人员们意识到，对他们的老板来说关键是要表现出创新精神，随后他们开始注意积累一些更有可能令他心动的创新术语。你的项目中加入虚拟现实不是更好吗？他们会这样建议。与此同时，维持图书馆运转和提供服务的工作却往往被忽视掉了。

这个图书馆的故事，是我们根据全国各地的职业图书管理员所讲述的故事综合改编而得到的，重点强调了在特定职业环境下维护工作是如何被人们忽视掉的。在我们关注维护人员问题之后不久，有些人开始和我们讨论苏珊·凯恩写的《安静：内向性格的竞争力》（ *Quiet ： The Power of Introverts in a World that Can't Stop Talking* ）。在这本书中凯恩认为，我们的文化忽视和低估了性格内向的人，这些人喜欢独自工作，在社交场合也总是沉默寡言。但经典的自我提升书籍，像《人性的弱点》（ *How to Make Friends and Influence People* ），基本上都是关于外向行为的入门读物。这种外向行为在各种组织和全社会中都受到重视和奖励，而内向的人往往很难得到关注或认可。

我们发现《安静：内向性格的竞争力》与我们从"维护者"了解到的情况之间存在着密切的联系：像内向的人一样，维护者经常在后台默默无闻地工作以保证事情进展顺利，而"创新者"则拿到了所有的荣誉。我们的社会往往会忽视这些人，没有认可或奖励是留给他们的，这给维护者和组织本身造成了各种各样的问题。例如，如果组织中的个人发现很难因为维护开源软件而获得表扬和晋升（这是我们经常听到的事情），他们会感到沮丧，甚至怨恨，从而会很痛苦。他们也更有可能换一份不同的工作，随后就会有缺乏经验的人来取代他们的位置，最后也可能走上相同的道路。另外，他们所维护的软件以及依赖它的用户也同样会受到影响。

根据我们以及其他人的经验，维护者通常也是（但不总是）内向的。他们更喜欢独自工作，觉得长期的社会交往既有压力又不愉快。我们在本章开头遇到的 IT 工作者拉尔夫说，他喜欢与其他 IT 同行一起工作，因为他们"不喜欢卖弄"，而且他们"真心喜欢帮助别人解决问题"。然而，这或许正是内向的一面，即维护者会发现很难为自己和自己的劳动成果辩护。

比如英国情景喜剧《IT 狂人》(*The IT Crowd*) 之类的流行节目，在描述这些企业中默默无闻的维护者的过程中发现了幽默。《IT 狂人》中有两个被他们的老板称为"标准的书呆子"的人，在一间又脏又乱的地下办公室里埋头苦干，为楼上办公室里的人们解决各种电脑问题。他们在接电话的时候总是会问一句："试过关机之后再开机吗？"在第一集中，两个人同时抱怨道："他们根本不尊重我们。对我们毫无尊重……当他们的打印机出了问题时，他们好像很友好似的。可一旦修好了，他们就把我们当作昨天的果酱一样给丢掉了。"

20 世纪 90 年代初，当记者莱斯利·黑兹尔顿（Lesley Hazleton）决定当一名修理工来学习更多关于汽车的知识时，她也经历了类似的情况。坏了的东西总有一种神奇的力量，它们可以颠倒社会等级：汽车修理工通常是一个地位相当低的工作，但当一辆车坏了的时候，它就会给修理工注入强大的能量。正如历史学家凯文·博格所说，黑兹尔顿"回忆起一位医生开着他的宝马 535 来安装新的排气系统的经历。当黑兹尔顿给他修汽车时，他不得不在店里等着。这种尴尬的处境使得医生试图通过讲下流的笑话来迎合黑兹尔顿，并抱怨说他真的挣不了多少钱，也许还没他们多。然而车子刚刚修好，医生就把 20 美元的小费扔给了黑兹尔顿，跳进他那修理过的'身份标志'里疾驰而去"。[11] 有些人觉得只有在需要帮助的时候，才需要去讨好社会地位较低的维护人员，对他们表现得人道一些。一旦工作结束，或者不需要一开始就把工作搞定，他们就会立马忽略掉维护人员。

在新闻网站 Reddit 的社区"技术支持趣闻"中，IT 工作者们分享了一些类似的故事：用户（通常是同一家公司的其他员工）误解了基本的提示，傲慢地认为这是 IT 员工的错，有时甚至对他们大喊大叫。当人们了解到我们正在写这本书时，我们有时会收到来自朋友和受访者的匿名信息，包括来自一位 IT 工作者的信息："他们会有很多问题找上 IT 部门，但它们并不是真正的 IT 问题，比如糟糕的设计、糟糕的用户或糟糕的选择。"

我们之前采访过的一位 IT 工作者在美国中西部的一家软件公司工作。该公司以创新性的产品而闻名，并且这些产品在大学里很受欢迎，而这个 IT 人员（我们叫他汤姆）的工作是维护控制着公司销售、人力资源和其他功能的硬件设施。该公司的高管和上层管理人员都痴迷于该系统新的软件功能，但硬件却没有得到多少关注或资源。"所有的东西都是用管道胶带和打包钢丝捆在一起的。"汤姆告诉我们。这些系统太旧了，以至于甲骨文等设备制造商不再支持它们，汤姆和他的同事不得不自己从 eBay 上购买备用零件来维修。尽管这个故事发生在 2010 年之后，但一些系统仍然运行着 Windows 95。

汤姆还讲述了该公司在同一个小镇的其他地方运营的"服务器农场"（server farm）的故事。"农场"中经常响起警报声，警告服务器群温度过高。汤姆解释说，公司并没有致力于改善暖通空调系统或改变通风管工作状态，而是"将服务器机箱后盖包裹起来以防止热量从那里跑出来，随后在天花板上开了个洞，并将许多落地扇朝向服务器机架后面吹风，以便让热气从上面排出"。

"笑话不言自明，"汤姆苦笑着说，"我们会说，'如果服务器再出什么问题，那么它们就只能躺在垃圾袋里了'。这太可怕了——缺乏规划，缺乏实际运营基础设施的足够知识。这很滑稽，但也很让人沮丧，因为我不得不面对它。"

就像我们将在下一章所讨论的家务一样，性别在谁负责维护工作这一问题上也扮演着重要的角色。图书管理员经常向我们抱怨，根据他们的经验，女性更有可能被分配去维护现有的项目，而不是负责新项目。研究还表明，女性会从事更多所谓的"办公室家务"和其他类型的工作，而这些工作并不会带来升职机会。从长远来看，这种矛盾会导致工资增长和组织高层人员类型的实际差异。[12] 当我们仔细观察时，我们发现对许多人来说，作为一个维护者往往会承担真真切切的社会和经济成本。

职业歧视带来的高代价

如果仅仅是维护人员的自尊心受到伤害，那么这个问题就不值得讨论了。在我们现代逐渐官僚化的生活中，有很多事情令人沮丧。欢迎大家来到这个现实的世界，它确实糟透了。我们认为，地位低下的维护工作造成的个人成本要高得多，它至少有两种形式：精神上缺乏认同以及物质上缺乏补偿。还有一个问题是，维护者经常得不到足够的资源来完成他们的工作，正如我们已经看到的汤姆和图书管理员的故事。

我们相信，认同和尊严是人类的基本需求，这种观点有着悠久的历史支撑，至少可以追溯到哲学家黑格尔（1770—1831 年），甚至是更早。事实上，如今很多被称为"身份政治"的东西从根本上讲都是关于认同的。就最近的例子来说，加拿大著名哲学家查尔斯·泰勒认为，认同（即个人价值能够得到社会的承认）是一项基本的需要和权利，并且"不被认同或被误解会对个人造成伤害，甚至可能是某种形式的压迫，即将某人囚禁在一种虚假、扭曲和简化的生存模式中"。[13]

自从开始这个项目以来，我们从许多人那里听到了从事为人们所轻视的维护工作时受到的挫折，而这种挫折的代价已经得到了学术研究的支持。在一项研究中，研究人员调查了一所大型公立大学的 199 名建筑清洁工，并对其中 12 人进行了深入采访。[14] 研究人员发现，"清洁工经历了在工作中的'隐形'（本人得不到顾客的认同或承认）和工作的'隐形'（工作被忽视或不受重视）。"一位清洁工形容工作中最让人心痛的是"人们总是从你身边走过，但就好像看不见你一样"。其他人还指出，进入房间时没有收到"你好"或"谢谢"的问候，感觉自己"像个影子"或魂魄，就像人们"透过你的身体来看"，或者被当成物件一样对待。

一位受访者告诉研究人员："有些时候就很奇怪，一个家伙会在我身边毫不顾忌地放屁，这让我觉得，'是啊，你真的是一点都不在乎我的感受'。然后我有一半的时间都在笑这件事。就像当一个家伙咳出 loogie（痰）时，人们会说，'哇，老兄，我在这里。难道你都不觉得尴尬。我就这么被无视了'。"正如一个门卫所说："他们真的不想见我们。"就其他方面而言，这些经历导致了怨恨的感觉，以及正如研究人员总结的那样，感受到"学生和老师们是高高在上的并且对他们不屑一顾"。一名清洁工向研究人员抱怨说："那些无知的人不承认你的存在，因为他们认为你在他们之下。"虽然这些故事是维护人员在工作中所经历的极端情况，但随着不断地积累，这种"虐待"会导致情感和心理上的痛苦。

以上的思考看起来好像可以让管理者和人力资源主管用一些月度最佳

员工计划或以"维护人员庆祝会"为主题的公司聚餐来解决维护人员的问题。但我们认为这些并不够。许多维护者的工资如此之低，以至于他们无法维持稳定的中产阶级生活。正如南茜·弗雷泽、洛伊斯·麦克奈（Lois McNay）和其他女权主义思想家所指出的那样，在现实经济困难面前，过于注重认同并不明智。

许多美国家庭处于勉强度日的状态。在过去的几年里，我们一直在密切关注慈善组织"全球联合之路"ALICE 计划的负责人斯蒂芬妮·胡普斯（Stephanie Hoopes）领导的工作。ALICE 代表资产有限（Asset Limited）、收入有限（Income Constrained）但有工作（Employed）的意思。这是"穷忙族"（working poor）的一种说法，胡普斯和她的同事们没有选择使用"穷忙族"这个词，因为贫穷不应该被污名化，任何人都不应该为与贫困斗争而感到羞耻，特别是考虑到有多少家庭处于这样的境地。

胡普斯的职业生涯从一名学者开始。她在伦敦经济学院获得政治经济学博士学位，并在苏塞克斯大学和伯明翰大学任教，随后加入罗格斯大学纽瓦克分校任教。但是，她的工作越来越专注于研究和理解美国的经济困境。一项对新泽西州莫里斯县一个低收入社区的研究催生了 ALICE 计划，并改变了胡普斯的生活。

胡普斯和她的同事创立了 ALICE 计划来解决这个基本问题：自从 1965 年林登·贝恩斯·约翰逊向贫困宣战以来，（正式公布的）联邦贫困线（FPL）已经成为美国政策制定者和公众人物讨论贫困的标准方式。然而，许多批评人士指出了 FPL 的缺陷——最重要的是，FPL 没有考虑到通货膨胀或当前的生活成本。例如，2019 年，在美国相邻的 48 个州和哥伦比亚特区，一个两人家庭的 FPL 为 16 910 美元。[15] 很难想象两个人用这么点钱能住在什么地方，更不用说像纽约或华盛顿特区这样的城市了。

胡普斯采取了不同的方法。她和她的团队制定了一项新的衡量标准——家庭生存预算，该预算估计了"家庭必需品的总成本——住房、儿童保育、食品、交通、科技设备和医疗，再加上税收和10%的应急储蓄"。ALICE团队在县一级进行了这一估算，并认识到这些费用随收入水平不同而变化很大。

ALICE团队的发现可能会令人震惊。2017年，美国的官方贫困率为12.3%。[16] 而胡普斯根据ALICE标准进行衡量发现，接近40%的美国家庭都在为收支平衡而挣扎，并且区域之间存在巨大差异。例如在亚拉巴马州，43%的家庭都属于ALICE家庭，但各县却大相径庭，谢尔比县（包含伯明翰一些相对富裕的郊区）为27%，而身处农村地区的佩里县则高达惊人的71%。

最初关于新泽西州莫里斯县的ALICE报告引起了媒体的注意，当选官员和拥护者们开始在谈论该州的经济困难时使用报告里的数据。最终胡普斯决定离开她的学术工作，全职开展ALICE计划。迄今为止，ALICE计划已经发表了关于18个州的报告和许多其他出版物。ALICE团队并没有提供政策建议。相反，他们试图引起人们对经济困难问题的关注，并提供一些事实来更好地描述家庭面临的困境，而不是发布一些像联邦贫困线这样空洞的指标。

几年前，胡普斯找到了我们，因为她注意到许多ALICE家庭的户主都是维护人员。这对我们来说是幸运的，因为我们正在与相反的认识作斗争：我们所了解到的许多（再一次声明，并不是所有）维护者都很穷，或者处于贫困的边缘，即使他们和其他人一样努力工作。

我们和胡普斯做了一个小小的思维实验。我们将美国劳工统计局的职业类别分为两大类：创新者工作（有两个子类别：发明者和采用者）和维护者工作（有两个子类别：培育者和基础设施工作者，后者是我们对维护诸如道路和计算机等实物设施的人的称呼）。这个划分足以让我们对事物有一个大致的了解。当然，我们也会遵循职业本身的形象：例如，我们将工程师视为创新者，尽管我们知道大多数工程师与创新几乎没有任何关系。

也许不出所料，绝大多数人从事维护工作——大约95%的人是维护者。但同样重要的是，大多数符合ALICE标准的人也扮演着维护者的角色。换句话说，虽然不是所有的维护者都是ALICE，但大多数ALICE家庭都是维护者。我们发现，大约64%的美国劳动者属于基础设施工作者的类别，其中65%的基础设施工作者每小时的收入不到20美元，如果是全职且全年工作，每年的收入不到4万美元。这些劳动者中的许多人都靠薪水糊口，为基本生活需要而奋斗。他们甚至无法支付基本的家庭预算，他们没有多余的钱用来储蓄，为退休或教育投资做打算，而更有可能需要公共救助。

在流行的学术话语中，许多这样的工作被称为"低技能工作"，意思是由于它们不需要特殊技能，很多人都可以从事这些工作，因此劳动力市场"自然地"把工资定得很低。我们并不赞成这种说法。第一，这些工人确实拥有其他人不具备的技能，如身体耐力，这是那些喜欢谈论"低技能工作"的人所不具备的，相反他们身体孱弱、面色苍白却冷漠无情。通常，谈论技能实际上更多的是在谈论社会地位而已。第二，关于"低技能工作"的讨论往往会让人们认为，我们需要教育工人以使他们获得"技能"，从而获得更有利可图的就业机会，但这是一种幻想，而且是病态的幻想。这些工作总得有人去做，许多最终从事这些工作的人会在这一行当待上大半生。鉴于这些工作的必要性，我们的目标应该是确保每个从事这些工作的人都能过上体面的生活并养活他们的家庭。

　　将就业市场想象成一座金字塔，处于顶端的创新者寥寥无几，而支撑他们的是一大批维护者。这个金字塔对公共政策具有某些启示。在后面的章节中，我们将研究一些可以改善维护者生活的方法。但现在，我们应该把没用的搁置到一边。创新政策的捍卫者会说，政府围绕创新和创业的政策可以帮助创造就业机会，甚至对维护人员也是如此。但这个金字塔清楚地表明，我们没有理由相信创新会创造足够的就业机会或经济增长，以解决许多维护者面临的问题。如果95%的工人从事维护类劳动而其中60%的人是ALICE或接近ALICE，请问创新应该如何改变这种局面？

　　更确切地说，没有足够的技术变革或经济增长能够从根本上改变我们在金字塔中看到的图景。虽然我们已经将数十亿美元的公共资金投入到纳米技术、生物技术和其他新兴技术的研究中，支持者声称这些技术将创造大规模的新型产业，从而促进就业和经济增长，但结果却很少像宣传的那样。当然，只要我们对收益有现实的认识，我们可以继续在R&D和其他创新政策上投入资金。(一些理性的朋友认为，美国的创新政策实际上更多地与全球地缘政治有关，而不是经济增长。)所以为了解决ALICE工作者所面临的冷酷而艰难的现实，我们需要其他的工具和思维方式。

第 7 章

护理危机

我们个人生活中的"维护"

你是否知道，寻求将"颠覆性创新"的概念应用于人类灵魂的自我提升书籍不是一本，而是很多本？我们买了本惠特尼·约翰逊的《颠覆式成长》（*Disrupt Yourself*），想知道它里面是否充满了有趣的故事，例如，在与老朋友们推杯换盏喝了一夜酒后，凌晨 3 点去吃来历不明的街头小吃或大盘的油腻食物。根据我们的经验，这是一个能够严重破坏肠道健康并屡试不爽的方法，更不用说你第二天的计划了。可悲的是，《颠覆式成长》最终成为一系列关于改变生活、促进事业发展的自我提升的陈词滥调，所有这些都打着创新的幌子。

现实中有很多愚蠢的自我提升书籍，但《颠覆式成长》反映了一个影响更加广泛的现象。整个行业，从运动软件到节食顾问，都在前仆后继地宣称要改变我们的生活，把我们塑造成一个完全不同的人，尽管这些事情一次又一次地被证明是没有任何作用的。你可能同样渴望改变你的生活，逃离那些在你人生中反复重演的糟糕经历。但事实是，我们大多数人一直努力工作，只是为了保护好我们已经拥有的东西而已。其实我们真正的渴望是，我们的生活不要被"颠覆"。当天灾人祸来袭或是其他灾难摧毁我们的世界时，我们渴望"回归常态"，重新恢复我们努力维持的日常生活。

自从我们在 5 年前开始致力于"维护者"以来，人们一直在给我们讲关于家庭或私人维护的故事（通常是灾难性的）——他们如何安顿好他们所爱的人，他们自己，他们的财产，以及在他们家里所发生的事情。洗澡、洗衣服和洗碗、自己动手或雇人修理损坏的东西、打扫卫生、理发、给婴儿擦屁股、为年迈的父母剪趾甲——这些琐碎的事务总是没完没了。

这就是生活。正如我们在上一章看到的，绝大多数人从事着维护类的工作，但在家时几乎所有人都是维护人员。正如一句祷告词所说，即使是超级富豪也要洗澡。让我们面对现实吧：尽管有些人以园艺、修补、改善家居为乐，但通常这些基于维护的任务都是令人头疼的。

在这一章中，我们将探索我们可能称之为家庭或私人维护的东西：在家庭和家庭生活中进行的保养、照顾和修缮工作，包括照顾我们自己的身体。维护并不局限于公共基础设施和公司的优先事项，当我们走进"甜蜜之家"（Home Sweet Home）的大门时它仍在继续。正如我们要看到的，在前面章节中许多导致维护问题的潜在因素同样在家庭生活中发挥着作用，包括延期维护的习惯。如果我们要恢复维护在我们社会中的作用，我们必须全面了解维护工作以及它如何影响我们的私人生活。

保养我们的身体，维护我们自己

记者史蒂芬·都伯纳在为《魔鬼经济学》电台采访我们时说，读了我们的一篇文章后，他想到的第一件事就是保养身体。他指出，随着年龄的增长，"你会花越来越多的时间来维护自己的身体"。保养是一场与熵的战争——不仅在技术上如此，在生物学上也是如此。保养身体是人类生活中不可或缺的一部分，无论是通过饮食、锻炼还是梳妆打扮。（当然，许多动物也会清洁和打扮自己。）

男性和女性在保养身体上投入的精力、时间和金钱存在很大差异。当然，原因是我们对女人和男人的外表有着截然不同的审美标准。在一项调查中，81% 的女性表示她们早上至少会使用一种美容产品，而 54% 的男性表示说他们不会使用任何美容产品。[1] 这种区别从而造成了成本的巨大差异。一生中，男性在美容产品和服务上大约花费 17.6 万美元，而女性花费超过 22.5 万美元。[2] 正如一个标题所说，"美容保养的平均成本可以让你读完哈佛"。

除了这种双重标准之外，某些人的身体也需要比常人更多的照顾。关心残疾问题的活动家和学者指出，残疾人士以及负责照顾他们的人做了大量的护理工作，只是为了保持正常的生活质量。这种身体护理在很大程度上符合我们上一章提到的"非体面工作"的定义，它的工作内容涉及某些在公共场合很少见到的体液和身体部位。

残疾问题研究学者汉娜·赫德根（Hanna Herdegen）曾写过一个例子。几年前，YouTube 和社交媒体上兴起了一股新潮流。生活视频博主们开始在视频上贴上"我的包里有什么"的标签，并在描述它们的时候一个接一个地从他们的背包或钱包中拿出物品。有残疾或慢性疾病的视频博主将这个标签改编了一下，创建了一个"我的包里有什么：慢性疾病版"。当他们打开包时，他们会一一展示所有他们所需要的自理工具，这些工具是非残疾人（残疾人士有时开玩笑地称之为"ableds"）做梦也不会想到要随身携带的，比如"饲管、脉搏血氧仪和血压计"。坐轮椅或穿戴假肢的人也经常随身携带工具，尤其是螺丝刀，这样他们就可以随时进行维修。正如赫德根所指出的，即使是非残疾人有时会携带的物品，比如毛衣、零食和瑜伽垫，对残疾人和慢性病患者来说也有不同的自理用途。

虽然身体保养和护理看起来与其他专注于技术的维护形式有很大不同，但我们一次又一次地发现，同样的基本问题影响着两者，包括透支增长（即以预支快乐和收益的名义将本该做的事情推迟到未来）的思维，以及处理普遍存在的公共问题的失败。

许多人总是习惯于将保持良好饮食习惯、保持健康之类的事情推迟到似乎永远不会到来的明天，这并不奇怪。我们会为了眼前的利益而忽视未来的成本和利益，而这种一时的冲动会损害我们的长期健康。代价是显而易见的：超过 60% 的美国人从医学上讲体重过高，超过 1/3 的人属于肥胖人群。

与此同时，就我们的饮食方式和运动量而言，过分强调个人选择是错误的。过去的人们有更多的锻炼并不是因为他们特别注重身体健康，而是因为他们的生计要求他们不断劳动，主要是农业工作，它在历史上大部分时间内主宰着人类的生存。此外有研究表明，当人们因贫困和压力而面临物资匮乏时，他们会变得更冲动，容易做出更糟糕的选择。[3] 正如我们在上一章看到的，近 40% 的美国人勉强维持收支平衡，甚至可能有更多的人以其他方式承受着压力。在这样的背景下，在这种情况下，自我保养的道德说教就很残酷了。

在这个实际上充满各种诱惑、稍不留神就会堕落的世界里，鼓励自我保养是很难的。但更困难的是，我们的理想目标并不明确。美国人每年在减肥产品上花费330亿美元，然而，节食通常还是起不了多大作用。此外，我们的文化太执着于肥胖问题，导致欺凌和个人心理上的折磨，但体重和健康并不像我们想象的那样紧密相连——有1/3～3/4的肥胖人群在新陈代谢方面是健康的，而多达1/4体型偏瘦的人在代谢方面是不健康的。[4]

也就是说，相较于纠结体重，我们有更合理、更现实的方式来思考自我保养，但这通常不是你能够听到的，部分原因是有大量的行业通过你不切实际的自我保养意愿来获利，从杂志和书籍到膳食补充剂，到健身俱乐部，再到即食、分量控制、"精简"的微波炉晚餐。这就是我们在前面几章中所看到的增长迷思的"逆向操作"。

医学人类学家特雷莎·麦克菲尔（Theresa MacPhail）告诉我们，她最近意识到一种类似的增长迷思：运动咨询领域中对"增益"的痴迷。麦克菲尔已经坚持跑步多年，但当她47岁的时候，她开始更深入地考虑她的长期健康，并决定在她的养生计划中加入一些重量训练。正如许多书呆子一样，她从大量阅读关于这个话题的文章开始做起。

但随着她读的文章越来越多，她突然明白了一些事情。"读到大约第十篇之后，我突然觉得，'等一下，这完全是胡扯！所有关注点都集中在锻炼项目衡量指标（英里、时间、耐力、重量等）的增益或增加上'。当然，我也会对自己说，'人体自我修复的能力会不断下降。在大多数情况下，你只是在努力保持自己不会变得更差。所以为什么保养会被认为是一种增益？'然后我突然意识到，健身从来不谈论保养，它总是专注于改进。"

她接着说："我想，随着年龄的增长，我对我们拒绝承认任何限制的文化感到更加不安，尤其是当涉及我们的身体时。我被期望去举重，做有氧运动，做伸展运动，玩智力游戏或学习一门新语言来保持我的脑细胞'活跃'（不管那意味着什么），吃有营养的食物以及睡 8 小时的安稳觉，这让我很生气。如果我做了所有我'应该'做的事情，那我肯定会非常疲惫，而且仍然会变老和衰退。我想要的是更多的人能够承认，包括我们身体在内的任何事物终会消亡，这是自然和正常的。我们唯一能够希望的就是，减缓从山顶上滚下来的速度。"

照顾他人

正如特蕾莎·麦克菲尔所指出的，照顾自己是件大事。但是我们大多数人也照顾他人。流行影视剧中充满了这样的画面：从前时髦、衣着讲究的父母看起来异常憔悴、疲惫不堪，沦落到穿着运动衫和瑜伽裤，擦着婴儿屁股，洗着没完没了的衣服，从汽车座椅最深处抠出晶磨（Cheerios）麦圈和香蕉碎屑，试图给孩子们吃些比汉堡和奶酪更健康的东西（仅有此时才注意到饮食健康）。每个父母都经历过这些恐怖故事。比如，一个小家伙凌晨 2 点在床上呕吐不止，一个家长需要给哭闹不止的孩子洗澡，而另一个家长则要收拾床铺，处理吐在床上的胡萝卜块、凝结的牛奶和令人作呕的胆汁气味。当然，如果你是一个单亲家长，这一切都要困难得多。

历史学家伊芙琳·中野·格伦（Evelyn Nakano Glenn）在她的《被迫护理》（*Forced to Care*）一书中指出，照顾孩子或老人的重担不平等地落在女性的肩上，尤其是有色人种女性。（我们稍后会看到，家务也是如此。）7/10 的非正式（或无报酬）看护者是妇女，同时从事全职工作的非正式看护者每周平均要多做 16 个小时的无偿看护工作。有孩子的已婚女性平均要照顾孩子 14 个小时，而父亲要照顾 8 个小时。[5]

长时间照顾老人或孩子的压力很大，并且与许多负面的健康结果相关，包括心脏病、高血压、糖尿病和抑郁症。同时这种非正式的工作也会造成巨大的经济损失。一项研究发现，为了花更多时间照顾家人而进行职业调整的个人（主要还是女性），一生会损失 659 139 美元的潜在收入。而早年就开始照顾他人的妇女最终陷入贫困的可能性是其他人的 2.5 倍。[6]

人们要么选择雇用他人来照顾他们所爱的人，要么选择亲自做以使得生活经济压力更小一些。但是，有偿看护者的情况并不比无偿看护者的好多少。女性占有偿护理者的 90%，而且由于各种历史和社会原因，很多从事这项工作的女性是有色人种和（或）移民。2008 年，家庭护工每小时的收入为 9.22 美元，比联邦贫困线还低，而且他们通常没有福利、假期或医疗保险。[7]他们的收入如此之少，以至于他们必须接待很多客户，长时间辛苦地工作。通常情况下，从事护理工作的人过着紧张而不稳定的生活。

哲学家南茜·弗雷泽认为，在过去的两百年里，护理工作发生了很大的变化。[8]我们经济的生存和发展离不开游离于就业市场之外的无偿护理工作。随着西方社会经历 19 世纪长达一百年的工业化发展，当时一些大人物提出了一种理想化的家庭生活场景，其中包括男性负责赚钱养家而女性负责操持家务的"家庭分工"概念。然而，很少有工人的收入足以将这种理想的家庭生活变成现实。随着福利国家在 20 世纪的发展进程中出现，倡导者们力推"家庭工资"的概念，这将使得养家的男性的收入能够负担起整个家庭的支出。在此期间，虽然许多家庭仍然远离这一理想，但大多数美国人以及生活在其他发达国家的人民的生活水平确实都有所提高。然而，自 20 世纪 80 年代以来，政治家削减了社会福利，工资水平也停滞不前。与此同时，越来越多的女性进入劳动力市场。弗雷泽认为，正是社会安全和就业形势的变化导致了今天的"护理危机"。许多家庭都在为谁应该做护理工作以及如何支付护理费用的问题而苦恼。对许多人来说,唯一可行的解决办法就是埋头苦干。

维持家庭

啊,烦人的家务!如果你的生活和我们采访的许多人一样,那你的一周将会是这样的:从周一到周五马不停蹄地工作,每天晚上回家时早已疲惫不堪,什么都不想做。在一周的工作时间里,你的家会以指数级的速度变成一个灾难现场。如果碰巧你还有孩子,正如他们被人们冠以"混乱的代理人"的称号,那你的家将以指数的指数级速度被"拆掉";到周五晚上,当你准备去倒一大杯烈性酒放松一下时,你会发现自己已经深陷在衣服、玩具和小家伙们珍贵的"艺术品"中了。如果你还试图维持某种表面上的秩序,虽然大多数时候会失败,但终会让你冷静下来。

这些年来,男性所做的家务量在逐渐增加,但女性仍然做得更多。虽然同性夫妇倾向于更公平地分配家务,但如果他们领养或有孩子,事情就会变得更像异性夫妇那样,不再那么平等。[9]

在任何一个家庭里,如何进行维护在很大程度上取决于它有多少钱。有钱人会雇用帮手来维护他们的房子和院子。开车穿过任何一个美国城市,你都可以知道富人住在哪里,穷人住在哪里,其中最重要的就是看对房子和景观的维护。富人拥有高尔夫球场般完美的草坪,穷人则是杂草丛生、满是坑坑洼洼的院子。在一些社区,业主协会向住户施压,要求他们保持住房的整洁,以免后来者降低标准。

然而大多数家庭请不起人帮忙，他们只能靠自己亲自动手。但正如我们在其他情况下看到的，推迟维护是一个无处不在的诱惑。在过去的几年里，我们两位作者也是第一次拥有了自己的住房，并同样面对着随之而来的繁重维护工作。当李在维吉尼亚州的布莱克斯堡买下一套房子时，我们雇用了当地一位备受尊敬的知名房屋检查员鲍勃·皮克（Bob Peek）。在此之前，皮克已经检查过新河谷（New River Valley）地区周围的数千栋房屋。这不仅仅是一项工作，更是一种神圣的使命，他告诉我们。

在读到一则糟糕的新闻报道后，皮克决定成为一名房屋检查员。那篇新闻报道讲道，当地一名男子购买了一套房子，之后却发现房子的地基存在严重的问题，问题就藏在地下室的一块木板后面。如果这个人当初接受了房屋检测，就不会遇到这种问题，但就目前情况来看，这一切已经演变成了一场灾难——他不但在经济上破产了，而且他的妻子也离他而去。这个人的生活就这样被毁掉了。皮克意识到他可以帮助这样的人，而且这样做可能会有回报。

当我们问皮克是否可以采访他并以此写一本关于维护的书时，他回答说："好吧，我告诉你一件事。人们并不这样做！他们宁愿去迪士尼乐园也不愿花钱对自己的房子进行预防性维护。"作为一名房屋检测员，皮克看到了延期维护最糟糕之处。房主甚至连最简单的事情都做不到，比如更换暖通空调过滤器，翻修明显老化的屋顶。最近，皮克在爬上屋顶为一位老妇人的住房做检查时就一脚踩进了屋顶里面。这位老妇人从没有维护过屋顶，她的屋顶上有一道裂缝，经过长时间的风吹雨淋，里边的木头已经腐烂掉了。幸运的是，皮克伤得不重。"不过，真正让我害怕的是他们家的露台。"他告诉我们。当他走过并检查时，整个结构都在摇晃。"我经常做噩梦，梦到露台在他们举行家庭聚会时突然坍塌。"

自二战以来，美国住房规模的增长进一步加剧了房屋延期维护这一问题。1950 年，美国住宅的平均建筑面积为 983 平方英尺。[10] 到 2014 年，这个数字达到了 2657 平方英尺。随着我们的房子越来越多，我们的债务负担也越来越重。2019 年，美国家庭债务规模达到 13.2 万亿美元，比 2009 年金融危机后的水平高出 21%。[11]（增加的债务很大一部分来自汽车贷款。抵押贷款债务为 91 亿美元，与 2009 年持平。）更多的房子和更多的东西也意味着更多的维护，尽管我们在最初购买时往往会低估这些长期成本。

我们的一位同事之前住在美国的某个大城市，最近搬到了一个位于城市和农村接壤地带的大学城。她震惊于那里的房价竟如此便宜，于是买了一栋有几英亩地的大房子，甚至可以养一些马或者其他家畜。然而不幸的是，几年后她与丈夫离了婚，突然间她不得不亲自维护或雇用别人来维护房子、谷仓、马栏和所有的土地。那些平日里如此美好的事物如今却成了累赘，这件事情让她有些不知所措，只能考虑换一套房子。但在某种程度上，她实际上被困住了：在那个地区，没有一套待售的房子能满足她的需求。对她来说，最好的选择是离开这里，继续前进。她是幸运的：她有足够的财富支持她做出这样的决定……但像她这样的人没有几个。

家庭维护问题普遍存在，并有着非常现实的后果，特别是对穷人来讲。弗吉尼亚理工大学住房研究中心的科学家梅丽莎·琼斯向我们解释说，延期维护在整个美国，无论是城市、郊区还是农村，都是一个严重的问题。自 20 世纪 80 年代以来，婴儿潮一代的工资就一直停滞不前，仅仅是为了维持生计就已经非常紧张，更不用说房屋维护问题了。如今，当千禧一代和其他年轻人买房时，他们走进的往往是需要 4 万～5 万美元修复和维护费用的建筑，即使进行了房屋检测，这些费用也不一定能预见到。

对于那些生活贫困或经济拮据的家庭来说，情况更加困难。有些人是

"房奴"——他们虽然拥有自己的房了，但大部分收入都用于偿还抵押贷款，没有多余的钱再来维护住房。位于弗吉尼亚州克里斯琴斯堡新河谷（New River Valley）地区的仁人家园组织揭示了附近地区存在的一些问题。

仁人家园是一个以为低收入家庭建造房屋而闻名的非营利组织。但2008年爆发的金融危机对该组织构成了两方面的挑战：第一，很少有人再为该组织捐款；第二，入住其中的家庭也不再支付抵押贷款，而这切断了仁人家园继续住房建设工作所依赖的资金流。

所以，克里斯琴斯堡仁人家园逐渐将工作重点放在为有需求的贫困居民进行维修，并为个人维修提供帮助上。稍后我们将看到，仁人家园开设了"修理咖啡馆"，并创建了一个工具库，允许人们借用他们没有的工具。但该组织也开始致力于提供房屋维护和升级服务，通过这项工作，他们才意识到维护需求竟如此之大。

2015年，克里斯琴斯堡仁人家园与其合作伙伴一起筹资8.3万多美元，为新河谷地区约9.5万名居民提供"居家养老"房屋改造服务。但申请标准相当严格：申请人必须超过55岁，符合低收入救助资格，并优先考虑独居妇女、身体状况欠佳者和轮椅使用者。该项目计划在两年内完成24项房屋改造，也就是平均每月一次。

正如后来的一份报告所言，当地居民的反应"出乎意料，势不可当"。合作伙伴在头六个月里就收到了106份申请。值得注意的是，许多申请者并不符合标准，通常是因为他们不到55岁，但这些人确实有房屋维护需求，所以还是试着申请了。当项目成员处理申请时，他们还意识到另外一件事：虽然该项目旨在改善住房以使得老年人能够居家养老，但许多住宅由于多年的延期维护而存在严重的待维修问题，远远超出了该项目的范围。

布莱克斯堡的可持续发展经理卡罗尔·戴维斯（Carol Davis）告诉我们，房屋维护问题的产生存在几个常见原因。有时房子的男主人在过去几十年里一直精心维护住房，但随着年龄增长和健康状况下降，这项工作可能就停止了。而有些男人自尊心太强，不愿承认自己能力下降，仍在勉强坚持维护房屋，但已大不如前。在其他情况下，房子的男主人已经去世，他的遗孀或前伴侣并不知道他以前做过什么，或者没有能力继续他的工作。

但最大的问题是钱。项目负责人发现，许多申请者正处于"变穷"的过程中。他们"在中产阶级的位置上生活了大半辈子后却在老年陷入了贫困。他们生活水平的下滑通常是由配偶死亡和收入损失造成的，或者是得了医疗费高昂的重大疾病"。这使得他们出现了"严重"的财务问题。"我遇到过一些老年妇女真的在祈祷，希望房子在他们去世前不要倒塌。"新河谷地区仁人家园的执行主管雪莱·福捷（Shelley Fortier）告诉我们。

虽然有一些申请者年龄更小一些，但他们年轻时很穷，所以处境也差不多。一位申请人原本计划在当地社区大学学习并取得副学士学位，但当她生下一个有智力障碍的女儿后，不得不放弃这些计划。起初，这位女士以为保险和公立学校系统足以负担起她女儿的护理和教育问题，但她很快发现自己每月的支出要比她做兼职挣的钱还多。正如报道所描述的那样："她辞掉了工作，也不再上大学，这样就有更多的时间陪伴女儿，搬到了一套她认为自己可以修理好的廉价房子里。但现在她意识到她几乎每个月都入不敷出。她的房子需要大量的维护工作，她担心如果再出什么问题，她可能会无家可归。"没有钱来修理房子。比如屋顶上有个洞之类的一些小问题随时可能会失控，导致房子无法居住。

还有一些申请者也生活在贫困边缘，家里的配套设施已经或者马上就要坏掉，比如暖气、空调，甚至是供水管道。该项目揭露了拖车公园里极其糟糕的生活条件，这里的人们时时刻刻都在承受剥削和压迫。报告指出，"拖车房所有者通常以高利率（可以达到25%）分期出售拖车房。另外，买方还要按月支付地租和水费给土地所有人。一旦居住者未能及时支付拖车房费用，拖车房就会归还给所有者，而居住者只能离开，并失去他们对房屋的所有投入。没有任何的升级或改进，拖车房所有者会直接将其转售给其他人"。

我们有充分的理由相信，还有很多需要房屋改造和维修服务的人没有申请，因为他们知道自己不符合年龄标准。但即使你仅把在弗吉尼亚州新河谷地区申请帮助的106人看作存在家庭维修维护方面的迫切需要的代表，这也表明在美国有成千上万，甚至数百万的家庭处于这种境地。

租房者和住在公共住房里的人还面临着其他类型的维护问题。他们常常没有办法控制自己的处境。在华盛顿特区的哥伦比亚高地地区，住在一栋楼里的居民在房东拒绝改善他们恶劣的生活条件后开始集体停缴房租，他们那栋楼里老鼠、蟑螂和其他害虫横行，漏水的墙壁长着黑色霉菌，还有失灵的供暖系统以及经常短路和起火的电力系统。[12] 房东很可能想利用这些条件来迫使居民逃离这栋租金受到管制的公寓，这样他就可以卖掉它来赚取更多的钱。但是，当房东拖延或拒绝进行维修，或者处理得很粗糙时，那些打算搬走的住户可能面临着更为现实的难题。

对于公共住房的居民来说，情况可能更糟。社会学家丹尼尔·布雷斯劳（Daniel Breslau）发现，公共住房的虫害控制措施并不能一劳永逸地杀死蟑螂和其他携带疾病的害虫，甚至本就没打算这么做。喷洒的化学药品只是短暂地将这些生物击退，过不了多久它们又会卷土重来，从而保证了害虫防治公司永远有生意可做。公共住房的居民还面临着各种各样的维修问题。不断发生故障的电梯可能是最著名的例子，在纽约和美国其他城市都曾引起过强烈的抗议和争论。除了一般问题外，故障频发的电梯还可能会导致老年人、残疾人和其他行动不便的居民几乎成为闭门不出者，需要依靠别人为他们取食品杂货或其他东西。

公共住房居民、租房者和房主因不同的原因和方式面临着维护问题，这对所有人来说都是真实存在的。稍后，我们将看到福捷和其他人为改变这种情况而做的努力。但我们首先应该研究一下令房主头疼不已的维护问题又是如何影响我们每天都在使用的消费品的。在某些情况下，公司故意使得修理家用电器和电子设备比修理房子更困难。

消费品和维修权

我们社会最显著的一点是，我们很少去修理坏了的东西。

我们已经形成了一种"一次性"的文化，而且这种文化非常前卫。在人类历史的大部分时间里，物品都是在当地生产和维护的。例如，铁匠在提供刀、斧头和马车的车轴等物品的同时，也会提供相应的维修服务。时尚变化很慢，人们想尽办法使他们的衣服和家具变得更耐用，经常修补并保存它们，这会持续一辈子甚至更久。正如历史学家罗莎琳德·威廉姆斯（Rosalind Williams）指出的那样，"在世界的某些地方，普通人的基本服装几个世纪以来都没有发生改变——秘鲁的斗篷，印度的腰布，日本的和服"。在这样的背景下，"财富代代相传"。

正如我们在其他地方看到的，大规模生产改变了所有这一切，其中最重要的手段就是压低价格。起初，价格下降意味着即使是普通人也能买得起电烤箱、收音机和电视等消费品。但这一过程仍在继续，最终物品变得如此廉价，以至于我们开始把它们视为"一次性"物品。现在买一台新的烤面包机比修理一台坏了的烤面包机还便宜。

廉价商品的易得性改变了我们的日常体验。事实上，我们可以去大型商场或在线上购物平台点击"立即购买"，眨眼间就能用便宜的东西装满我们的家，这几乎和魔术一样神奇。如今，普通美国人拥有的商品数量和质量在一个世纪前只有最富有的人才买得起。现在即使是相对贫穷的人也有一堆廉价的"垃圾"，其中大部分没用过。

在 20 世纪的整个进程中，新住宅的储藏室越来越多，包括步入式衣帽间的出现。虽然车库最初是用来存放汽车的，但现在 93% 的美国人把车库当作储藏室，30% 的房主的车库没有足够的空间来停放汽车。[13] 此外，自助存储行业近年来突飞猛进，市场规模达到 380 亿美元，11 个美国人中就有 1 人在使用该服务。[14]

有些人觉得这些过剩的商品让人不知所措。家庭内务整理大师近藤麻理惠的《怦然心动的人生整理魔法》（*The Life-Changing Magic of Tidying Up*）于 2014 年在美国出版后成了超级畅销书。有些人认为近藤的整理哲学只适用于特权阶层。当你确定想要替换掉某些东西的时候，你就很容易把它们扔掉或送人，并不需要别人指导你怎么整理。[15] 但近藤这本书的畅销表明，许多美国人对从他们的衣柜、车库和生活中冒出来的成堆廉价物品感到头大。

与此同时，如果我们生活中的某件物品贵到坏了也不舍得直接扔掉的地步，那修理也已经变得相当困难。这种困难很大程度上是因为计算机已经被嵌入我们周围的许多物体中，尤其是我们的汽车。20 世纪 80 ~ 90 年代，汽车制造商为了达到联邦空气污染标准首次在汽车上安装计算机，但这些公司很快就看到了这项技术的战略潜力：它们可以利用计算机垄断维修，迫使车主去经销商那里完成维修工作。消费者权益倡导者将这种企业策略称为"维修限制"。

到21世纪初，售后服务公司的业务因这些限制而大幅下滑，包括各地的汽车机械及零部件商店。他们开始游说美国国会通过一项《汽车维修权法案》（Automotive Right to Repair Law），但他们的努力陷入了僵局。他们转而求助于州立法机构，最终在马萨诸塞州取得了成功，于2012年通过了第一部《汽车维修权法案》。该法案要求汽车制造公司向独立维修店提供与经销商和其他授权维修机构相同的车辆诊断和修理信息。汽车制造商屈服了。由于担心不同州的法律会成倍增加，他们同意将马萨诸塞州的法律作为行业标准。

然而，到2012年，维修限制早已远远超出了汽车领域，因为其他制造行业在控制维修方面看到了新的商业潜力。

大约在那个时候，出现了所谓的"维修权"（Right to Repair）运动，反对维修限制。在线维修指南网站iFixit的首席执行官兼总编辑凯尔·维恩斯是这场运动的主要声音。2003年，维恩斯在加州理工学院读本科时摔坏了一台苹果iBook G3，并因此契机踏入了维修行业。他决定自己修理电脑，但当他在网上找不到维修手册时，他在自己的网页上发布了一份操作指南。维恩斯惊讶于视频的浏览量，于是和他的朋友卢克·索尔斯（Luke Soules）创办了iFixit，一家旨在"教会每个人如何修复一切"的公司。

后来，维恩斯得知，苹果正在利用《数字千年版权法案》（Digital Millennium Copyright Act）迫使发布维修手册的人撤下这些帖子。而且，苹果还通过其他方式来控制维修。多年来，苹果一直声称，消费者让当地的维修人员修理他们的 iPhonc，将使保修无效，因为这可能会损坏手机，并阻止它在未来得到正确的维修。主张维修权的人士认为，这样的保修规则违反了 1975 年通过的联邦法律《马格努森 – 莫斯保修法案》(Magnuson-Moss Warranty Act)，该法案旨在保护消费者免受不公平或误导性的保修做法的影响。

很难衡量维修限制有多普遍，但有些人已经尝试过了，比如消费者权益保护组织美国公共利益研究小组近年来就开始研究这个问题。该组织负责维修权的负责人内森·普罗克特（Nathan Proctor）调查了美国家电制造商协会的 50 家成员公司，发现 45 家公司（占比 90%）的客户声称第三方维修会使他们的保修无效，这同样可能违反联邦法律。

维修限制会产生许多令人不安的后果，包括对小企业、个人消费者和环境可持续性的影响。例如，内森·普罗克特曾提起一个在美国南部拥有一家游船公司的人。这名男子拥有一艘可以搭载 40 多名乘客的大型船只，由沃尔沃的柴油发动机驱动。当这个人在生意旺季试航时，发现它竟然走得比蜗牛还慢。结果就是，在这艘船能够达到更高的速度之前，沃尔沃的维修人员需要"认证"修理工作。但因为离得最近的维修人员到这儿需要四个多小时的路程，而且他还很忙，所以花了一个多月才将船只修好。然而到了那时，划船季节已经过去了一半，游船的船主因此损失了数万美元。也许他只有在经济上非常足智多谋才能挽回生意。

维修限制也提高了消费者的成本。例如，苹果可能比当地的维修店多收取 1000 美元的修理费，但你只能接受，因为它禁止你将设备带到潜在的竞争对手那里。[16] 正如我们在上一章看到的，慈善组织"全球联合之路"的斯蒂芬妮·胡普斯估计，大约 40% 的美国家庭勉强维持收支平衡。正是类似于意料之外的昂贵维修服务之类的事情，逐渐把这些家庭推向崩溃的边缘。

　　除了上述消费者权益保护和商业案例以外，主张维修权的人士还强调它对环境可持续性和社区价值产生的恶劣影响。许多电子设备含有稀土元素和其他不可再生资源，然而公司将其设计成一次性、难以修复、难以回收利用的产品。苹果长期以来一直在生产不可回收的产品，例如，将玻璃和铝结合做成手机外壳，使这两种材料都变成了不可回收的废物。最近媒体平台 Vice Motherboard 上有一篇文章称苹果 AirPod 耳机是一场"悲剧"——它无法修复、不可回收，而且还不能扔掉，因为锂电池容易引发火灾。[17]

　　此外，电子公司对于产品的支持服务在时间上是有限的。20 世纪初，通用汽车等公司引入了"计划报废"的经营战略，利用每年更换车型等手段鼓励消费者继续消费。但最近有些人认为，电子公司开创了一种我们可以称为"强制报废"的模式。[18] 也就是说，在经过多轮产品周期之后，公司干脆停止支持和更新其原来的产品。除非用户有必要的技能来保持系统运行，否则一个完美运行的产品将会就此消亡。美国公共利益研究小组的内森·普罗克特指出，美国人每天要扔掉 41.6 万部手机。

　　我们已经形成了一个丰富多元的文化，这在整个人类历史上是前所未有的，其很大程度上是因为构成我们日常生活的物质财富的积累。（当然，财富的分配一直是不平等的。）与此同时，我们也已经形成一种用后即弃的、不可维护的、不可持续的文化。

　　在前面几章中，我们看到几个因素，包括我们的文化不愿意面对现实以及对创新的痴迷，如何对某些人类生活领域的维护产生负面影响，从大型公共基础设施到公共和私人组织，从维护人员的日常劳动到我们在家中的日常技术生活。坦率地说，这是一幅可怕的画面，许多人告诉我们，他们对此感到绝望。我们理解这种悲观情绪，并力求实事求是。但我们同样相信，我们有理由抱有希望，因为过去几年里我们在研究这场危机的过程中，从遇到的许多不可思议的人身上看到了这种希望。

我们知道，改善组织内部公共基础设施和技术的维护方式，更好地认识和补偿维护人员以及在社区和家中过上一种更理智、更人道的身体保养和护理生活，这些都是可能的。要做到这一点，就需要更明智的管理方法，更好的公共政策理念，以及更现实的个人工作和生活方式。我们需要团结起来、共同行动，为世界注入更丰富的维护、护理和可持续发展的精神。而在第三部分中，我们将介绍一些令人感到乐观的人们，并与大家分享他们的想法。

THE INNOVATION
DELUSION

第三部分

第 8 章

维护心态

复兴关注文化

到现在为止，本书已经讨论了全力以赴创新的毁灭性后果。其中一个后果就是不能保留住重要的东西，比如我们的技术、我们的身体、我们的社区以及让我们的企业取得成功的关键因素。

这是个坏消息，好消息是还有另外一条路可以走，我们将在本书的剩余部分对此进行讨论。它开始于意识到维护的重要性，承诺保持事物良好的工作状态，并注意所需的时间、精力和资源的投资。

在本章中，我们会遇到一些将这种心态付诸行动并支持维护主义的人。在见识了本书其他章节的那么多坏家伙之后，可能很容易把他们称为"英雄"。但在许多方面，他们是反英雄的：他们不认为维护工作可以通过英勇的行为来实现，他们更喜欢在幕后工作，并根据事物是否按预期运行来衡量成功与否。他们会告诉我们，我们不需要履行维护职责的英雄，只要我们按良好的计划辛勤地工作，并且时不时地运用一些创造力即可。

想要了解维护心态，首先要搞清楚一个问题：什么是好的，什么是值得保留的？这一点与许多想法、书籍和顾问的做法有着根本的不同，顾问只是叫你操心到底需要改变什么或这种行为将破坏什么。

他们的语言是创新的语言；这是一种恐惧的语言。相反，我们要求你养成一个新的习惯：当你四处走动，或者思考你的工作、你的社区和你的个人生活时，问问你自己，这里有什么好的？如何让这种好维持下去？如何保留并且扩充那些有价值的东西？

这些是我们研究中重点关注的问题，通过采访一些成功的维护者，与一些对维护充满热情的人交流，我们提炼出维护心态的三个一般原则。

第一个原则是**维护支撑了成功**。维护包括一些活动，只要操作得当，就可以确保公司、城市或家庭住宅的持久性和可持续性。换一种说法，没有维护，任何创新都无法持续。第二个原则是**维护取决于文化和管理**。只有通过良好的计划，才能进行良好的维护，而计划必须考虑到组织原有的文化和价值观。第三个原则是**维护需要持续的关注**。最好的维护者对待工作采取培育和支持的态度。他们通常注重细节，富有创造力，更重要的是，他们专注于自己的技艺。

我们将依次介绍这些原则，并向大家展示维护者如何运用它们以使企业和社会保持良好的运转状态。

维护支撑了成功

显然，任何认真的维护方面的尝试都需要投资。不那么明显的是高管或经理们应该期望多高的投资回报。任何资源有限的人都可能会对赞成维护的道德论点产生同情心——当然，我们应该维护和保留所有对我们重要的东西。但是，我们大多数人都无法纯粹靠道德论断做出决定。因为我们还需要考虑成本问题。

由于他们对这些问题的重要性非常敏感，所以维护和可靠性专家花费大量时间来记录投资回报（通常称为 RoI）。商业房地产服务公司仲量联行（Jones Lang LaSalle）在 2015 年跻身《财富》500 强，此后以超过 160 亿美元的年收入升至第 189 位。该公司进行了这样的一项研究：通过衡量近 1400 万平方英尺设施的维修成本和维修频率、维护对能耗的影响以及设施中各种类型的设备来分析一家"大型电信公司"的成本。从空气压缩机、处理器到屋顶和停车场，该研究分析了 15 种设备。此外，维修、更换、停机时间和能耗的成本也被考虑在内。

该研究得出了一些令人惊讶的结论：预防性维护计划产生了高达 545% 的投资回报。大部分价值源于适当的维护可以延长公司设备的使用寿命。以单个设备（一台冷水机）为例：一台冷水机的平均更换成本约为 35 万美元，年度维护费用为 5500 美元。延长冷水机组的使用寿命不仅延迟了对更换成本的支付，还节省了紧急维修或更换的费用，并且提高了能源效率，这一好处将在公司账簿的其他地方体现出来。[1]

仲量联行的研究是量化预防性维护价值的一项具有里程碑意义的工作，但它只是维护专家喜欢分享的成功案例中常见的一种。Augury 是一家专门从事传感器和数据分析的预测性维护公司，下面有两个来自这家公司的例子。第一个例子来自一个经营着一家大型家用电器制造厂的客户，Augury 的传感器发现了一台压缩机的严重故障，而其他振动分析设备却没有发现。由于故障是在压缩机出现问题之前发现的，因此该公司只花了 7000 美元就把它修好了。如果压缩机已经出现故障，则更换零件和停机的成本估计为 24 万美元。第二个例子来自另一个客户，它是医疗设备制造商，Augury 的设备发现了一个空气处理单元的故障，并指出问题出在一个电机上，维修该电机仅需要花费 3500 美元。而据设施经理估计，如果在灾难性故障发生前没有发现故障，则故障的总成本将超过 20 万美元，其中包括维修和停机成本。[2]

这些案例说明了"预防为主，治疗为辅"这句格言的持久意义。然而说服高管们为预防性维护做好预算可能会很困难。安德莉亚·古利特（Andrea Goulet）是"软件修补"公司 Corgibytes 的首席执行官，我们在本书前面的部分提到过她，她发现房屋所有权是帮助理解这一点的最有效的比喻。她告诉我们："当你第一次注意到屋顶漏水时，修理它比等着它砸向你要便宜。"[3]

维护专家，例如机械师、工程师、护士、门卫、建筑总监等，分享了数十种甚至数百种此类故事，在这些故事中维护都产生了显著的投资回报。它们之间的共同点是，这些回报最重要的推动因素在于关注和承诺。换句话说，没有什么神奇的软件或知名的咨询公司能够拯救世界。如果一些组织仅依靠软件或咨询顾问来进行适当维护从而实现节约，却不在文化和管理上进行根本性的改变，那么它们终将失败。这些变化和态度被我们统称为维护心态。

维护是支撑成功的有力工具，因为几乎所有对成功的定义都假设成功是持久的。如果你的成就只持续一瞬间，那又有什么意义呢？一些组织希望实现盈利，另一些想提高安全性和可靠性，其他人则想保护某种文化遗产，还有一些人希望推进其对正义的独特见解，等等。对于所有这些目标，来之不易的胜利如果能持续很长一段时间——换句话说，如果能保持下去，那么会更好。

　　人们重视维护，因为它可以确保可靠性。例如，自从软件被首次开发以来，软件的可靠性就一直是计算机专业人员关注的主要问题。云只有在可靠的情况下才是有用的，当网络设备崩溃时，用户会感到不满意（至少当我们在 Hulu 看电影中途掉线，孩子们开始闹情绪的时候，我们就会经历这种情况）。我们使用聊天软件和电子邮件来保持联系，使用视频和照片应用程序来享受或消磨时间，使用日历和清单来使我们的进度按计划进行。尽管崩溃和错误是日常工作中的重要内容，但值得指出的是，我们数字化生活中的一些元素是如此可靠，维护得如此好，以至于我们几乎没有注意到为了保持其持久性所做的努力。

　　象征我们数字文明的标志性公司——谷歌、亚马逊、Facebook、苹果等，都在维护和可靠性方面投入了大量资金。它们在正常运行时间上竞争，在这方面，成功的数字公司是铁路、石油和天然气以及电话行业前辈的继承人。当这些公司将维护和可靠性视为组织例行工作时，它们就成功了。正如我们在第 3 章中看到的那样，当我们回顾 19 世纪后期的道路管理员和道路维护协会时，这些行业的专业人员投入了大量的时间、资源和创造力来确保可靠性。

　　在网飞（Netflix）的开发人员社区中可以找到 21 世纪道路管理员的翻版，他们开发了一种称为"混沌工程"的网络可靠性测试方法。运作方式如下：网飞的工程师制造了一种叫作混沌猴子的工具，它在网飞的生产网络中运行。该工具模拟随机中断以测试整个系统的响应方式，并鼓励开发人员设计具有高度弹性的新功能。

　　网飞的云解决方案和系统架构总监尤里·伊兹拉列夫斯基（Yury Izrailevsky）和艾里尔·特塞特林（Ariel Tseitlin）将他们的挑战和爆胎司机的经历做了类比。他们写道："就算你后备厢里有备胎，你知道它有没有充气吗？你有换胎的工具吗？而且，最重要的是，你还记得正确的做法吗？"在软件和道路安全中，最正确的反应就是积极主动。"有一种方法可以确保你在高速公路上、在雨天、在半夜都能处理好爆胎的问题，"伊兹拉列夫斯基和特塞特林继续说道，"那就是每个周日下午在车道上时戳轮胎一个洞，然后进行更换轮胎的训练。"[4]

如果当你知道网飞的工程师团队正在竭尽所能以确保在你观看《老友记》时不会出现卡顿时，你会感到一些欣慰，那么当你知道负责整个国家人身安全的人也非常重视维护和可靠性时，你可能会感到更加欣慰。2015年，美国国防部将其5000亿美元预算的40%指定用于运营和维护。这笔2000亿美元的款项显然比国际空间站的35亿美元要多得多，尽管它分布在多个地点和项目中。[5] "操作和维护"是国防部内最大的单一拨款类别，拨款金额超过武器采购、员工薪酬以及基地、设施和房屋的建设。除了国防部的财产外，维持武器系统还需要付出一定的成本。《纽约客》2018年发表的一篇文章提供了一个参考："2016年，仅沙特皇家空军的230架F-15战斗机的维护合同就价值25亿美元。"[6]

正如你可能想象的那样，核算这一级别的支出本身就是一项不好完成的工作。国会以及国防部的各个分支机构，完成了许多关于这个难题各个部分的报告，例如CBO对F-35战斗机的仓库维护做的研究。CBO于2017年进行的一项研究估计，在医疗保健、民用薪酬以及维护和运营合同服务支出增加的推动下，国防部的运营和维护成本在2000年至2012年期间增长了近50%。在国会对军事预算实施重大支出限制的时代，这些增加使国会和国防部的人大吃一惊。[7]

对于军方而言，维护不善的后果可能会严重影响其核心任务。的确，对于像美国国防部这样一个年度支出高达数千亿美元的组织而言，"什么是成功"可能是一个难搞的问题。但是，在一定程度上，答案是显而易见的：成功意味着军事准备就绪，即提供国防的能力。

因此，可以理解的是，随着有关军方物资和人力基础设施正在恶化的报道的推出，五角大楼已经拉响了警报。2018年，国防部首席基础设施官告诉国会，国防部用于设施维护和恢复的递延维修费超过1亿美元，其中23%的设施被评为"差"，另有9%的设施被评为"不合格"。过去产生的成本正在追上美国国防建设，其形式是设施的使用寿命已经结束；军事基地受污染地下水的修复和清理费用追溯；全球军事战略的变化已经使散布在全球各地的大规模冷战时代的"超级基地"过时；应对气候变化日益增加的成本，这体现在恶劣天气事件上，比如佛罗里达州廷德尔空军基地遭飓风破坏，以及内布拉斯加州奥法特空军基地遭洪水破坏。截至2019年，对国防部的规划者来说，最好的情况就是要求国会批准增加资金，以便在未来30年里在处理基础设施和延期维护积压方面取得进展。

这里存在一个悖论：一个拥有世界上最多维护预算的组织，怎么可能仍然觉得它在维护上的花费不够呢？回到我们之前提出的问题：什么是美国国防部的"成功"？它的成功不仅仅只是捍卫国家，或者确保设施和物资处于良好的运转状态，还包括其雇员和承包商以及上交了数千亿美元税金给国防部的公民和民选代表的满意度。考虑到五角大楼被赋予的资源和责任，所有这些组织都有理由怀疑，它对维护心态的承诺是否足够彻底和真诚。

维护取决于文化和管理

理解维护思维的一种真正有效的方法是从维护人员的角度看世界，他们沉浸在维护工作中，也就是把维护作为自己的业务。像所有专业人员一样，维护人员也会举行会议，讨论可能出现的问题，考虑通用解决方案，聆听鼓舞人心的主旨演讲，并与供应商及其同行进行交流。2017年，我们愉快地参加了在纳什维尔的主流会议（Mainstream Conference）。

在主流会议上，我们被我们遇到的每个人的勤奋和真诚以及他们对维护和可靠性的热情所震惊。我们同样被无处不在的维护人员吓了一跳，他们在经济的各个部门和社会的各个方面工作。对于你能想象的任何行业或组织，都有专业团队处理维护工作和管理设施。从餐馆到污水处理厂，从学校到监狱，从水力压裂到风力涡轮机，所有组织都有需要维护的资产。

我们将在下面回到这个至关重要的词——"资产"。但是，在我们深入探讨这些细节之前，有一句话在主流会议的三天中给我们留下深刻的印象。它之所以引人注目，是因为一个又一个演讲者在他们各种各样的演讲中像模因一样都讲到了它。

"软的东西是硬的东西。"

这是什么意思？简而言之，这是一种承认，事实上是一种共同的承认——维护人员最严峻的挑战不是来自工作的技术和机械方面，比如维护硬件或软件接口，或者研究机器出现随机故障的原因。相反，人们的共识是，他们工作中最深刻的困难属于工程师们喜欢称为"软技能"的领域——沟通、时间管理、团队合作等。这就是维护经理面临最大挑战的地方：说服员工改变他们的日常工作，使用新软件，或者在与其他部门的员工互动时更加礼貌。培训可以使维护人员工作更加有效，但是健康的维护文化中最重要的元素从根本上讲就是要使人们被组织起来并集中注意力，以便他们可以应用已知的技术和策略来解决已知的问题。

专业维护的核心是"资产管理"的概念，即组织用来管理资产或"具有潜在或实际价值的项目、事物或实体"的方法。[8] 在高层次上，虽然财务、实物和组织资产之间存在有用性的区别，但它们都具有对任何组织的高效和有效执行至关重要的性质。因此，资产管理的概念为公司或任何组织提供了一种整体的方式来考虑和协调其所拥有的东西。

资产管理非常重要，足以成为专业协会、会议甚至国际标准关注的重点。该领域有许多广受尊敬的顾问——经验丰富的专业人员，他们在各种设施中实施了维护计划，并为此留下伤口和疤痕。

瑞奇·史密斯（Ricky Smith）就是其中之一。像其他在维护和可靠性方面经验丰富的人一样，史密斯竭力强调，调整链传动或润滑轴承并不难。困难的工作来自改变人类的行为。有时即使有更好的方法，我们也总会固执己见，不肯变通。

史密斯是南卡罗来纳州的本地人，在越战期间担任陆军机械师时首次接触维修工作。离开军队后，他成为埃克森公司的维修技师，然后在南卡罗来纳州的一家铝冶炼公司 Alumax 做同样的工作。你可能还记得第 3 章中的 Alumax，我们在那里描述了 Alumax 在 20 世纪 70 年代和 80 年代初"世界级"维护中的先锋作用。在 Alumax，瑞奇·史密斯在小约翰·戴的领导下工作，沉浸在戴的主动维护方法中（包括计划内与计划外行动的 6 比 1 "黄金比例"），使用计算机数据库管理任务，利用维护方法盈利，最终产生了可观的投资回报。通过与肯德尔公司（Kendall Company）的合作以及后来又担任顾问的工作，史密斯估计他已经与全球 500 多家公司合作过。他将自己在维护方面的专业知识视为为世界做出积极贡献的方式："我所希望的是让人们过上幸福的生活，拥有能够按预期运行的设备，并且他们对此感到满意。"他的话是带有诚意的，因为他花了数十年的时间来帮助那些在承受巨大压力的人。"没有设备故障，人们的生活压力就会减轻很多。毕竟对每个人来说，设备故障都是很大的压力。"

史密斯讲述了一个故事，他有一个朋友，是一家制造公司的总裁，邀请他去参观一家每年损失数百万美元的工厂。史密斯到达时，当地的工厂经理拒绝与他见面。他边讲边笑："我打电话给总裁，我说，'这个地方完全把事情搞砸了。我的意思是百分之百。生产，维护，一切。人们在这样的地方工作会感到压力很大。我要以顾客的身份解雇你。不要回电话给我'。然后我就挂了。"

但是故事并没有就此结束。"大约六个月后，他给我回了电话。我说，'好吧，我告诉你。你把你所有的工厂经理和维修经理带到南卡罗来纳州的查尔斯顿。离我家大约一英里处有一个公园。你们的人都住在公园里的乡村小木屋里。这样，如果我不喜欢我所听到和看到的，我就可以回家了'。"

几个星期后，经理们来了，史密斯斥责他们："我来这里不是为了钱。我是来帮你们的，这并不是针对你们的。你们让那些为你们工作的人失望了，这是我所担心的。你们的股东因为你们而赔钱。"

他接着说："所以我做的第一件事就是让他们坐下来，让他们参加一个合格的工厂维护经理考试。打开书。这让他们大开眼界，我说，'好吧，紧急警报'。最后我们度过了愉快的三天，我帮了他们很多。总裁多年后打电话给我说，'瑞奇，我之前没有告诉你，但你挽救了我的工作。你保住了他们所有人的工作。你拯救了公司'。"当我们请瑞奇讲述他的故事的意义时，他说这很简单："令人惊讶的是有这么多人在受苦，就是因为他们的领导不听取意见。"

像瑞奇·史密斯这样在维护和可靠性专业领域工作的人成千上万。他们对自己的工作充满热情，因为他们看到了维护如何支持人们真正关心的各种各样的事情，如安全、社区或正义等价值观。换句话说，维护是实现更大目标的有效手段。

例如，美国政界人士一致推举"绿色新政"的概念，这同样是一个雄心勃勃、包罗万象的经济转型愿景，根据塞拉俱乐部的说法，它将"解决不平等和气候变化的双重危机"。在其他地方，营利性企业已经采用了"三重底线"的理念，即从社会公平和可持续环境实践的角度来衡量进步，同时还采用了人们更熟悉的财务利润"底线"。

加拿大软件制造商 Fiix 是一个对我们而言特别有用的例子。Fiix 从事维护业务：他们为计算机化维护管理系统开发软件。稍后我们将详细讨论这些系统——它们是什么，人们如何使用它们，以及它们对组织有什么影响。但是，就我们目前的目的而言，让我们关注 Fiix 的价值观，尤其是它在维护和可持续性之间建立的联系。

Fiix 的网站清楚地表明了这种联系："维护与可持续发展并驾齐驱。适当地维护资产和基础设施可以帮助减少浪费和排放，并保护基础设施的投资。"Fiix 还强调，公司本身会从对可持续性的关注中受益，因为其"给予员工的更深层次的意义和目标感"有助于"吸引和留住顶尖的技术人才"。[9]

为了理解 Fiix 是如何走到这一步的，我们采访了它的创始人之一马克·卡斯特尔（Marc Castel）。他的成长经历当然不是大多数软件企业家的典型。他告诉我们："我在农场长大。对我们来说，乐趣在于拆开旧的拖拉机发动机，建造沙滩车，然后看看能否用你身边的零碎东西制造出些新东西。"

他将自己在 Fiix 的员工形容为"被维护所劫持"。在某些方面，他以少年时代的形象建立了这家公司。他继续说道："我们之所以在这里，是因为我们觉得我们有更高的企业宗旨，那就是通过对我们的物品进行更好的维护和保养，使世界变得更加具备可持续性。任何加入我们公司的员工都会成为可持续发展革命的一部分，并参与应对气候变化、环境退化、资源消耗和地球可持续发展的危机。他们对此感到很兴奋，他们认为维护人员很棒。"

马克的热情很有感染力，所以很容易看出用户、投资者和员工如何被说服去遵循这样的愿景。他继续说道："我们不是一家软件公司。我们是一家可持续发展公司。如果您想到可持续性和维护性——其实在我们看来，它们是同一个词。"

Fiix 的企业社会责任经理凯蒂·艾伦（Katie Allen）将这一愿景转化为三重底线数字。凯蒂告诉我们，有 85% 的新员工决定加入 Fiix 是由于公司重视可持续发展的文化发挥的作用。它的价值也在销售收入中产生了回报：Fiix 将其年收入的 6% 归因于其企业责任计划，而且 2017 年和 2018 年总共20% 的客户告诉 Fiix，这些计划是决定他们最终购买的一个因素。

拥有健康的维护文化的组织的领导者都是真正的信徒。在某些情况下，像 Fiix 一样，组织是由对维护有深刻理解的人创建的。但是在大多数情况下，领导者需要通过自己的经验来认识到更好维护的必要性。我们最喜欢的例子之一是韦德纳大学，校长朱莉·沃尔曼（Julie Wollman）在办公室装修期间搬到了校园里的一个临时位置，在那里她直接了解了校园中一些空间的恶劣条件。她回顾了自己的经历："维护好校园是一项挑战，但是每栋大楼中的每个人都应该拥有干净且维护良好的空间，这样他们在我们的校园中才能感受到被尊重和受欢迎。这需要我们的注意。每个人的工作区域都应该被维护得像总统套房一样好。"[10]

随着时间的推移，我们已经注意到，我们遇到的许多例子都取决于一个组织改变其常规行为的能力——沿着这些思路进行的改变只有在领导层的支持下才是最可持续的。一旦领导者被说服认真关注延期维护，他们基本上就已经迈出了最困难的一步。

维护需要持续的关注

维护心态的最后一个原则是维护需要持续的关注。当维护者能够专注于自己的工作，改进和提炼自己的方法，运用与生俱来的好奇心和独创性时，维护是最有效的。纵观维护的历史，无论你是在谈论更好的工具的开发、专家可以交流想法的论坛，还是最近的可以追踪这一切的数字电子表格和应用程序，都是如此。尽管我们对创新将解决所有问题的说法持怀疑态度，但我们认为维护工作是实际创新取得回报的一个领域，在这个领域，进一步的创新对于实现保持事物良好工作秩序的目标是必要的。

回到第3章，我们描述了20世纪80年代CMMS的发展——先是在公司内部"本土发展"，最终由第三方供应商创建和销售，这标志着维护工作执行方式和管理方式的一个重要转变。这些系统的采用和改进证明了持续关注的好处。

CMMS的核心是一个追踪设备和任务的数据库。它具有帮助用户做出决策（如计划和采购）的界面，以及日程安排，用于记录与维护相关的任务（如预算、采购、正常运行时间/停机时间、工作订单、"扳手时间"等）。需要注意的是，CMMS就像其他任何数据库一样：都是一个强大而灵活的工具，它在世界上的影响完全取决于它是如何实现、管理和使用的。

这种组合——解决高成本且无处不在的问题的新型数字工具，创造了诱人的投资潜力。市场研究公司 QYR 的报告称，2018 年全球 CMMS 市场规模为 7.87 亿美元，并预测到 2025 年将翻一番。[11] 这一增长可以归结为一个事实，即劳动力正在发生变化——变得更加精通和依赖数字，更加具有移动性和多样性，而 CMMS 公司正在努力满足这些需求。

瑞安·陈（Ryan Chan）于 2014 年创立的加利福尼亚州公司 UpKeep 就是一个很好的例子。瑞安毕业于加利福尼亚州大学伯克利分校化学工程专业，他所在的团队负责减少水处理厂设备的停机时间。瑞安四处寻找，发现市场上没有一种产品能满足他的需求，于是他决定自己开发。他的主要见解是，维护人员不会整天坐在桌子后面。他们在田间或车间走动时，通常会携带智能手机或 iPad。但是现有的维护软件不是为在移动设备上工作而设计的。因此，维护人员将不得不在纸上记下笔记，然后回到他们的办公桌前将它输入到 CMMS 中。瑞安关于"移动优先"维护应用的想法引起了需要快速分享故障信息的小团队成员的共鸣。UpKeep 围绕这种移动优先的方法构建了一些传统的 CMMS 功能：工作订单、工作流和数据分析，这些可以帮助用户从反应性维护过渡到预防性维护，再到预测性维护。

瑞安敏捷的思维和富有感染力的乐观精神帮助他赢得了著名的加利福尼亚州创业孵化器 Y Combinator 的支持。 在 2018 年，UpKeep 继续从 Emergence Capital 筹集了超过 1000 万美元的 A 轮融资，因为 Emergence Capital 看到了其在实现"无办公桌员工"方面的巨大潜力。瑞安告诉我们，寻找新客户的典型途径始于日常设施经理或维护人员发现该应用程序并发现它有用，然后成为 UpKeep 将其推广到管理领域的拥护者。

在 CMMS 领域，一个具有前瞻性甚至创新性的公司是由萨乐·约斯科维茨（Saar Yoskovitz）和盖尔·绍尔（Gal Shaul）创办的初创企业 Augury。

萨尔和盖尔是以色列理工学院（Technion）的同学，这所大学是以色列首屈
一指的研究型大学，两人都渴望在那里创办自己的公司。毕业后，他们合
租一间公寓，很快就发现了一个在他们称为"机器健康"的领域施展才华的
机会。盖尔当时在一家医疗设备公司做软件开发，他拜访了一位客户，以
了解为什么机器无法正常工作。当他走进机器所在的房间时，他立刻听到
风扇堵了。因此，作为一名软件开发人员，盖尔发现自己可以通过清洗过
滤器来解决这个问题。

萨尔记得，那天晚上盖尔回到家就说："我能听到有什么不对劲，那为
什么我的代码就不能让我的电脑明白这一点呢？"萨尔精通音频分析，所以
两人很快就开始探索如何根据声音诊断机器。萨尔说："一般来说，这对人
类来说是很自然的。你听到了车的声音。你听到了冰箱的声音。但由于某
些原因，我们不知道有什么解决方案可以自动做到这一点。"

在接下来的几个月里，萨尔和盖尔研究了不同细分市场的不同机器——
卡车运输、温控集装箱以及其他机器健康至关重要的领域。他们很快意识
到，他们可以把重点放在商业地产上，如写字楼和购物广场，在这些地方，
建筑物之间的相似性将为开发更复杂的、可以预测机器健康的算法提供基
础。正如约斯科维茨所说："每一家工厂都和它的邻居有所不同。它们有定
制的机器，使用方式也不同。而在一栋建筑里，水泵就是水泵，外面有成
千上万个一样的水泵。它比工厂里的大型生产加工机器要简单得多。所以
我们决定从那里开始。"

他们的第一个产品涉及在泵上放置传感器，收集和分析数据，并快速
返回结果，这样用户就可以知道他们是否需要更换轴承或平衡电机。这成
为 Augury 方法的一个标志，该方法将三种不同的技术结合在一起：传感器
连接、公司服务器上的机器学习和实时诊断。换句话说，Augury 不仅仅是

一家软件公司，也不仅仅提供一个跟踪工作订单和库存的系统。相反，它将 CMMS 的传统功能与硬件传感器和预测分析相结合。

这种方法使它们处于市场的最前沿，在这个市场上，通用电气等工业巨头已经投入了越来越多的资源。这个市场通常被称为"物联网"，在这个世界里，任何设备（比如你的婴儿监视器、冰箱、汽车等）都可以通过互联网访问。一家市场研究公司特别提到了有助于减少停机时间并提高安全性的预测性维护的能力，并且估计到 2025 年，工业物联网的市场规模将达到9500 亿美元。[12] 随着物联网产生的海量数据，企业将有新的机会向客户提供新型反馈和智能，前提是它们能在数据的海洋中找到某些意义。[13]

即使我们抛开对侵入预测性维护领域的创新语言的怀疑——不要跟我们提维护和"第四次工业革命"，[14] 很显然，创新的维护方法还是会继续发展。用户正在寻求基于云、支持移动、用户友好和数据驱动的灵活的解决方案，以满足各种维护需求。他们想要一个更加可靠、可持续和维护良好的世界。但是单靠技术是无法实现的，只能通过勤奋、专注和创造力来取得成功，也正是这种创造力促使萨尔和盖尔编写出能"听到"风扇堵塞声音的软件。

从长远看

尽管我们已经厌倦了沉浸在一种充斥着创新者错觉的文化中，但我们感到乐观的是，各行各业的人——从蓝领工人到薪酬丰厚的高管，都意识到有必要以更长远的眼光看待问题。例如，1996 年成立的恒今基金会（Long Now Foundation），就是为了"帮助长期思考变得更普遍"。基金会的总部设在旧金山，其领导人包括一些数字技术的领军人物，包括其联合创始人斯图尔特·布兰德（Stewart Brand）、计算机先驱丹尼·希利斯（Danny Hillis）和《连线》联合创始人凯文·凯利（Kevin Kelly）。在美国主流资本主义的核心中，也有迹象表明人们正在朝着长期思考的方向发展。2019年，商业圆桌会议——一个由美国企业首席执行官组成的有影响力的组织，宣布支持企业放弃季度收益报告。在一封由181名首席执行官签署的信中，他们宣称，"上市公司应该以公司的长期繁荣为目标进行管理，而不是满足于最近的预测"。[15]

当我们想到"维护心态"时，我们就会充满活力，因为它涵盖了许多对我们来说非常重要的事情：与人交往，支持他们的目标，关心他们的经验并且共同努力。在许多方面，"维护心态"是创新者的迷思的解药。创新者的迷思是错误的信念，认为追求创新和新奇会将我们带到增长和利润的乐土。在现实中，这将导致我们忽视不断累积的递延维修和基础设施债务，而且在此过程中使个人精疲力竭，导致我们的社会剥削和不平等水平日益严重。

相比之下，"维护心态"始于这样一种认识，即维护能支撑成功——只要你能确定什么是你认为好的，什么是你想要维持的。要做到这一点，需要意识到维护是一项投资，而不是成本，因此应该得到认可和支持。最后，拥抱维护并不意味着背弃创新。相反，它鼓励你去寻找创新和改进可以帮助你实现核心价值并与更深层次目标联系起来的地方。在本书的最后几章，我们将看到更多的个人和机构的例子，看他们如何使用维护心态来修复这个痴迷于快速修复的社会造成的损害。

第 9 章

先尝试修理

修复我们破损的基础设施

当鲁迪·周（Rudy Chow）在 2013 年成为巴尔的摩公共工程部的负责人，并承担起该市供水系统的责任时，他面临着他所说的"现代公用事业的噩梦般的挑战"。问题不在于供水系统本身。他说这个城市有"一个特别好的系统"。比如说，该城市的管道网络是在大量冗余的情况下建立的，所以即使关闭一根管道，其余管道仍然可以在关闭管道周围调水并将其输送给客户。这座城市面临的问题是数十年的延期维护。"20 世纪 60 年代、70年代、80 年代，甚至 90 年代都是美国开展大量建设的时期，"周告诉我们，"大量资金被用于系统扩展。而很少有人考虑我们应该如何处理已经埋在地下的管道。"结果是大规模地推迟维修。周很快指出并不只有巴尔的摩是这样："当我和全国各地的同事交谈时，发现我们面临着同样的事情。"

与许多前来领导公共工程部门的人不同，周不是一个政治家。他热情地将自己定位为一名工程师，而工程师意味着对理性的、有前瞻性的计划的专注。"在公用事业领域有两种思想学派，"周告诉我们，"第一种学派的基本观点是'坏了就修'。第二种学派是更积极主动地'让我们试着走在失败的前面，让我们试着预测失败发生的概率并确定它们可能发生的时间顺序，这样我们就可以防止失败的发生'。"如果上面的描述还不够清楚的话，周是第二种学派的坚定支持者。

对周来说，在处理延期维修和管道破裂的问题上，需要做出一系列艰难的决定。其中最困难的是提高一系列收费以使收入能够负担成本，包括即将需要支付的延期维护费用。正如周告诉我们的那样，"我们认识到我们的居民讨厌水费上涨，但作为专业人士，我们不能忽视（现实）。这里总得有人是成年人吧。我们选择成为那样的人，即使我们知道自己会受到严重的打击。但我们认为这是正确的做法"。

但在更深层次上，鲁迪·周的目标是改变公共工程部的文化。"我发现自己处于完全被动（或者说是只知道修复）的境地，所以现在我正试图将这种文化从被动文化转变为积极主动的文化。"他说。他的指导思想是资产管理，这是一种监控、保护和规划资源的系统方法。在其他建筑中，巴尔的摩的系统有大约 4000 英里的水管、2500 英里的污水管道和 1200 英里的雨水管道。更换成本约为每英里 200 万美元，而更换系统的总成本约为 150 亿美元。周解释说："从战略的角度来看，我们知道我们没有 150 亿美元，而且一下子把它们全部替换掉是没有意义的。我们想要采取一个积极主动的战略，比如每年更换 n 个百分点，然后当我们更换完这部分时，我们再重新开始。"

总的来说，周和巴尔的摩公共工程部的其他管理人员都有理由这样希望。在过去的八年里，这座城市的水费几乎每年都以两位数的速度增长。但是，当周和他的员工们推测未来"七八年乃至十年"的费用时，他们发现水费增长率将"下降到略高于通货膨胀的水平"。从周作为一名工程师的角度来看，这样的未来是理想中的"稳定状态"，即解决了延期维护问题，整个系统运行良好。"我们要赢了，"周告诉我们，"我们正在为我们的城市打下非常良好和坚实的基础。如果我们继续坚持我们的路线，我们就能走在失败和紧急情况的前面。"

城市是混乱的地方。自2019年初我们采访周以来，该市发生了很多事，市长凯瑟琳·普格（Catherine Pugh）在腐败丑闻的阴影下辞职，巴尔的摩的计算机系统被一个勒索软件攻击，导致公共工程部将水费账单的发送推迟了三个多月。维护人员必须与现实做斗争，现实是复杂的、困难的和不确定的，即使在最好的时期也是如此，而对于许多美国城市来说，现在还远远不是最好的时期。

此外，2019年底，周和公共工程部面临着来自居民和市议会的激烈批评，称他们多年来一直在上调收费，而且对市民的投诉也一直没有做出回应。在过去的40年里，白人居民不成比例地搬出了这座城市，这意味着成本过多地落在了非裔美国人的肩上，而他们通常很穷。巴尔的摩全国有色人种协进会（NAACP）法律辩护基金的科蒂·蒙塔格（Coty Montag）对一位记者说："一些家庭不得不把收入的8%花在水费上，这是一个相当大的数目。"[1]在美国，如何支付延期维护费，由谁来支付，是一个悬而未决事关正义的问题。

我们讲述鲁迪·周的故事的目的，并不是要把他的做法说成是灵丹妙药。你没有经营基础设施机构，也不受评论家们的束缚。我们也没有声称巴尔的摩公共工程部已经搞清楚了这一切。相反，周所采取的措施正符合我们在上一章所描述的维护心态。正如当组织成员采用维护思维模式时，组织可以受益一样，美国的基础设施政策也将受益于将维护放在首位和中心的方法，无论是在处理现有系统还是在规划新系统时。

采用维护思维模式的前两个步骤包括：了解我们在延迟维护方面的现状（这个步骤通常很痛苦），然后开始提前考虑维护成本。正如我们将看到的那样，这两个步骤，尤其是第一个，都面临着真正的障碍：通常，我们只是缺乏对我们的基础设施系统状况的了解和测量，哪些系统是需要首先关注的，维修或更换它们需要花费多少钱，等等。所以，从头开始就意味着要加快速度。通常情况下，我们发现的情况坦率地说是令人沮丧的，但正如鲁迪·周和你将在本章遇到的其他人向我们展示的那样，成功是可以实现的，未来也并非没有希望。

基础设施的衡量

正如我们在第 4 章中所看到的，几十年来，"基础设施政策"这个术语意味着建立新的东西，而不是保持它们。但基础设施政策和政治方面的专家们越来越多地看到了这种做法的错误。正如康奈尔大学基础设施政策项目主任里克·格迪斯（Rick Geddes）对一位记者说的那样："我们在 21 世纪面临的挑战与其说是建立新的广泛的网络，不如说是更好地保护我们已经拥有的东西。"[2]

做出这种转变的人有时会被"先尝试修理"的座右铭所左右。对于我们需要多少新的基础设施，人们有不同的意见，但核心观点是，我们在建立新的基础设施之前，通常应该优先维护和修复现有的系统。

然而，深入挖掘我们应该从哪里开始修复基础设施会引出一些棘手的问题。问题的一部分是缺乏关于基础设施各个部分状态的标准化信息。在

2016 年的报告《弥合差距：美国基础设施现代化的新模式》中，两党政策中心——一个位于华盛顿特区，专门收集两大政党的好点子的智囊机构，建议"建立所有公共资产的物理和经济条件的标准化清单"，包括"交通基础设施（街道、桥梁、车站、港口）、供水系统、民用建筑（学校、法院、会议中心）、闲置土地和未充分利用的房地产"。[3] 该中心认为，衡量标准应包括每项资产"在其剩余使用寿命内的维护成本、更换成本以及如果出故障的潜在影响"。"这些措施将使政治领导人能够根据设施的实际需求制定政策和优先支出。"[4]

对于大多数地区来说，进行这样的测量将是发人深省的。基础设施及其维护的真实成本不可见的一个重要原因是会计技巧。市政当局没有被要求将基础设施计入负债，即使它们面临着要永久性地保护这些设施的责任。许多基础设施倡导者正在推动改变这一现状，包括"强大的城镇"的总裁查克·马隆和两党政策中心的成员。正如我们之前看到的，马隆和一些同事估计，路易斯安那州拉斐特市的基础设施需求约为 320 亿美元，但税基只有 160 亿美元。他的研究和在全国各地的旅行让马隆确信，拉斐特市的财务状况是全美的常态。

做出这种会计上的转变将是痛苦的，这将使大多数美国城市的会计账簿陷入大规模赤字，但它也会使我们更加清楚我们真实的状况，让我们能够应对现实，即使只是在对财务状况分类的基础上。来自两党政策中心的吉尔·艾歇尔（Jill Eicher）将这种会计转变比作"没有资金支持的公共养老金义务的曙光"。[5] 直到 2012 年一项会计规则要求政府将养老金列为负债，政府才这么做。将养老金算作负债会产生令人震惊的后果，结果导致包括底特律和密歇根州弗林特在内的许多州和市政府都面临破产——一部分原因就是养老金计划，但是计算这些成本只是做了一件诚实的事情。基础设施建设也是如此。

这些定量方法是有局限性的。首先，基础设施是高度多样化的，所以可能很难提出能适用于所有基础设施的衡量标准。例如，我们可能不得不在维护道路、水坝和学校之间做出选择。我们如何有意义地比较它们对我们生活的贡献和它们的破旧状态？从财务角度看某种东西的价格和从道德角度看人们认为这种东西的价值之间，往往存在着巨大的差距。社区成员可能会因为一条路可以让他俯瞰到优美的风景，而且方便钓鱼，就觉得这条路很有价值，尽管这条道路对当地经济没有贡献，而且维护起来也很昂贵。此外，正如杰瑞·穆勒（Jerry Muller）在他的书《指标陷阱》（*The Tyranny of Metrics*）中以及其他人在其他地方辩称的那样，定量测量可能会导致反常行为，导致个人变得更关注取得好"成绩"，而不是关注这些数字本应衡量的东西。最后，我们应该简单地认识到，基础设施支出传统上是如何受到"猪肉桶"政治（分肥政治）的驱动的，即议员在法案上附加对自己的支持者或亲信有利的条款，从而使他们能从中受益。尽管如此，我们同意其他基础设施倡导者的观点，即我们能在核算基础设施方面做得更好。正如我们将在本章的剩余部分看到的，这些数字有助于我们让政客们承担起保护现有基础设施的责任，而不仅仅是建造新设施。

展望未来

如果你问查克·马隆，他建议地方政府在基础设施方面做些什么，他就会保持沉默。他的哲学的一个重要部分是，没有现成的万能药可以适用于所有情况。他的总体建议是，规划者和公民应该从关注社区中的小细节开始。这通常意味着从我们的车里（这是我们经常在这个国家体验中小城镇的媒介）走出来，四处走走，通过检查哪些社区在繁荣发展，为什么能够繁荣发展，社区的不同部分是如何相连或不相连的，以及基础设施（如道路）是如何导致这种情况的，来感受这个地方。

马隆给我们举了一个假设的例子，在他的镇上有一个社区，其中不太富裕的家庭因为缺乏必要的交通代步工具而被切断了与杂货店和其他必要的购物场所以及城市空间的联系。这座城市应该修建一条漂亮、有吸引力的人行道，来弥补往返该社区缺乏人行道的问题吗？他们应该建一条新的公交线路吗？应该鼓励某人在社区附近开一家小杂货店吗？没有一个解决方案是完美的，每一个决定，包括不采取行动的决定，都有成本，但只有通过关注当地的内部细节，而不是，比如，在城镇边缘再建一个购物中心，才有希望造福社区。

但马隆最大的建议是谨慎，这个想法贯穿了"强大的城镇"的大部分内容。社区在建设新的基础设施之前，尤其是在接受联邦资金之前，应该三思而后行——或者更确切地说，应该思考十几次。用于建造建筑的联邦资金通常是免息的，或者通过低息贷款获得，但用这些钱来建造新建筑，会增加社区的债务负担。

如今，要知道一项新的基础设施是否值得付出后续的维护成本是非常困难的，有时甚至是不可能的。例如，我们中的一个人住在一个小镇上，这个小镇最近把国道繁忙路段上的一个有交通信号灯的十字路口换成了一个半苜蓿叶式立交桥。老实说，新的立交桥很不错。首先视觉上很吸引人，另外由于不再需要在公路上停车所以可以大大降低交通流量，而且它可能会使这段道路更加安全。但这些好处值得后续的维护吗？毕竟，在20年左右的时间里，这个花费数百万美元建造的立交桥将会看起来非常破旧，并需要昂贵的费用来进行修复。最终，它将需要被完全替代。值得吗？现在还很难说。

马隆认为，这种知识的缺乏是全国的常态，这反映在我们没有想明白一个道理上：获得便利的同时也需要付出代价。在早期的一系列博客文章中，马隆讲述了几十年来的历史，讲述了狭窄的，通常是农村的，两边排列着房屋的道路如何连接到较大的主干路，并最终连接到带有立交桥的公路上。对一段 12 英里长的公路做了一些基本估算后，马隆发现所有这些额外的基础设施使行程缩短了 1 分 35 秒，但增加了数百万美元的基础设施债务负担。[6] 我们的做事方式发生了巨大的转变，也正是这种转变在二战后重新建立起了我们的社会，但这种转变真正的利益和成本却从来没有被权衡过。

联邦政府的角色

查克·马隆有自由主义倾向，他认为联邦政府在改善美国基础设施问题上起不到什么积极作用。当我们问他关于联邦政府项目建造的标志性的美国基础设施，如胡佛大坝或州际公路系统时，他说，如果这些项目的实施要来咨询他的意见，他将不会签署任何一个项目。在讨论胡佛大坝的时候，马隆提到了马克·雷斯纳（Marc Reisner）的书《卡迪拉克沙漠》。在那本书里，雷斯纳总结道，"如果历史有任何指导意义的话，那么我们维护'美国西部基础设施密集的水文化'的可能性将会很低"。[7] 在马隆看来，这是联邦权力和私人利益不健康地结合在一起以建立某种不可持续事物的经典例子。

但你不必为了学习他的思想而接受马隆关于联邦政府的结论。我们相信，各级政府在解决当前问题方面可以发挥更积极的作用。但我们认为，更多的联邦基础设施支出应该用于维护，而不是建设新的系统。事实上，我们认为，就目前而言，"先尝试修理"应该成为我们国家基础设施政策的首要行动指南。

这里我们指的是真正的维护，即保留我们已经拥有的东西。遗憾的是，在基础设施政策领域，"维护"通常是升级的委婉说法，比如拓宽道路、增设新路或者增设新的交通和行人控制系统。其中一些变化可能是好的，但它们都增加了技术债务。我们需要澄清什么时候我们只是在维护系统，什么时候我们是在以加重整体负担的方式加强系统。（要明确的是，我们对真正维护的强调有一些重要的例外情况。我们相信升级基础设施可以让残疾人士真正无障碍地使用它们。做出这些改变将是昂贵的，但这是完全正确的事情。）

新建筑也有其作用。凯西·丁格斯（Casey Dinges）是 ASCE 的一名工作人员，曾帮助制作了基础设施报告单，当我们与他交谈时，他指出，美国仍然是一个处在增长中的国家，人口以每年 1% 的速度增长。按照这个速度，人口每 70 年翻一番。我们如何为最终的现实做准备？一些新项目毫无疑问将有助于经济增长和人类福祉——尽管这些项目应该以比推动现状的猪肉桶政治（分肥政治）更明智的方式来计划和实施。

如今，关于联邦债务到底有多重要，以及美国目前的债务负担是不是一个问题，存在着一些合理的观点。某些观点认为，我们实际上应该在基础设施上投入更多的联邦支出。但是，即使你认为我们应该花更多的钱来使美国的基础设施系统达到标准，如果这些发展意味着州和地方机构不得不在剩下的时间里维护这些建筑物的话，那么仅靠联邦支出也不能解决未来发展的可持续问题。美国人需要做出更明智的选择。

向他人学习

几年前，当技术历史学家大卫·埃哲顿（David Edgerton，维护史方面的领军人物之一）访问我们时，他的演讲谈到了美国基础设施的糟糕状况，尤其是纽约市宾州车站（Penn Station）丑陋破旧的外观。是什么解释了美国火车站与被维护得更好、更具吸引力的欧洲同行之间的差距？"嗯，"埃哲顿停顿了一会儿，"好吧，你听说过公民自豪感吗？"

埃哲顿也许是在开我们的玩笑，但他的玩笑中也包含了一些真理。正如我们反复看到的，维护和秩序的标准已经随着时间发生了很大的变化。这些标准与文化的联系很紧密。当你问那些对基础设施思考很多的人是否可以举出擅长维护的文化或国家的例子时，他们会反复提到一些。

其中一个例子是 1987 年开始运行的日本的高速铁路系统——新干线。新干线在效率和安全方面堪称奇迹，这在很大程度上得益于它高度发达的维护实践。新干线上从未有人死于事故，历史上也只发生过两次脱轨——一次是因为地震，另一次是暴风雪。（相比之下，可以看看维基百科上"美国铁路事故清单"有多长。）该路线最高运行速度为每小时 200 英里，除了 1990 年列车平均延误超过一分钟外，其余均不到一分钟。在 2002 年，平均延误仅为 22 秒。[8]

如果把这些告诉乘坐美铁的人，你可能会看到他们因为沮丧而泪流满面。在美铁客流量很大的东北地区，只有 75% 的列车能准时到达。而像"帝国缔造者"（Empire Builder）和"加州西风"（California Zephyr）这样的跨国线路的准点率则低至 20.9%。[9]美铁的延误至少有一部分是由基础设施和系统老化造成的。截至 2019 年 1 月，美铁的列车车队平均已经运行了 33 年，[10]其列车不得不在旅程中的某些路段以更慢的速度运行，因为这些路段的轨道退化严重。美铁线路上的一些地方是出了名的崎岖不平，乘客在旅途中感受到的除了颠簸还是颠簸。

所有这些都与新干线形成对比。日本铁路以其维护实践为荣——最著名的是被称为"黄医生"的检查列车。检查列车以其外壳的亮黄色油漆而得名，装有半自动系统和监控设备，可以详细记录轨道状况。这种列车在乘客中很有名，被视为健康铁路的关键。铁道迷们相信看到"黄医生"会带来好运，他们会在网上热切地分享它们的行踪信息。[11]

新干线能够如此成功的一个原因就是高标准。想象一下如果美铁开始担心其火车平均延迟时间是否能保持在一分钟以内，那会怎么样。但只有高标准是不够的。良好的公共基础设施也有赖于集体价值观，当我们观察另外一个著名的被维护良好的基础设施的例子——荷兰防洪系统时，你就会发现这一点是显而易见的。

1953年，荷兰经历了一场毁灭性的洪水，也因此开始著名的三角洲工程的建设。这是一个由水坝、堤坝、水闸、防洪堤和其他屏障组成的大型互联系统，被 ASCE 描述为现代世界七大奇迹之一。这个系统经受住了时间的考验，而且尽管整个国家都位于海平面以下，但自从三角洲工程建成以来，荷兰还没有遭受过重大的洪水灾害。荷兰人已经成为国际公认的水资源管理专家，这使他们在这一领域的技术成为他们对外援助工作的核心。

例如，当卡特里娜飓风揭露了新奥尔良征税制度的弊端时，来自路易斯安那州的建筑师、城市规划者和政治家们纷纷前往荷兰，看看他们能从中学到什么。[12]新奥尔良的一家建筑公司沃贡纳-鲍尔（Waggonner & Ball）举办了一系列研讨会，由荷兰水专家与路易斯安那州的政府官员共同参与，这就是众所周知的"荷兰对话"。[13]荷兰水系统的健康状况与美国退化的水控制系统形成鲜明对比。例如，ASCE 基础设施报告单给了美国的堤坝一个 D 级，并报告说，要在未来十年内把这些堤坝改造到满意的状态需要 800 亿美元。

荷兰的水管理专业知识之所以存在是因为这个国家决定采取防洪措施以确保不会再发生像 1953 年那样的洪水事故，但这一决定以及持续资助和维护这些控制装置的习惯源于一种根深蒂固的集体价值观：水资源管理是一项需要征税的公共责任。当地的水务局（其中一些可以追溯到 13 世纪），是荷兰最古老的代议制政府形式，而容纳这些水务局的建筑是当地的骄傲，通常以彩色的盾形纹章为特色。

我们可以通过考虑一个流行的神话故事来了解这些集体价值观，在这个神话中，荷兰堤坝发挥了作用。1865 年，美国作家玛丽·梅普斯·道奇（Mary Mapes Dodge）出版了她的书《汉斯·布林克和银色溜冰鞋》，其中包含了被称为"哈勒姆英雄"的故事。在那个故事中，一个荷兰小男孩发现了堤坝上的一个漏洞，并把手指伸进了洞里从而挽救了局面。这个故事已经成为美国民间传说的一部分，却显然不太受荷兰人的喜爱。也许是因为荷兰人意识到堤坝是一个巨大的沙丘状的土堆，而不是一堵可以用手指就能挽救的墙。而在荷兰斯巴登市郊外的荷兰小男孩雕像则让这个故事的寓意变得更加准确。那里的一块牌匾上写着这座雕像"象征着荷兰与水的永恒斗争"。道奇在她的故事中也强调了这一点，尽管经常被很多人忽略。"那个小男孩代表了整个国家的精神，"她写道，"没有漏洞会出现在百万只手指不惜一切代价阻止它的地方。"荷兰的基础设施，包括其持续的维护，是人民的成就，因为他们共同支持国家和地方政策，也包括税收，这使得控制系统成为可能。

谈论集体价值观可能会让人感觉到不必要的感情用事，但这一点是非常实际的。例如，基础设施政策专家不断呼吁需要提高联邦汽油税，然而它在 1993 年增税之后就一直保持平稳，即使通货膨胀率在 1993～2017 年已经上升了 68%。[14] 征收合理汽油税是最基本的事情，但是到目前为止它在美国政治中仍然遥不可及。同样，我们需要集体面对现实。

基础设施问题和缺乏维护并不是美国独有的。2018 年，意大利热那亚的莫兰迪大桥坍塌，造成 43 人死亡，这使得《经济学人》等媒体指出，基础设施退化不仅仅是美国的问题。[15] 与此同时，观察人士断言英国脱欧正在破坏英国的体系，英国政策制定者也在担心国家基础设施会发生灾难性的崩溃。[16]

这样的问题在世界上的贫穷国家中更为严重。例如，著名的发展经济学家阿尔伯特·赫希曼（Albert Hirschman）在其 1958 年出版的《经济发展战略》（*The Strategy of Economic Development*）一书中写道，"缺乏适当的维护"是"欠发达国家最典型的失败，而且已经遍及整个经济区域"。他警告称，除非各国养成"维护习惯"和"强制维护"，否则基础设施投资将无济于事。但荷兰的历史例子表明，我们可以从自己的错误中吸取教训，养成必要的习惯，以改善我们周围由人类建造的世界。

有时候便宜的解决方案才是正确的方案

许多政客无法抵挡光鲜亮丽、投资巨大但价值不确定的基础设施项目的诱惑，纽约州的民选官员也不例外。为了解决拉瓜迪亚机场的交通困境，州长安德鲁·科莫（Andrew Cuomo）一直在推动一项耗资数十亿美元的"空中列车"计划。公共交通倡导者指出，该计划不会改善现有的交通运输方式，其他人则形容这个计划为"疯子"和"港务局的败绩"。[17] 与此同时，纽约市市长和曾短暂成为总统候选人的比尔·白思豪（Bill de Blasio）一直在倡导一项耗资 27 亿美元的有轨电车项目，名为布鲁克林 – 皇后区连接线，简称 BQX。

然而，公共交通专家和倡导者认为，更便宜的解决方案往往更能有效地满足人们的需求。公共交通倡导组织——公交中心的执行副主任塔比瑟·德克尔（Tabitha Decker）指出，公共汽车有许多地方可以改进，而且，在纽约和其他几个城市，它们看起来必须得到改进。"从本质上说，我们看到了一个真正的问题。"德克尔告诉我们，"在纽约，每天乘坐公共汽车的人超过 100 万，但这些公共汽车非常慢，而且非常不可靠。"

公交中心在一项研究中有了革命性的发现。研究发现，对乘客来说最重要的两件事是"服务频率和旅行时间"。[18] 换句话说，用户需要一个运行良好且可靠的系统。它还发现，在 12 项可能需要改进的列表中，"乘客认为最不重要的改进是电源插座和无线网络"。正如公交中心的报告所言，"我们的发现对公交机构向不太在意免费 Wi-Fi 的顾客标榜免费 Wi-Fi 的流行趋势提出了质疑"。

2015 年，公交中心的工作人员决定开始着手解决公共汽车问题。到 2016 年 7 月，公交中心与合作伙伴结盟发起了一场名为"转变"的运动。该运动侧重于几个简单的建议：重新设计路线，以满足实际用途和需求；允许乘客通过所有车门上车，而不仅仅是前车门，从而加快上车速度；采用更好的系统，使公共汽车在车道以内正常行驶，并与其他车辆保持足够的间距；在可能的情况下重新设计街道，以提高出行效率（例如，增加公共汽车专用道）。

有了这些建议之后，公交中心将重点放在一些可以实现这些转变的基本策略上。第一，公交中心与公交机构内部的工作人员进行沟通和协调。"特别是那些真正实施我们正在寻求的变革的人。"德克尔说。倡导者和机构工作人员的想法并不总是一致的。但正如德克尔所说："我们尊重机构规划师的专业知识和力量，并寻求与他们建立联系，消除他们前进道路上的障碍。"这与将工作人员视为需要被"颠覆"的"落后者"截然相反。

第二，公交中心通过发布有新闻价值的信息，努力让这一问题在媒体上曝光。例如，该中心开始发布公共汽车到达数据，以便应用程序开发人员可以开发应用程序，让乘客能够知道公共汽车的到站时间。公交中心利用这些数据，并对其赋予新的用途，为系统中的每辆公共汽车制作服务报告单。"以前从来没有一个公共汽车司机、民选官员或记者能看到我们的公共汽车有多慢和不可靠。"德克尔解释说。

转变联盟还包括公交工会和公共汽车司机，都在推动"允许乘客通过所有车门上车"这一倡议落地。司机们很高兴看到这种情况发生，因为收取车费是造成公共汽车内紧张气氛最严重和最多暴力事件发生的事情。在允许通过所有门上车的方式下，公共汽车司机将不用再负责收取车费。

该联盟还举办了一些引人注目的活动。联盟成员在市政厅前铺开了一条巨大的红地毯，代表一条公交专用道，基层群体中的部分公共汽车乘客走向红地毯，假装上了一辆公交车。"电视新闻喜欢那种俗气的东西。"德克尔解释说。从更严肃的角度来看，该组织注意到，从比尔·白思豪第一次参加市长竞选开始，他就说自己的目标是让纽约成为一个"更公平的城市"。正如德克尔所说，公交中心及其合作伙伴强调，公共汽车乘客"更有可能是低收入人群，或者是有色人种，而我们作为一个城市，没有改善服务的事实对这些人的影响最大"。2018年，该联盟发布了题为《快速巴士，公平城市》(*Fast Bus*, *Fair City*) 的报告，呼应了市长宣称的目标。[19]

公交中心及其合作伙伴的努力得到了回报。当安迪·拜福德（Andy Byford）成为纽约市交通局的新局长，并在第一天露面时，他宣布了一些要优先处理的事务。其中之一是改造城市的公交系统，使纽约的交通系统对丁残疾人来说更加方便，这也是公交中心一直倡导的一件事。该市发布的公共汽车计划本质上其实是转变联盟的建议加上一些其他倡议。该计划花了大约一年半的时间进行了密集的宣传。

该组织的执行董事德克尔是个乐观主义者。她指出，其他交通倡议组织在芝加哥和迈阿密等城市取得了成功。然而，让我们感到与众不同的是，这些实际行动往往是让现有系统更好地工作。毫无疑问，公交系统需要改变，包括让乘客更容易上车，但通常改变大多数乘客生活的是相当廉价的解决方案，比如改善公共汽车服务，而不是将数十亿美元直接投入到许多政客青睐的面子工程中。注重功效而不是浮华会产生最大的效果。而且，最有效的解决方案往往是最便宜的。

我们注意到，美国的一些小镇（如伊利诺伊州的塔斯科拉）曾经有过柏油马路，但现在已经变成碎石路面（也称为焦油和碎片），这是由碎石和焦油混合而成的。就技术发展而言，这是在"倒退"：在沥青变得负担得起并得到广泛使用之前，碎石路在19世纪末和20世纪初很受欢迎。碎石没有那么吸引人，坦白地说，它可能会非常烦人。因为鹅卵石不可避免地会从表面脱落并被扔到你的院子里。但从财务角度来看，这是有道理的：因为碎石更便宜，至少在前期是这样。问题是，对于一个社区来说，什么时候使用一个不那么吸引人但很便宜的解决方案才是有意义的。财务偿付能力的价值是什么？

在某些情况下，目标应该是有选择性地、适度地削减增长——削减我们的基础设施负担，缩小规模。人们在谈论城市的未来时经常会提到底特律。不可否认，底特律的人们经历了一段艰难的时光，这个地方经常成为"废墟色情"主题的拍摄地。但如今，这座城市出现了许多新兴企业，包括"科技创业公司"、时髦的酒吧和餐馆（是的，甚至在曾经有房子的地块上出现了城市农业）。当然，这并不是说所有问题都消失了。然而，达到这种地步的过程极其痛苦，尤其是当这座城市陷入财务破产时。这就提出了一个问题：当城市和乡镇人口减少时，我们如何才能帮助它们适度地缩小规模。人们可以想象一下明确针对这一目标的政策，包括给予更多用于拆除废弃和倒塌建筑的款项等，这在"铁锈地带"和许多农村城镇是一个真正的问题。

改革病态治理

在某些情况下，大幅改善基础设施需要政治和政府改革。当你一次又一次地观察大城市的交通系统时，你会发现支离破碎、混乱的治理结构：董事会同时对每个人负责，其实也是对任何人都不负责；民选官员对他们所监督的系统丝毫没有兴趣；不同的交通运输方式由不同的公交机构控制，而这些公交机构缺乏协调有时甚至相互竞争。例如，旧金山湾区有 26 个不同的公交机构，导致协调不佳，乘客的选择也五花八门。[20] 众所周知，包括地铁系统在内的纽约大都会运输署（MTA）是由纽约州长而不是市长所监管的。纽约市长传统上只能任命 MTA 17 名董事会成员中的 4 名。这种结构对郊区是有利的，包括批准创建新的资本项目，而不是投资维护现有的城市系统。[21]

2013 年，芝加哥地区交通管理局（Regional Transportation Authority，RTA）意识到它很难在各个部门之间有效地分配资金。它聘请了一个顾问团队，包括伊诺（Eno）运输中心，来"帮助探索和确定最佳做法"。[22] 然而，顾问们的调查发现，制度障碍和不良的治理结构正在阻碍 RTA 的发展。伊诺中心随后与公交中心合作，对六个主要大都市地区的治理进行了更广泛的研究：芝加哥、波士顿、达拉斯/沃思堡、明尼阿波利斯/圣保罗、纽约/新泽西/康涅狄格州和旧金山湾。该研究发现在协调和决策方面持续存在的问题，并提出了一系列的建议：独立为交通系统提供资金（而不是通过必须由立法者和州长批准的年度拨款方案），将一个地区的交通机构合并到一个单一的领导层之下，并确保董事会的领导能够反映核心用户群体和受影响地区的利益。像公交中心这样的倡导组织经常关注它们在现有的治理体系内可以实现什么，因为深入的改革可能会很困难，需要花费大量的资源和政治资本，但如果没有这些政治改革，就很难想象能发生什么真正的改变。

我们如何让被选举和被任命的官员承担维护现有基础设施系统的责任？这样做需要创造力。例如，我们听到传言说，一些团体在破旧的纽约地铁站前举行"剪彩仪式"，以彰显这座城市的建筑是多么破旧。我们认为对此地而言，具备更好的衡量基础设施的物质条件和运行质量的方式，以及瓦伦·阿迪巴特拉（Varun Adibhatla）和其他人在议论的种种监控举措会有所帮助。对基础设施目前如何运行和需要如何运行的最新衡量标准将使倡导者、反对派政治家和普通公民能够对官员提出问责。当然，反过来，这些措施也可以让我们奖励表现好的官员。

更令人沮丧的现实是，对于像亚拉巴马州朗兹县这样的地方，美国没有真正的解决办法，那里缺乏包括化粪池在内的基础设施，导致了钩虫感染和其他公共卫生问题。对于那些面对如此糟糕的基础设施建设的人们，我们应该说些什么？至少，自由派和保守派应该在它们各自哲学和价值观重叠之处设法解决共同面临的问题。举一个例子，关注农村公共卫生的倡导者认为，目前政府对化粪池的规定需要昂贵的系统，而这些系统对于许多贫困家庭来说是遥不可及的，所以他们基本上都采用"直管"解决方案，即将未经处理的污水倒入地面或当地水源中，比如小溪。一个解决方案是采用较贫穷国家使用的更便宜的化粪池系统。这些系统并不符合当前的规定，但总比什么都没有强。在这种情况下，以"最好"为目标的准则成了"好"的敌人。进步人士应该支持改革法规，因为这将有利于公共卫生；保守派人士也应支持，因为这是政府规章阻碍积极行动的一个明显例子。

我们应该把污水、清洁水、电、热、医疗保健、电话，甚至互联网接入视为人权吗？总的来说，我们认为答案是肯定的。（但我们承认这是有限度的。如果一个人或一个家庭在一片被污染的农村土地上盖了一栋有井的房子，我们有义务用其他方式向他们提供干净的水吗？大概不会。但这是一个深刻而又悬而未决的问题：个人和社会责任的起点和终点在哪里？）此外，正如我们在本章开头巴尔的摩的例子中看到的那样，处理延期维护（如通过提高公用事业费率）会严重损害穷人的利益，使他们失去家园。那我们如何处理这种不平等呢？将基础设施视为一项人权需要我们文化的深刻转变。为了达到这种文化转变，我们都需要少花时间谈论非个人的"基础设施"，多花点时间谈论这些系统如何造福和危害人类生活。巴尔的摩、弗林特、密歇根州、亚拉巴马州朗兹县以及美国其他成千上万的城市、郊区和农村地区所遭受的苦难证明了我们还有多远的路要走。

第 1 0 章

支持最重要的工作

使维护工作更具可持续性

2008 年初，弗朗西娅·里德（Francia Reed）被派往伊拉克巴拉德。40 多年前，也就是 1976 年，她第一次应征加入空军，当时她正想办法支付大学学费。最终，弗朗西娅获得了学士和硕士学位，并在私立医院的产房做了一名护士。现在她决定回到一切开始的地方，以上尉军衔重新加入空军预备役，并在一个战区的郊区担任临床护士。

巴格达以北大约 40 英里的巴拉德空军基地的医院有几组护士，她们的工作是治疗受伤的士兵，稳定他们的病情，并为他们的下一步康复做准备——通常是把他们送上飞机前往中东、德国或美国的其他军事医院。"对我来说，这是一次深刻的病人护理经历，"弗朗西娅告诉我们，"我之前是做产科护士的，大多数时候我的病人都很健康。而且大多数时候也都很愉快。"但准妈妈们可能很难伺候，弗朗西娅记得一些病人的态度表现得好像护士的工作就是"全心全意地伺候她们"。她回忆说："她们会按下呼叫器，我就会说'需要我帮你吗，你需要什么'，然后她们会说'你能把我的水杯递给我吗'。"弗朗西娅笑着回忆起当时她的（内心）反应："认真的吗？隔壁的女人很痛苦，我正在努力地帮她，而你按下呼叫器只是想让我帮你递水杯？你自己拿不到吗？"

巴拉德的士兵和纽约北部的母亲们不同。社会等级观念也非常不同。"在军队里，他们的军衔意识很强。士兵们不希望我一个上尉为他们做事。我会逗他们说，'但这让我觉得自己很重要。这就是我在这里证明自己存在的方式'。"最后，弗朗西亚说服士兵们去休息，让她做她的工作。"我从未见过这么多人对一杯水和止痛药如此感激。我不知道，这只是让我看清了事情的真相。"

在第6章"维护人员的种姓魔咒"中，我们看到了我们的社会是如何将从事维护工作的人描绘成低地位和低威望的。从我们还是孩子的时候起，职业地位的等级制度就已经建立并实施了。通过 STEM 训练营和儿童读物，比如理查德·斯凯瑞的《人们整天都在做什么？》，孩子们就知道他们应该尊重创新者，比如宇航员、科学家——同时要瞧不起维护、护理人员和维修工人。

但军队医院的规定就不一样了。在那里，把维护人员放在底层的等级结构被抛弃了。这足以让我们想知道：如果这种地位转换更普遍，世界会变成什么样子？如果每个人都像受伤的士兵对待空军护士一样带着尊重对待维护人员和护理人员，世界会怎么样？

随着本章的展开，我们将会遇到一些像弗朗西娅一样的人——他们的想法和经历可以帮助我们思考如何拆除我们的社会围绕维护者建立的种姓结构。你会觉得他们的一些想法很直观。比如说，给维护人员加薪是件轻而易举的事。但其他的将更加复杂，甚至有争议。了解这种复杂性是很重要的，特别是因为许多职业通常被认为是理所当然的，或者被误认为是"不需要技能的"，而事实上，它们对社会来说是非常重要的。对于我们所有人来说，直接从他们那里听到我们可以如何改善他们的工作和生活条件是很重要的。

用科技准确描绘生活

在我们与维护者、政策制定者、经理和高管的所有对话中，一个一致的主题是需要更好的信息来做出决策。例如，关于不同类型的维护工作在哪里执行，由谁执行的全面而可靠的数据来源很少。对于维护产生的经济价值，我们缺乏大数据，比如国家或行业层面的数据；我们缺乏关于维护人员如何看待和应对他们面临的挑战的"小的"定性数据。

回到第 6 章，我们提出了一个令人困惑的矛盾。年轻人从大学、主流媒体（许多人是从父母）那里听到：如果你想找到一份好工作，将来财务稳定，你就需要去上大学，学习编程，主修 STEM（科学、技术、工程和数学教育）领域。但这种想法经不起推敲。首先，修四年的 STEM 学位会让很多学生不开心，而且他们不成功的可能性很大。根据美国工程教育协会的数据，只有 34% 的工科学生能在 4 年内毕业。工科院校的院长经常对新生说："看看你左边的同学，再看看你右边的同学，四年后，你们三人中只有一人会通过这个舞台拿到毕业证。"

有迹象表明，推动更多学生主修 STEM 学位的运动可能更多的是为了大学和企业的利益，而不是为了帮助焦虑不安的大学生。2013 年，IEEE Spectrum 以"STEM 危机是一种迷思"为题发表了一系列文章。一项令人大开眼界的统计数据显示，与 STEM 学位获得者和 H-1B 签证持有者的人数（44.2 万）相比，STEM 每年的职位空缺为 27.7 万。当年供应量超过年需求量的幅度达到这个程度时，有 1140 万 STEM 学位持有者目前在 STEM 领域之外工作也就不足为奇了。[1] 大学赚取了学费，企业从劳动力市场的供应过剩中受益，因为这加剧了竞争，并证明了保持低工资和低福利的合理性。

现在想想，一些领域的合格工人的劳动力供应实际上是不足的。根据劳动力市场研究公司 Esmi 的数据，2013 ～ 2017 年，技术行业对工人的需求增长了 10% ～ 20%，如建筑业（增长 12%，平均工资为 19.18 美元 / 小时），瓷砖和大理石镶嵌（增长 18%，平均工资为 21.20 美元 / 小时）以及运输设备的电气安装和维修（增长 9%，平均工资为 28.03 美元 / 小时）。[2]

尽管大学和政策制定者一直为创新和创业项目提供稳定的收入来源，但有充分的证据表明，社会更迫切地需要其他技能，包括情商。一个例子来自医疗领域，美国劳工统计局估计，2014 ～ 2024 年，个人护理助理、家庭健康助理和护工等直接护理工作岗位预计将增长 26%。更好的社交技能确保在做这些工作时有应有的同理心，但经济学家大卫·戴明（David Deming）也指出了其他好处："社交技能降低了协调成本，使员工能够更专业、更高效地工作。"在 2015 年的一项研究中，戴明发现，1980 ～ 2012 年，需要高度社会交往的工作在整个美国劳动力市场中所占的份额增长了近 12 个百分点。在此期间，与社会关系不那么密切的 STEM 密集型工作减少了 3.3%。[3] 在报道这些趋势时，利维雅·格森（Livia Gerson）得出结论，随着我们继续进入后工业自动化时代，护理工作和情感劳动的重要性只会增加。格森指出，这些技能最常出现在"非技术性劳动"和工人阶级女性中，而不是受过高等教育的男性中。

当然，数据本身并不会给予这些行业中的工人阶级更多的尊重和更高的薪酬。随着时间的推移，文化迷思会通过多种渠道积累起来，而消除它们也需要同样长（或者更长）的时间。这也是我们感激迈克·罗（Mike Rowe）这样的人的原因，他是热门电视节目《脏活儿》和《总得有人来干》的主持人。多年来，罗一直拥护危险、肮脏的工作，从采盐、捕虾，到污水清理和阉割绵羊。正如他描述的那样，"这让我们其他人的文明生活成为可能"。

罗轻松的举止和顽皮的幽默感很容易让人忽略激励他的更深刻的信息。罗在2008年的TED演讲结束时提出了一个请求："我们希望创造的工作不会持久，除非它们是人们想要的工作……我们要做的是谈论一场针对工作的公关活动——体力劳动和技术劳动。需要有人站出来，谈谈那些被遗忘的好处。"[4]这并不是一个新想法。在斯特兹·特克尔（Studs Terkel）的标志性著作《工作》（Working）中，或者时间更近一些的——在参议员谢罗德·布朗（Sherrod Brown）的《工作的尊严》（Dignity of Work）之旅中，都可以听到罗所提议的活动的回声。[5]可以肯定的是，帮助人们找到有价值和有意义的工作——即使是在肮脏和无情的地方，是美国政界和媒体界的一个一贯主题。

这个主题在平民和军事工作中都很突出，在军事工作中，维护和其他形式的"脏活"对于润滑美国军事机器的齿轮至关重要。美国空军就是一个例子，地位高的战斗机飞行员依赖地位低的维修人员。说空军战略家们痴迷于数据和信息并不夸张。飞机和空军基地体现了巨大的投资，所以要确保这些资产和投资的寿命持久，空军面临着巨大的压力。因此，美国空军制订了一个复杂的计划来衡量其维护需求，使用先进的数据和分析方法来识别和修复广泛的问题。空军也是我们发现的为数不多的几个组织之一，在这些组织中，"维护者"实际上是那些检查和维修飞机的电子、机械、结构和通信功能的人的头衔。

2016年，空军领导人意识到他们面临着严重的劳动力短缺。空军维护人员空缺率接近 16%，为其 6.7 万个授权职位配备的人员尚缺 4000 人。（相比之下，空军需要 1.3 万名现役飞行员才能配齐人员。）最终近 30% 的空军飞机没有做好执行任务的准备，可见维护缺口造成的财政和战略后果是显著的。

评论员讨论了维护人员短缺的各种原因。一些人指出了直接原因，比如 2014 年的预算削减。[6] 其他人，如历史学家莱恩·卡拉法提斯（Layne Karafantis），强调了酝酿已久的战略的意外后果。冷战早期，空军领导人认为自动化会降低人为失误的可能性，从而减少对人工的需求。正如卡拉法提斯所说，空军"粗略地尝试让操作简明且不易出错，这样他们就可以动用他们能召集到的任何规模的人员储备"。[7] 这很好地提醒了我们，对于自动化的幻想并非 21 世纪早期才有的。

在发现维护人员短缺后，美国空军设定了目标，并制定了 2019 年前要招募 4000 名新维护人员的战略。它还制作了一些新的招聘材料来帮助其实现这一目标，比如一段名为"维护者——驱动力"的视频。这段视频于 2016 年发布，背景是激动人心的音乐编排，视频中有男人和女人在转动扳手，身上覆盖着泥土和石油，或扮鬼脸或微笑。视频以画外音开始："我们并不是为了寻求聚光灯。我们不需要牵手。我们干得很好，我们是自愿做这份工作的，没人强迫我们。"这段对话像这样持续了三分钟，其中不乏一些精华，比如"空军从未设法制造出一架能够自我修复的飞机"，以及"无名英雄需要时不时地被人歌颂吗？也许吧。但别太久，因为，恕我直言，我们还有工作要做"。接近结尾的一句话表达了维护者的骄傲，"我们是确保这支空军持续飞行的男男女女。我们就是驱动力"。[8]

这次招聘活动有点效果。2019 年初，空军部长希瑟·威尔逊（Heather Wilson）报告称，4000 名维护人员的缺口已经弥合。[9] 但随着一个目标的实现，另外一个问题暴露了出来：空军未能留住熟练和有经验的维护人员。

政府问责局 2019 年的一份报告称，2011 ～ 2017 年，选择延长服役时间的军人占比下降了 8%，其中 2017 年首次选择延长服役时间的军人占比仅为 58.3%。在美国政府问责局的总结中，"与会者指出，缺乏有经验的维护人员增加了工作量并提高了压力水平"。换句话说，维护人员短缺正处于死亡漩涡的边缘。这种短缺本身正在成为维护人员离开的一个重要因素，而维护人员正是空军训练新兵所需要的人。[10]

空军可能会采用什么策略来改善维护人员的状况？有些答案是显而易见的。根据美国政府问责局的报告，"维护者把更高的薪水作为从空军跳槽到商业航空业的一个理由……他们还指出，一致的时间表、8 小时工作制和加班工资都是额外的福利"。空军维护人员也在 Facebook、Instagram 和一些网站上对彼此表示同情。他们在社交媒体上的活动充满了疲惫、喜悦、自豪和幽默的情感。当他们传递着有关抑郁症、征兵人员的虚假承诺和空军领导层的愚蠢行为的模因时，他们常常会打破政治正确的界限。[11]

关于维护人员提供的数据和奇闻轶事，还有很多可以说，这些都来自他们自己未经处理的声音。你可以去社交媒体上查找它们。你不会看到任何人大声要求模拟器、大数据、生物识别或宏观创新，这是肯定的。相反，你会看到我们在所有维护和护理人员群体中观察到的建议和需求：需要更好的物质奖励（如工资和福利），更好的无形奖励（如认可和尊重），以及为维护人员创造更多的空间，让他们尽情享受工作的内在乐趣从而减轻倦怠的建议。我们将轮流探讨这些。

付钱给维护人员

如果我们想改善维护人员的状况，那么提高工资、福利和工作稳定性是最好的开始。为了强调我们在第 8 章中提出的一点：对维护心态的承诺意味着认识到维护是一种核心价值，然后为该价值投入足够的资源，让我们花几分钟时间来了解给维护者提供更好物质奖励的障碍。

许多最流行的数字平台都由不健康的劳动模式支撑着。比如，成千上万的低薪员工负责监控社交媒体网络上的攻击性内容，并负责删除这些内容。他们的工作包括审查视频，以训练算法来区分狗和猫。分析人士使用各种术语来指代这些工人——代码管理员、商业内容审核员、幽灵工人、微工人，这些都充分说明了这种劳动模式被赋予的地位。

这些工人不做 TED 演讲，没有慈善基金会，也不在郁郁葱葱的企业园区里打排球或乒乓球。但是当他们成功时，他们的工作有助于保持软件、社交媒体平台和数字基础设施的流畅、客观和自动化。具有讽刺意味的是，他们的工作提高了那些声称自动化将会减少工作岗位的专家们脆弱的可信度。越来越多的学者正在记录这些工人，他们的至关重要，以及他们受到的忽视。莎拉·罗伯茨（Sarah Roberts）在她的《幕后》一书中指出，这种剥削有隐藏的成本，包括"受伤害的员工和更可怕的社交媒体环境"。例如，Facebook 前合同工克里斯·格雷（Chris Gray）在 2019 年起诉了该公司，称他由于之前负责删除用户上传到 Facebook 的色情、仇恨言论、处决场面等内容的工作，所以一直受到心理创伤和创伤后应激障碍的折磨。[12]

幸运的是，有各种各样的建议可以让事情变得更好。无论是对安全工作条件、工资、福利的规定，还是对那些因清理社交媒体上的帖子而忍受精神痛苦的员工的支持，显然都需要外部干预。而且，为了响应信息维护者在自己的队伍中呼吁的团结和集体责任，软件和数字平台公司的全职员工正在动员起来支持他们脆弱的同事。例如，2018 年谷歌员工大量离职，导致公司临时工和合同工的人数超过了全职员工（根据《纽约时报》2019 年的一篇报道，他们的数量从 12.1 万减少至 10.2 万）。他们的要求是改善临时工的待遇，这些临时工和合同工构成了谷歌的大部分劳动力。一家临时公司的高管告诉《泰晤士报》，这种现象"在公司内部制造了一种种姓制度"。[13]

像谷歌和 Facebook 这样的数字平台因其在创新方面的领先地位而闻名。许多公司被誉为其他公司可以效仿的榜样，以及创新政策应该产生的结果的范例。但是，当我们听取在那里工作的人的意见时，我们听到了他们对政策重点的一系列不同的要求：公司应该考虑维护人员的重要性，保护他们免受不必要的伤害，并给予他们补偿，而且保证该补偿与他们对这些利润颇丰的系统所做的贡献相符。

扼杀后辈

除了薪酬、福利和工作保障等金钱和物质奖励外，维护人员和护理人员一直在谈论无形的机会和奖励的重要性。他们需要更多的支持，更多的认可，更多的机会来反抗所受到的不公平的种姓式的屈尊。

为了让这些无形的机会更清晰地显现出来，让我们考虑一下护理行业所面临的危机。当我们听到"护理工作"这个词时，首先想到的往往是护士。他们掌握着健康与疾病、生与死之间的界限。护士是生命本身的维护者。

护士是一个报酬相对较高的职业，平均年薪超过 5 万美元。然而，随着人口老龄化和美国医疗保健体系的扩张，对护士的需求不断增长，人们普遍对护士短缺感到恐慌。2018 年，美国劳工统计局（Bureau of Labor Statistics）预测，未来十年，注册护士的就业率将增长 12%，远高于其预测的所有职业 5% 的平均增长率。

为什么会出现护士荒？根据美国护理学院协会（American Association of Colleges of Nursing）的说法，其中一个原因是现有护理人员的退休速度正在加快。今天，超过 50% 的护士年龄在 50 岁以上。他们的大规模退休不仅会导致医院和医疗机构人手短缺——正如我们在上文中空军维护人员身上看到的那样，当最有经验的员工离开时，他们带着积累的知识和职业敏感离开。这种人口结构的变化产生了重大影响：护士报告说，由于人手不足，护士的压力更大，工作满意度更低，大量研究报告称，护理人员短缺会使患者更难获得护理。[14]

创新者的迷思困扰着许多决心利用护理短缺牟利的组织。跨国公司强生正在开展一项"护理的未来运动"，其显著特点是以创新为主题。例如，它的网站上有一个"护士创新极速（QuickFire）挑战"——考虑到护士在美国枪支暴力泛滥的血腥前线所处的位置，这是一个不幸的比喻。[15] 在其他地方，一些公司已经推出了名为" Pillo"和" Pepper"的"社会护理"机器人，这些机器人可以分发药片，跟踪营养和锻炼目标，模拟人类在对话中可能说的话，当然，还可以通过一直在监视的摄像头监控和报告患者的情况。[16]

得知一些护士和我们一样对创新的入侵持怀疑态度，我们松了一口气。弗朗西娅·里德，我们在本章开头就见过她，她回忆起自己读过护理教育领域的文献，并被反复出现的"我们需要更多创新"的论点所震撼。"但如果非要定义的话，'创新'的定义是非常宽泛的。"她开始怀疑支持护理需要创新说法的实证基础："是真的吗？事实是这样吗？我们怎么知道存在因果关系呢？"

弗朗西娅的论文研究就是从这些问题中形成的。她建立了正式的定义，对护理教育项目的创新进行了研究，并发现了两件令她惊讶的事情。第一，程序设计者认为，"与老式的'舞台上的圣人'之类的东西相反"，通过点击鼠标来回答嵌入在 PPT 讲座或交互式案例研究中的问题这一教学策略是创新性的，而接触到这种教学策略的学生认为这些教学技术只达到通常水平。如果让那些自认为处于领先地位的教员知道的话一定很尴尬。

第二，一项与创新无关的经历。弗朗西娅要求学生们在研究学习的过程中记下他们对改善病人护理的想法。学生们有一些好的想法，但是"当我问他们'你们是怎么对待这些想法的'，他们中没有一个人将自己的想法与同事分享过"。

弗朗西娅接着描述了她的信念，即护理的改进（在本书里，我们称之为真正的创新）需要一种重视并创造交流场所的组织文化。她回忆起 20 世纪 70 年代在空军服役的时光。"那时候，"她回忆道，"空军实际上有一个正式的建议程序。如果你有解决问题的想法，你就可以填一张表格。将表格放入中间的意见箱。额外的激励是，如果你的建议被采纳，并为空军节省了资金，你就会得到金钱奖励。"

当我们问弗朗西娅如何改善护士的状况时，我们惊讶地发现她并不主张提高工资。"我想如果二十年前你问我，我会说你知道护士不受重视，这反映在他们的薪酬上。但通过调查这种想法已经被纠正了。我们和我们（纽约州立大学理工学院）的毕业生一起做的最后一次调查就是为了了解他们的工资，结果发现他们的工资水平相当不错。"

她看到的更深层次的问题是文化问题，而且来自内部。"我认为护理工作仍然存在一个问题，那就是我们所说的扼杀后辈（eating our young）。"这个习语已经流传了几十年，在谢丽尔·德拉塞加（Cheryl Dellasega）和丽贝卡·沃尔普（Rebecca Volpe）获奖的《有毒护理》（*Toxic Nursing*）等书中都有探讨。它指的是护理行业中针对尚未支付应付费用的新护士的有据可查的欺凌，以及过度工作文化。弗朗西娅继续说道："如果我能挥动魔杖，我会解决好它的。我会努力做一些事情来推广一种文化，在这种文化中，我们会对新护士说'你昨天刚毕业也没关系。你是有价值的。你是重要的。我们希望你在这里，我们会听你说什么。你在这里有发言权。我们欢迎你的贡献，我们欢迎你的问题，我们会支持你'。"

这些被培养、保护和支持的需求在痴迷于效率和利润的社会中太容易受到践踏。幸运的是，有像弗朗西娅这样的教育家明白这些需求的重要性。但是在我们的经济生活中，像关心、培养和支持这些概念相对稀缺的方面呢？

如果我们让你记录日常生活中典型的互动缺乏关怀或扶助的领域，你很可能会提到一些与客服的接触。客户服务领域名声不佳——有些是实至名归的。当我们试图联系公司询问问题或投诉时，我们都有过令人反胃的经历。一些公司进行了大量投资，将呼叫中心设在那些美国人听不太懂当地方言的国家。其他公司也投资于自动化服务，希望客户能通过按钮菜单或像美铁的"虚拟旅行助理朱莉（Julie）"一样的服务找到他们想要的东西。

这是数字时代最尖锐的讽刺。软件和数字技术的倡导者长期以来一直承诺它们有利于增强社区归属感和连接度，但在许多情况下，这些技术被用于减少人与人之间的接触。为了解决这种紧张关系，我们的社会需要有才华、有同情心的人，他们懂得联系的重要性，懂得如何让人们接受自己的观点是正确的，以及如何将他们从挫折和担忧引向富有成效的道路上。这是我们的数字系统和数字社会需要维护和关心的一个重要领域。

像卡米尔·阿西（Camille Acey）这样的人给了我们希望。卡米尔是尼拉斯（Nylas）负责客户成功（customer success）的副总裁。尼拉斯是一家软件初创企业，其产品通过电子邮件、日历和联系人应用程序连接和集成数据。卡米尔的职责是领导一个团队，该团队负责接听使用尼拉斯提供的软件的用户和客户的电话。

卡米尔很清楚客户服务的形象问题，她开发了一套全面的方法，以确保尼拉斯的客户以不同的眼光看待她的公司。首先是基本认识到客户服务不仅仅是传递事实。"这不仅仅是更新和分享文件的问题，"卡米尔告诉我们，"我真的相信的一点是：客户就是合作伙伴。我们依赖他们就像他们依赖我们一样。我们在这里是因为他们在那里，所以我们需要思考我们没有分享，但可以分享的东西。"她的职责是与客户建立联系，了解他们的观点，帮助他们向其他客户学习，最重要的是，将这些见解带给正在改进现有产品并开发新产品的尼拉斯的软件开发人员。她的工作流程通常包括与客户进行视频会议，以建立牢固的关系。卡米尔不仅仅是一个受到越来越高佣金引导的典型销售主管，她还认为自己是不在场人员的拥护者，也是一个当讨论跨越不同公司的界限时能够提供价值的翻译。总之，卡米尔从"授权、责任和教育"三个方面总结了她对客户互动的看法。

卡米尔丰富的行业经验让她明白，成功的"科技"公司冷静、流畅、超然的外表，实际上只是海市蜃楼。她将与硅谷一家著名公司的合作称为"启斯东警察（Keystone Kops）"，让人联想到20世纪初与查理·卓别林（Charlie Chaplin）和胖子阿巴克尔（Fatty Arbuckle）等喜剧演员一起出现在无声喜剧中的笨拙无能的警察形象。卡米尔继续说道："这实际上给了我一些安慰。我本以为会有好戏上演，但我很快意识到这些家伙根本不知道自己在做什么。这让我冷静了下来。"卡米尔的建议是"专注于沟通，慢慢来。慢慢来——这是非常关键的一点。慢慢来才是维护的核心。在纽约，他们在周末关闭了 L 线列车因为他们无法更快地修好它。这确实与硅谷'快速行动，破除陈规'的理念背道而驰。但这是必需的"。

倦怠和快乐

卡米尔的工作为我们带来了一对主题，当我们与维护人员交谈时，这对主题经常出现。一方面，维护人员经常报告说感到"精疲力竭"：他们工作得如此努力，以至于没剩下什么可以给予的了。另一方面，维护人员总是告诉我们在工作中给他们带来快乐的方面。他们喜欢完成一项工作后的满足感，没有什么比帮助别人摆脱困境更好的感觉了——无论是修复漏水的管道，给手术后的病人带一个枕头，还是确保学生到达时教室投影仪在正常工作。

如果这太简单，就请原谅我们，但是如果我们想改善维护人员的状况——特别是他们的士气和心理健康状况，那么显然正确的方式是减少倦怠和增加快乐。这不是零和关系，我们将在下面解释。但是不可避免的事实是，如果维护人员感觉到了放松和被欣赏，维护和护理工作将更加可以持续。

让我们回到数字世界，来探索开发开源软件的社区中出现的倦怠和快乐。近几十年来，经济中各领域的 IT 系统越来越依赖于开源软件，如 Linux 操作系统、Python 编程语言和 Mozilla 的火狐（Firefox）网络浏览器。开源软件的一个独特之处在于它对志愿者的依赖。所有开源项目都有一个或多个被指定为项目"维护人员"的人。这些人负责回答问题，根据错误报告采取行动，响应对新特性的请求，并监督项目源代码的更新。

这种经历可能会让人难以承受。诺兰·劳森（Nolan Lawson）是 PouchDB 的维护人员，PouchDB 是一个开源数据库，网络开发人员使用它来构建"离线优先"的应用程序——也就是说，当人们连接到互联网时，这些应用程序是可用的，即使连接中断，它们也能继续工作。诺兰的文章《作为开源维护者是什么感受》以一个想象的场景开始："在你的门外站着一排几百人的队伍。他们耐心地等着你回答他们的问题，处理他们的投诉并满足他们的功能要求。你想帮助他们所有人，但现在你在拖延。也许是因为你今天工作很辛苦，或者你很累，或者你只是想和家人朋友一起享受一个周末。"

但是诺兰门外的那列队伍永远不会消失，而处理这一问题的工作令人沮丧。有些人"用心良苦"，但他们的代码是"一个无法阅读的大烂摊子"。其他人"抱怨你的项目浪费了他们两个小时的时间"。对于开源维护人员来说，倦怠的幽灵永远不会远离："过了一段时间，你已经解决了 10 个或 20 个这样的人的问题。然而还有一百多个人在排队。现在你感到筋疲力尽。每个人不是抱怨，就是有问题，或者要求改进。"[17]

当维护人员在开会时见到彼此或者在网上聊天时，他们经常谈论疲劳并分享应对策略。一位开源维护人员杰斯·弗雷泽勒（Jess Frazelle）认为"最难的部分是处理人的问题。也许就是那个混蛋造成的问题，他还超级刻薄、苛刻和（或）傲慢……很多维护工作是为了让每个人都开心"。在保持理智的同时，实现这一点的关键是培养自我意识，练习自我照顾。"在你需要休息的时候就休息。人们可能会把你推向极端，让你觉得需要立即做出回应，但也要倾听你自己的需求。"[18]

一位维护人员简·伦哈特（Jan Lenhardt）主张一种不同的方法：停止关心。在一篇关于倦怠的博客文章中，简写道，"唯一能让我晚上睡得着的办法就是不关心这些事情。我最终会解决这些事情，即使有些可能会被遗漏。从项目或人员的角度来看，这并不好，但除了离开项目并把它抛在脑后，我找不到其他让我自己的开源维护人员身份持续下去的方法"。[19]

应对倦怠的一种方法是培养更亲密的精神层面的联系。阿里亚·希达亚特（Ariya Hidayat）写道，开源维护"类似于任何一种爱好项目，可能会起到舒缓和治疗的作用"。亨利·朱（Henry Zhu）也试图保持对事情的正确看法："这不仅仅是代码的事情（就像生活中的所有事情一样），这还是让项目继续推进并且活下来的人以及用户社区的事情……尽管有时这是一个艰难的过程，但我很幸运能够参与其中。"[20]

开源贡献者经常充满激情地谈论他们的工作。Linux 的创造者林约斯·托瓦兹（Linus Torvalds）在他的自传《 Just for Fun 》中写道："众所周知，人们在激情的驱动下，或者玩得开心的时候会把工作完成得最好。剧作家、雕塑家和企业家都是如此，软件工程师也是如此。开源模式给了人们活出激情、玩得开心的机会。"[21]

林纳斯观察到的事实是，激情和乐趣使人们能把工作做到最好，当我们考虑到模拟世界中的维护人员——维持我们的发动机运转的机械师时，我们就会明白这一点。为了更好地了解他们的世界，我们采访了我们最喜欢的维护领域兼学术领域的朋友尤里斯·迈尔斯通（Juris Milestone）。在 2016 年我们主办的一次维护会议上，我们第一次见到了在坦普尔大学教人类学的尤里斯。他的故事汇集了一些我们在不同行业的维护人员中看到的共同主题。

尤里斯出生于 1969 年。"我从小就很穷，与我妈妈生活在一起，"他回忆道，"她有一个和她一起玩的朋友圈。他们都是蓝领嬉皮士。"他们中的大多数都在越南服役过。这个圈子里的一个成员是一名在军队里修理吉普车和卡车的机械师，"把我置于他的羽翼之下，就像一个朋友一样……他在很多不同的领域工作，包括钣金，我过去常常下班后和他一起去钣金店"。

尤里斯最喜欢的记忆就发生在车间里。"里面大概有两层楼高，他们有一个绞盘来移动巨大的金属片。有一个小遥控器，他们可以借此升降金属块，并让金属块在整个商店里的轨道上移动。我想他那天是受够我了，还是怎么的，他拖出了一个 55 加仑的空鼓。他抓住鼓的边缘，把我放进鼓里，然后把遥控器递给我。"尤里斯将双手伸到胸前，就像拿着一台任天堂游戏机一样。"所以，我就是那个孩子，在大概50英尺甚至更高的地方游弋，当他在下面焊接的时候我却在整个车间内任意移动。我很肯定，那让我开心了好几个小时。这是我的一个鲜活的记忆。"

在那家金属商店里还发生了一些更震撼的事情，有一个孩子坐在一个55加仑的鼓里飞驰。"这就是我刚开始的玩法。这是一次真实的个人经历，我喜欢和我欣赏的从事这些工作的人在一起，他在我10岁的时候就带上我了。"

几年后，尤里斯和他的家人没有钱支付大学学费，所以他决定加入空军——主要是"为了获得《退伍军人权利法案》(G.I. Bill) 给予的好处"。他在机械方面的测试成绩很好，而且维护方面有很多工作要做，所以他成了一名航空维护技术员。

他在那个岗位上工作了三年，最终成为一名飞机地勤组组长。这对他很有吸引力，因为这是动手的，也因为这给了他思考的空间。"我接受的特殊训练是检查空中加油机，看它是否具备飞行条件。如果它有任何问题，就找人解决……我只是想尽可能多地学习有关飞机的知识，以及如何接触尽可能多的不同系统。因为我觉得那既有趣又很酷。"

几年后，尤里斯发现自己开始厌倦了。他"渴望从事更能激发智力的工作"，所以在他达到《退伍军人权利法案》要求的几天后，他离开空军去上了大学。他最终获得了坦普尔大学的人类学博士学位。

尤里斯现在在坦普尔大学教书，住在费城郊外的一个"又大又旧的农舍"里，这给了他很大空间来做他爱好的维护项目。"我有摩托车和我妻子的车，我的小轿车和一辆卡车。它们都很烂，但我能维修它们并让其一直运行下去。我喜欢花时间那样做。我认为维修机器——汽车、自行车和飞机，是非常私人的事情。我被它吸引。而且做这种事情会让我感觉很舒服。我会承担以前从未做过的大项目，并在此过程中自学如何去做。"换句话说，尤里斯仍然能感受到他小时候第一次体验到的激情和归属感，那时他在55加仑的鼓上冲浪，滑过钣金店的椽子。像许多其他维护者一样，如果你把他的人生历程看作一个人试图将有收入的工作与在工作中寻找乐趣的深刻驱动力结合起来的故事，那么他的人生之旅会是有意义的。

如今，尤里斯的写作和研究将人类学的工具应用到给他带来最大快乐的环境中：摩托车修理店。在这个利基市场里，他可以从事与车有关的工作、教学，享受与家人在一起的时光，并收获他的经费。尤里斯找到了自己的方式来避免精力枯竭，保持他的激情，并过上过得去的生活。但是，要使维护工作更广泛地可行，仅仅希望像尤里斯这样的人找到自己的方法是不够的。雇主们需要停止试图压榨工人的生产力。反过来，工人们需要做更多的事来互相照顾，避免"扼杀后辈"（这个术语令护理行业感到困扰）。他们还需要在一个更合适的水平上对维护者提供补偿，使其能够反映维护者为组织带来的价值。每个人都可以提供帮助，就算只是简单地欣赏各种各样的维护工作，承认这是一项困难的工作（有时是肮脏的），即使没有做其他事情，也能给我们其他人带来安慰。

割草机的想法

比尔·帕斯洛（Bill Parslow）点燃一支烟，望着外面的湖。"在你正在写的那本书里，你得谈谈割草机的想法。"比尔是纽约阿迪朗达克山脉阿里埃塔镇的一名机械师。（他也是安迪妻子的一个表亲。）比尔负责维护和修理卡车、犁、链锯以及镇上拥有的其他几十件设备。他在镇上的垃圾箱上焊接并组装了防熊盖。他订购零件，保持车间清洁，给所有东西上油和润滑，修理车轴、轴承、刹车以及其他早上出门时正常工作，但回来时不是100%正常的东西。当他不工作时，他会在家里的车库里把旧雪地车改装成比赛用的雪橇，并打理农场的栅栏、木柴、车道、拖拉机和谷仓。此外还有一些副业：为邻居的发电机排除故障，为他朋友的卡车换刹车，为他的冰棚加工零件，以及清理船只发动机上的积碳。比尔是一名维护人员。

"你得谈谈割草机的想法。"他重复道。比尔的副业是修剪草坪，包括在他妹妹位于皮西科湖边的房子附近。在夏天的几个月里，比尔和在镇上谷仓工作的其他人从周一到周四每天工作10个小时，这样周五就有时间做其他事情，比如割草。"这是思考的最佳时机，"他说，"因为你已经在这里待了一段时间，但这并不意味着你在修剪时需要每时每刻都特别专注。"

换句话说，割草就像其他日常活动一样，为你创造了思考的空间。它有一种能够让人沉思的特质。安迪想着他在自家院子里度过的时光，想着冬天当暴风雪来袭时，他总是把车道打扫得干干净净。安迪插话道："这和吹雪机一个道理，对吧？""当然，"比尔反驳道，"但亲手去做更暖和些。"

尽管修剪草坪和清理积雪有深厚的个人主义诉求，但在公共方面也同样引人注目。如果你在暴风雪过后的早晨出门，你会听到铁锹和吹雪机的回声，就好像它们在团结一致地呼唤对方。在一个晴朗的夏日，当傍晚来临的时候也会发生同样的事情。一台割草机启动后，其他的割草机很快就会加入进来。这些技术促进了内省，它们给予了个人维护自身世界的角落的力量。

第 1 1 章

关心我们的家、我们的物件还有彼此

在弗吉尼亚州克里斯琴斯堡的主要街道上，有一个破旧的、部分空置的购物中心。它有一家典当行、一个租赁中心、一家以每周二仅用 0.99 美元就可以买到一个玉米饼为广告宣传的墨西哥餐厅，还有一家曾经是玩具店的陋室里面空空如也。停车场里有一家热狗店。日益破败的购物中心是美国景观中常见的固定设施，但我们提到这个特殊的购物中心，是因为它是当地重建仁人家园的地方，一个出售家居用品的仓库和转售商店。

每年的几个周末，仁人家园都会举办一个称为"维修咖啡馆"的活动，志愿者们会站在商店的各个角落。社区成员慢慢走进来，带着坏掉的东西，比如一台无法启动的割草机、一条需要更换纽扣的裤子，一群志愿者和与会者就会一起修好这些东西。这是一项需要合作的工作，旨在将社区团结起来，也鼓励自力更生和实现环境可持续性。"我们已经发展出一种一次性文化，"克里斯琴斯堡仁人家园主任雪莱·福捷对一位记者说，"我们的使命是让物件远离垃圾填埋场——修复、重新利用并让它们有生气。"

在最近的一家咖啡馆里，上了年纪的居民海伦·卡波比安科（Helen Capobianco）带来了一台四年没用过的缝纫机。[2] 弗吉尼亚理工大学机械工程专业的大四学生乔治·沃斯科维奇（George Waskowicz）打开机器，发现问题出在一个坏掉的凸轮上，这个凸轮订购和更换起来都很容易。我们中的一位作家过来的时候带了一套钝钝的烹饪刀，离开的时候刀刃连纸都能切开，比新买的还锋利。

当我们在维修咖啡馆与志愿者交谈时，他们经常告诉我们，他们从父母或其他亲人那里学到了他们所分享的技能，而且他们想把这些技能传递下去。曾经有一段时间，大多数人，包括几乎所有的女性都知道如何缝纽扣。还有很多人知道如何磨自己的刀，或者是住在有磨刀者定期出现的社区。正是出于这个原因，福捷才坚持认为维修咖啡馆应该专注于分享和教授技能，而不仅仅是让志愿者为与会者修理东西。如果你给一个人一条鱼，你只能养活他一天……

一天，当地居民朱迪·拉格尔斯（Judy Ruggles）带来了一台报废的烤面包机。在排队的时候，她无意中听到维修咖啡馆的组织者艾伦·斯图尔特（Ellen Stewart）和丹·克劳德（Dan Crowder）在谈论他们多想创建一个工具库，以便把工具借给需要的人。正如福捷对一位记者所说的那样，"太多的人推迟维修通常是因为没有工具或者买不起工具"。[3] 这段对话让拉格尔斯顿悟，她意识到自己已经找到了解决斯图尔特和克劳德愿望的答案，也找到了如何处理她已故丈夫约翰的锤子、钻头和凿子的问题的答案。

约翰一直在帮助人们维护和修理他们的东西，这是他在堪萨斯州的一个农场长大时学会的。"他就是这样通过帮助其他人解决问题来认识人的，"朱迪后来回忆道，"这就是他表达爱的方式。"约翰是一名越战老兵，在他去世之前，他设想了一个项目，通过这个项目，让那些自己做不了修理和维护工作但知道应该如何做的受伤的老兵充当缺乏这方面知识的人的顾问。通过工具库，朱迪·拉格尔斯看到了丈夫梦想成真的机会。该工具库于2019年秋季开始软性推出。

虽然维修咖啡馆、修理诊所和类似的活动在美国仍然相对少见，但它们是一个日益增长的运动的一部分，旨在帮助人们维护和修理自己的东西，或者至少可以带他们去当地的维修商店。这类运动提出了一个更广泛的问题，即我们能做些什么来使我们的世界更加可维护，更加有爱，从而更可持续。如果生活在一个更有爱的世界里会是什么样子呢？答案有多种不同的形式。一些涉及我们作为个人和家庭成员可以做出的改进；另一些则需要社区集体应对；最后，只有改变地方、州和联邦层面上的公共政策，其他措施才会有效。

虽然我们将在本章中讨论个人可以做什么，但我们仍然把最大的希望寄托在公共解决方案上。当涉及关心他人和维护物品时，我们经常会感到自己是孤身一人。如今我们对周围事物的疏远程度超出了应有的程度。例如，计算机和电子设备是可以维修的，自从它们首次被引入以来，人们就一直在维修它们。当我们互相分享技能并教对方如何控制我们坏掉的小玩意时，这就在提醒我们并不是孤身一人。

我们不是怀旧主义者。我们感谢现代技术带来的好处，包括随之而来的劳动分工和专业知识。关于复杂性有很多话要说。同样，我们也感谢专业护理人员和系统，比如保险，让我们能够接触到它们——尽管这种接触受到了经济不平等的严重限制。与此同时，我们现有的制度中有一些不必要的缺点，这些缺点都可以通过改变法律和政策来更好地解决。事实上，所谓的维修权运动强调了这些规则的改变如何为当地企业开辟新的空间，就像它允许个人亲自修理东西一样。

当我们调查人们在家庭或私人生活中面临的维护和护理方面的挑战时，很容易变得悲观。但我们认为这种悲观是不必要的。我们有理由抱有希望，而更有希望的未来始于，第一，质疑我们的欲望，尤其是我们想要更多的欲望；第二，认真考虑我们要求自己和他人遵守的（有时是不健康的）标准。

抵制国内的增长心态

当我们发现自己背负着意想不到的维护成本和维护工作时，我们大多数人都直奔主题，开始认真考虑维护工作。我们的一个朋友曾开玩笑说，着手维护工作很像佛教——这条路从苦难开始。正如我们在本书中所看到的，增长心态是最能加重我们负担感的事情之一——随着我们建造和购买越来越多的东西时，我们也就有越来越多的事情需要关注和关心。

美国的房屋数量一直在增加，但这并不意味着你的住房数量也需要增长。当你考虑维修和改造费用时，你真正需要多大的房子？爱好也会给我们带来负担。维修那辆复古跑车可能听起来很有趣，但你真的有时间和金钱投入其中吗？还是它会慢慢变成你后院的铁锈堆？

我们在购买其他物品时也可以考虑维护问题。调查你想买的东西——从空调到冰箱，再到热水器，看看它们是否存在已知的维护问题。例如，维修网站 iFixit 将电子产品拆开，并给它们的可维修程度打分。它可以帮助你记住，你拥有的东西也拥有你。

如果你发现自己处于太多的维护或维修的束缚中，你可能需要重新考虑以前的一些决定。无论那意味着搬到一个更小的房子里，还是扔掉一些给你的钱包带来负担的东西，很多人都在做减法中得到了解放。或者正如亨利·大卫·梭罗（Henry David Thoreau）所说："简化，再简化。"天主教作家海利·斯图尔特（Haley Stewart）在她的书《恩典就够了》（*The Grace is Enough*）中描述了她的家庭如何放弃了在佛罗里达州郊区的生活，在那里他们生活得不快乐，而且压力很大，因此转而选择在更简单，但更有益处的得克萨斯州的一个小农场里生活，那里还有一个堆肥厕所。斯图尔特写道，"有人告诉我们，只要我们能买到足够多的东西，获得足够多的东西，取得足够多的成就，幸福就在我们的掌握之中。然而，当我们追求更多的时候，我们会发现只有一个越来越大的空白需要填补"。这也会导致更高的维护和维修费用。

当然，这种对唯物主义的谨慎本身就是美国一个伟大的传统，可以追溯到清教徒时期，我们也应该小心，不要走极端。尽管如此，有证据表明人们对这些问题的认识有了更广泛的转变。几年前，小房子热席卷了电视，导致当时有大约十部关于这个话题的电视节目。人们喜欢观看并幻想着小房子的生活，即使大多数人并没有采用这种生活方式。只有时间会告诉我们，像这样的趋势是某种更大的趋势的一部分，还是仅仅是美国人质疑消费主义的又一个周期（我们可以想到20世纪70年代的"回归土地运动"以及其他美国人崇尚简单的时期）。

正如我们在弗吉尼亚州布莱克斯堡附近的老年居民研究中所看到的（我们在第7章中讨论过），推迟维护、维修和相关改变的习惯是强大的。我们必须面对这一事实，与我们一直忽视的现实作斗争，并做出系统的计划，采取更好的措施。但首先，正如我们将在下文中看到的，我们需要考虑我们的理想和我们试图实现的目标。

以人性的名义拒绝优化生活

在家里建立健康的维护和护理实践的最大障碍是，我们一直被鼓励在私人生活中将高效、优化和最终的完美，作为不健康的理想。我们一次又一次从人们那里听到这样的故事，他们对维护工作和他们一直坚持的基准感到不知所措，他们变得心烦意乱，紧张得都快崩溃了。但是他们什么也做不了。

历史学家露丝·施瓦茨·考恩（Ruth Schwartz Cowan），我们在第3章中见过她，在写《母亲的工作更多了》（*More Work for Mother*）一书时遇到了这些不健康的标准。正如我们之前提到的，考恩的核心发现是所谓的用于家庭的，可以节省劳动力的技术，比如洗衣机和吸尘器，非常讽刺地为母亲创造了更多的工作，因为清洁标准会随着保持衣物整洁能力的提高而提高。既然你有吸尘器，那为什么地板不是一尘不染的呢？

在《母亲的工作更多了》的后记中，考恩指出，许多人曾问她，写一本关于家务史的书是否影响了她作为家庭主妇的生活。答案是肯定的，但没有你想象得那么快。在考恩为这本书开始做了几年研究后，她发现如果她的女儿在早餐时把蛋液滴到衬衫上，她就会遵循以"一尘不染的衬衫和一尘不染的地板为标准的愚蠢暴政"。为了不让女儿整天穿着一件脏兮兮的衬衫，考恩就会让女儿把它脱下来，然后把它放进洗衣房，尽管一个内心的声音早就已经开始质疑她："你这么做是为了什么？你很清楚地知道是肥皂制造商，而不是其他人，助长了这种荒谬的清洁观念，而且它们这样做是为了能够卖出更多的肥皂。在所有人当中，你是最不应该被这样的愚蠢所欺骗的。把衬衫从洗衣篮里拿出来。"但是考恩并没有听从那个批评的声音。衬衫依旧留在篮子里。

几年后，当她的一个孩子把巧克力弄到衬衫上时，考恩又一次面临这样的困境。内心的声音再次响起，指出孩子并不在乎污渍，是考恩自己的标准驱使她追求闪闪发光的、一尘不染的衣服。但考恩仍然屈服于了她的超我对完美的渴望——她把那件衬衫也洗了。

终于，一段时间后，考恩生了一场病，在床上躺了半年。之前家里的衣服一直都是考恩负责洗的，但现在任务落到了她丈夫身上。她一直埋怨丈夫，让他不要把"深色衣服"和"浅色衣服"混在一起洗，不要把"耐久压烫衣服"和"棉质衣服"混在一起洗，直到有一天她丈夫崩溃了。正如考恩写的那样，"他相当尖锐地（这还是比较礼貌的说法）向我指出，在他负责洗衣服的这段时间里，没有一件衣服被毁掉"。考恩也看到了真相。健康状况好转后，考恩开始与丈夫分担洗衣服的职责。总的来说，他们发现可以无视制造商关于加热设置，不要把彩色衣服和浅色衣服混着洗等方面的指导，"最糟糕的情况也无非把一件汗衫染成粉色"。

考恩在回想这些经历时写道："很多欺压家庭主妇的规矩都是无意识的，所以很有影响力。通过探索这些规矩的历史，我们可以将它们带入意识，从而削弱它们的力量。我们可以判断这些规矩是真正有用的，还是仅仅是返祖现象的产物，或广告商'强行推销'的产物。它们到底是代表压迫还是代表解放。"考恩邀请我们通过这种方法进行一些自我反省和辨别。她在书的结尾处写道："如果我们能学会在规则中只选择那些对我们现在有意义的规则，我们就可以开始控制家用技术，而不是让它控制我们。只有到那时，这种技术的真正潜力——减少母亲的工作量，才有可能得到实现。"

如果说有什么不同的话，那就是自 1983 年考恩出版她的书以来，人们对优化和效率的追求有所增加。生产力不断提高之后，互联网已经成为追求持续增长生产力的"生活黑客"亚文化者的家园。"量化自我"运动的参与者使用智能手表、传感器、应用程序、电子表格，甚至通过血液测试来跟踪他们的生命体征、睡眠、情绪、饮食、财务状况、工作产出和排便情况。这些应用程序和方法中有许多侧重于不同形式的自我保养，但它们最突出的是对巅峰效率和生产率的持续关注。博客平台 Medium 上挂满了诸如"42 个工作习惯使你的工作效率提升 10 倍"之类的帖子。电器、电子产品和小配件的制造商生产出源源不断的东西——从机器人吸尘器到自动清洁马桶，这些都可能会在考恩最新版本的书中出现。

但你会越来越多地听到批判这种追求完美行为的声音以及呼吁大家一起响应考恩追求理智的声音。在一篇名为《我们不需要从制作冰沙中被拯救出来》（*We Don't Need to Be Saved from Making Smoothies*）的专栏文章中，Epicurious 网站的食谱作者兼编辑大卫·塔马尔金（David Tamarkin）痛斥了他所说的"预加工食品工业综合体"，一些公司认为从零开始制作食物是浪费时间，所以会出售预处理好的或者部分做好的饭菜，所有这些都是以提高效率的名义进行的。同样，在《适得其反：知识经济中的时间管理》（*Counterproductive: Time Management in the Knowledge Economy*）一书中，英特尔公司客户架构和创新高级首席工程师梅利莎·格雷格（Melissa Gregg）认为在 20 世纪，生产率某种程度上成了一种信仰，取代了旨在实现尘世纯洁和救赎的传统信仰。

这样一来，要想更好地达成维护和关怀，就必须从质疑我们的理想开始，问问自己这些理想从何而来，它们是否真的在帮助我们和我们爱的人过上更好的生活。我们必须扪心自问，什么时候我们的东西才算"得到了足够的维护"？什么时候我们爱的人才算"得到了足够的关心"？我们在第 7 章遇到的房屋检查员鲍勃·皮克说，人们通常不会做像更换暖通空调系统过滤器这样简单的事情。他之所以做出这样的判断是因为过滤器的外壳上覆盖着灰尘，表明它们已经很久没有被拆卸过了。在许多情况下，我们不需要做些很花哨的事情，我们可以从最基本的开始。

在作家兼研究员布琳·布朗（Brené Brown）的《不完美的礼物》一书中，她鼓励我们放弃将自己与他人进行比较——无论是杂志广告中展示的干净舒适和精心设计的内饰，其拥有者乃了解自己所拥有的每台电子设备和机器内外的超人，还是争强好胜的母亲，不仅是公司高管而且是个完美的足球妈妈[⊖]，她举办的盛大的生日派对也永远被邻里们记得。我们总是可以改进一些事情，但我们必须从接受现实开始，包括接受它的许多内在缺陷。其他任何东西都是给我们徒增压力，让我们精神错乱。

这种质疑和重新评估的过程不应该单独进行，而应该同时进行：不现实、不健康和压迫性的完美理想是我们强加给别人的（包括我们的伴侣和孩子），同时别人也在强加给我们。正如我们在第 7 章中所看到的，当谈到家庭维护和关心时，这些理想中有许多是不公平地按照性别划分的，而多数都落在了女性的肩上。如果我们想生活在一个更加公正的社会里，那么在认识人生来就是不完美的以及人是存在局限的这一现实的过程中就必须要集体行动。

随着我们努力树立"维护者"的理念——其中大部分是依靠志愿者工作来进行的，我们越来越多地开始思考如何将我们的理念应用到我们自己的生活中，我们如何才能创造一种维护和关心的文化。我们的座右铭是，尽力维护你自己。如果我们痴迷于创新和增长的文化，导致我们忽视了对基础设施、组织和家庭的维护，那么这种文化也会助长我们在工作和私人生活中成为"骗子"，把自己搞得筋疲力尽。作为一种小小的反抗，我们制

⊖ 足球妈妈这个短语最初用来描述那些开车载孩子去踢足球并在一旁观看的妈妈们，后来用来指代非常重视小孩休闲活动，亲自开车接送小孩参加运动或活动的母亲。

作了印有"维护你自己"字样的笔记本贴纸。我们的朋友，设计师兼活动家朱莉安娜·卡斯特罗（Juliana Castro），以在咖啡店看到的积分卡为模型，创造了"维护你自己"卡片。这样，每当你拒绝一个请求时就可以划一个方框。当你拒绝次数满十次后，你就可以犒赏一下自己。这些卡片很好玩，本意想让人们开怀大笑，但它们有一个严肃的目标要达成，就是激励人们关心自己，认识到自己的局限，并反复思考他们所承担的义务。如果我们所有人——包括你在内，都打算认真创造一个维护得更好、更有爱的世界，我们的思维就不能仅仅是抽象的，它必须从我们在这个世界上实际坐着、生活和工作的地方开始。

我们的目标是繁荣发展，而不是追求完美

正如我们在本书中所看到的，许多因素共同导致我们推迟维护。其中至少有一些因素是心理上的。研究表明，双曲线贴现——倾向于选择现在的小奖励（如掉进 YouTube 算法的兔子洞）而不是以后的大奖励（如拥有一个令人愉快的、维护良好的房子），至少在一定程度上是文化教养的问题。与韩国等其他国家的人相比，对美国人来说，坏消息是我们确实倾向于低估未来，而更青睐短期的快乐。此外，尽管一些人在维护工作中可以获得极大的乐趣，但其他许多人发现它沉闷乏味，会做几乎任何事情来拖延和推迟它。推迟维护的行为是多因素决定的。

出于所有这些原因，要想在维护和护理方面做得更好，就必须先正视我们拖延它们的倾向。我们可以用"12 步世界"（12-step world）里一句老掉牙的话，"第一步是承认你有问题"。正如环境作家兼瑜伽教练艾琳·克里斯特·帕特齐格（Eileen Crist Patzig）曾经对我们中的一个人说的那样，"人

们总是告诉我，他们没有时间把瑜伽或其他形式的锻炼纳入他们的日程中，但事实是他们有的是时间"。

要做到这一点，最好的方法是创建实践活动，引导我们系统地注意维护。所谓"系统的"，我们指的是有计划、有条理的方式。在过去的 5 年里，我们一直致力于这些主题，我们见证了人们开发出各种各样的方法随时做好维护。我们中的一个人有一个阿姨，她在她的车里放了一个笔记本，上面列出了所有主要的汽车维护任务，上一次修理是什么时候，以及什么时候需要再次修理。她定期查看这个笔记本，这样她就知道什么时候该安排修理。还有一些人告诉我们要保存列有家庭维护任务的电子表格，或者列有他们雇用的承包商的文件，包括他们做了什么以及花费多少。我们也尝试过家庭维护软件和应用程序，如 Home Zada, Homebinder, Home Management Wolf, The Complete Home Journal 以及 My Life Organized。你也可以在网上找到家庭维护清单。此外，像 Centriq 这样的应用程序可以帮助你跟踪和修理家用电器，包括提醒你关于召回的事情。

这种计划系统有其局限性。随着时间的推移，人们往往会对日历提醒产生免疫力，对它的反应也越来越弱——至少在我们的经验中是这样的。如果某个数字系统一直在敦促你去健身房，而你却连续 30 天没有锻炼了，那就说明有些东西不起作用了。在这种情况下，通常最好是重新开始。重新设计你的计划，问问你自己它们是否现实，尽量制订更容易完成的计划。定期关注这些系统就是实现计划的关键。

此外，即使有了很好的预防性维护，基于维修的被动维护问题也会出现。糟糕的事总是在最不合适的时候发生。墨菲定律的存在是有原因的。你无法为这些事情做"计划"，只能把钱存起来以备不时之需，这就是为什么我们俩专门为此设立了维护储蓄账户。根据一些调查，美国家庭平均每年每辆车的维护费用为 408 美元，即大约 35 美元一个月，不包括车贷、油费或任何其他与汽车相关的费用。[4] 我们中有一人住在一间小木屋里，据估计，木屋每两年需要高达 3000 美元的维护费，即每月 125 美元。你不要觉得不多。当你开始把这些成本加在一起时，它们很快就会累积成一笔大数目。当然，最可怕的是，大约 80% 的美国家庭靠薪水生活，其中很少有人明确地为维护费用做过预算。[5]（约 60% 的家庭根本不做预算。[6]）如果你们家只能勉强维持生计，那么一项昂贵的维修工作会让你的财务陷入困境。这就是一个暗淡的现实。

尽管如此，即使在不那么理想的财务状况下，计划也是有帮助的。在写本书的过程中，我们采取了定期召开家庭会议的做法，来规划诸如我们的预算、锻炼计划、孩子的家庭教育、家务和饮食等事情。我们利用这次会议来为护理和维护制订计划，并让我们的孩子参与到管理家庭的工作中来。（因为我们的孩子还小，所以大部分会议都是家长单独完成的，但是孩子可以参与到饮食计划的制订中来。我们发现，让他们参与食物选择的计划可以减少他们之后抱怨的次数，尽管不是普遍如此。毕竟孩子就是孩子。）

随着我们对最近购买和搬进来的房子越来越了解，我们发现有许多延期维修要做。而家庭会议有助于让我们一直记着这个现实。当我们最终需要花费 1.5 万美元或更多钱来更换频繁使用的桌子，以免它变得不安全时，我们还有必要花 2000 美元去度假吗？当你想起你需要花费至少 1 万美元来清洁、修理小木屋的木质外墙并为其染色时，而这显然是自 1983 年李的房子建成以来就从来没有做过的事，再为家里添置一台平板电脑看起来就没那么有吸引力了。

现在，我们用来运行这些家庭会议的系统来自企业和非营利组织，包括帮助我们开发"维护者"的个人和非营利组织。有些人可能会认为这很讽刺，因为我们刚刚警告过工作中常见的对于效率和优化的不切实际的想法有多么危险。我们现在是在建议，我们应该实行"生活黑客"式的维护和护理吗？对这个问题既可以回答"是"也可以回答"不是"。回答"不是"是因为，我们不想用"最高效率"或"投资回报"或任何其他在特定时刻流行的地狱般的概念的标准来衡量我们的个人和家庭生活。但是，也可以回答"是"，因为我们可以利用预算方法、软件、应用程序和其他工具来帮助我们周密安排，觉察并保持对事物的掌控。事实上，我们发现最重要的事情是安排一些随意的时间来照顾自己，无论是和家人在树林里徒步旅行，在院子里玩耍还是玩桌游。系统可以帮助我们保持这段时间的神圣，保护它免受工作、家务、差事和其他任务的打扰。

我们发现，投入资金进行维护、维修，以及在某些情况下更换房屋的部件和系统是非常有意义的。做这些事情会让人体会到一种成熟和责任感，甚至是让人激动的感觉。虽然在我们的文化中情感可能几乎不被人重视，但你知道你在照看房屋并可以保证它能让我们一直住下去，毕竟整个家庭会在这里度过最多的时间，会在这里经历最亲密、最有爱、最深情的时刻。

当我们写本书的时候，有一天安迪的邮箱里出现了一张劳氏五金店的传单。传单上画的是一家人在清澈的泳池里玩耍，背面是泳池化学品的优惠券，正面是一句口号："更多享受。更少维护。"作为游泳池的主人，安迪认为把享受和维护两者看作完全相反的两个概念是不合适的。以安迪的经验来看，泳池维护实际上是一项快乐的任务。他们体验着平衡化学物质的挑战，清洁过滤器和衬里带来的成就感，漂白剂和氯的味道，以及夜晚宁静的空气中短暂的时光。每当他看着孩子们跳入水中，笑得很开心时，这些和其他的杂务就都是有意义的。一个维护良好的游泳池是家人和朋友可以聚集、交流并享受宝贵的夏日和夜晚的地方。

对我们来说，所有这些都表明，关于事物的流行话语中间可能存在鸿沟。一方面，我们有一种会庆祝快速消费一次性物品的消费主义。另一方面，我们有批评"唯物主义"的传统，认为物品不是满足我们灵魂欲望的答案。我们缺少的是一种能够认识到伴随物质现实的深层快乐和意义的积极的唯物主义。上面例子中的游泳池，而不是像盯着手机屏幕那样独自消费的对象，才是我们和其他人一起享受的东西，这一点也不奇怪。

完善关于维护和护理的法律

许多维护和维修方面的改进只能通过集体来实现。虽然联邦法律和政策会有所帮助，并且在某些情况下是必要的，但这些事情大多需要在州一级，尤其是地方一级进行。创建在线社区并通过它们共享信息也很重要。

2009年，工程师彼得·梅（Peter Mui）创办了一个名为修理诊所（Fixit Clinic）的组织，因为他发现很多人都缺乏修理东西的技能，在东西坏掉时只能把它们扔掉。在很多方面，修理诊所很像我们在本章开始时谈到的修理咖啡馆，除了梅会更侧重于教人们修理的技能以外。在一些修理咖啡馆中，你可以把坏了的东西带来，让别人帮你修理。但在修理诊所，"教练"与人们合作，一起帮助他们自己完成修理。正如梅曾经说过的，"在修理诊所，我们要求参与者能实质上参与他们自己的修理任务"。[7]他说，真正的目的是希望人们发生一种转变。教练们希望人们意识到，把坏了的东西拆开，看看是哪里出了问题的这种做法是可以的。这能够让人们排除故障，解决问题，并且不对它们感到害怕。

修理诊所有一个小仪式。当有人走进诊所时，组织者会向聚集的每个人宣布他们的名字、他们的物品以及物品的症状。"大家好。向泰德（Ted）

和他总是跳跃播放的 DVD 机问好。"[8] 他们还将类似的维修工作安排在一起。他们发现，参与者对彼此和彼此的项目变得越来越投入。

梅希望修理诊所能做的不仅仅是让人们更愿意修理东西。他希望这也能影响他们作为消费者的行为。"这就是我们修理诊所的最终目标：鼓励在设计产品时考虑到维护、可维护性和可维修性。作为消费者，我们将不得不开始要求这些方面。在修理诊所，我们相信这些改进……将围绕现有事物的生产模式促进更广泛的理解和对话。"

修理咖啡馆、修理诊所和其他类似的聚会活动专注于在当地进行面对面的互动。我们认为这是一件好事。而且，虽然不是每个人都有机会参加这样的活动，但有许多工具可以传播维修知识。早在 20 世纪 90 年代，互联网的支持者们就承诺高质量的信息将会传播到四面八方。在一个到处都是虚假新闻，选举被黑客攻击，党派仇恨、仇恨言论和网络欺凌遍地的时代，人们很容易取笑这种乐观主义。（更不用说猫视频的优势了。）互联网是无数愚蠢、非理性和肮脏表达的家园。但在某些方面，巴洛和其他人对致力于修复的网站的预测是正确的。

像 iFixit 和 YouTube 这样的网站已经成为庞大的图书馆，在这里人们可以学到各种事情的操作方法以及如何自制材料。一位优步司机曾跟我们中的一个人讲了他的故事，说他尽管几年前对汽车几乎一无所知，但现在自己可以修理并维护他的汽车的每个部件。他就是通过观看 YouTube 视频学到的这些。今天，iFixit 在其网站上发布了近 5.5 万份维修指南，并与美国各地 80 多所大学合作，教授学生关于技术写作和维修重要性的内容。结果，超过 1.9 万名学生创建了大多数维修指南，而且人们正在使用它们。2018 年，iFixit 网站的独立访客人数达到 1.2 亿，其中仅加利福尼亚州就有 780 万独立访客，占该州人口的近 20%。

　　组织机构还使用数字工具来组织和管理工具库和时间银行。人们可以像从传统图书馆借一本书那样从工具库中借出一个工具，除了可以防止东西被扔掉或放在一边逐渐坏掉以外，还有助于节约和实现环境可持续性。时间银行是人们分享技能、维护和修理东西的一种方式。在时间银行里，人们提供各种各样的工作——可能是缝纫、家教、养宠物或带小孩、瑜伽或冥想课程、修水管等任何真正的工作。当人们自愿贡献自己的时间并满足其他人的需求时，他们会积累时间信用，从而可以用这些时间信用来雇用其他人为自己做些事情。这个想法是为了在社区内开展技能共享的经济。

　　在弗吉尼亚州，民间团体正在试验一些集体操作的方法来帮助那些需要"紧急家居维修"的家庭：一些坏掉的东西可能会迫使家人们离开房屋。曾经这样的团体，如弗洛伊德安全住房倡议（FISH）会致力于确保家人们可以留在自己的房子里。该组织由仁人家园管理，仅它的名字就表明周围有不安全的住房。FISH 的领导者苏珊·伊科夫（Susan Icove）是一名具有公民意识的陶瓷艺术家和陶工，她目前的工作主要集中在灯具、烛台和其他照明设备上。她描述说，她参观了一所移动房屋，那里的居民用烤箱作为他们的取暖器，房子里唯一的电还是从隔壁接了根电线才有的。仁人家园主任雪莱·福捷指出，弗洛伊德县 22% 的住房由类似的移动房屋组成，通常位于拖车公园。这造成了真正的问题，因为移动房屋是由廉价材料制成的，而且比其他类型的房屋破败得更快。例如，地板和天花板有时会在没有任何预兆的情况下坍塌。再比如，一所住房里生活着 70 多岁的老人们，他们已经六个月没有自来水了。FISH 的目标是每年完成 8 ～ 12 项维修工作——它有自己的标准，包括每项工作的成本不超过 1000 ～ 2000 美元，工作时间不超过两天。但工作人员有时也会被这些维修请求搞得不知所措，比如每周都收到 1 ～ 2 个请求的时候。

FISH 的一个突出之处是它完全依赖当地的捐赠。从事紧急家居维修工作的人一再向我们抱怨，州项目要求维修工作使住房达到标准（如电气、消防等）。但是，尽管这些要求的本意是好的，但以现有资金的数目来说，使这些住宅达到标准是不可能的。在这种情况下，"完美"又成了"好"的敌人。在没有其他选择的情况下，FISH 专注于做任何能让人们感到安全、干爽并能够待在家里的小事。

这就引出了最后一点。尽管我们对这些以社区为基础的，可以改善维护和维修的方式的尝试表示敬意，但这些活动仍然存在障碍，只能通过修改法律来消除。在第 7 章中，我们听到了 iFixit 首席执行官兼总编辑凯尔·维恩斯的故事。当维恩斯在大学期间弄坏了自己的苹果笔记本电脑，并在网上发布了他的维修指南时，他得知苹果正在使用版权法屏蔽其发布在互联网上的维修指南。它也有一堆其他限制独立修复的技术。

其他人也遭遇了类似的挫折。多年来，盖伊·戈登－伯恩（Gay Gordon-Byrne）经营着一家专注于购买、销售和租赁计算机硬件的独立咨询公司。她目睹一些公司购买技术设备，然后签署终端用户协议，禁止他们自己修复技术设备，也禁止他们雇用独立的修理工修复，这让她非常愤怒。

对于戈登－伯恩经常合作的财富 500 强的大公司来说，支付更多的维修费用并不是什么大问题。但她越来越多地目睹了这些维修限制是如何影响小企业和个体经营者的。戈登－伯恩目睹了维修限制在 21 世纪初的蔓延，据她估计，这一趋势会在 2010 年左右开始变得流行："有一天，我们醒来后会感叹'天哪'！"

2013 年，戈登－伯恩、维恩斯和 iFixit 的其他成员与其他几个组织合作，如电子前沿基金会（Electronic Frontier Foundation）和服务行业协会

（Service Industry Association），成立了数字版权维修联盟（Digital Right to Repair United），后来简化为修复协会（The Repair Association）。维修联盟已经开始关注修改州法律，要求制造商向消费者和维修人员提供信息和零件。在过去的几年里，超过20个州已经提出或讨论了修理权法案（尽管还没有一个成为法律）。戈登－伯恩表示，修理权需要一种"五脚凳"的方法。要想进行修理，你或者你雇用的人需要：①手动操作；②具有零件；③具有工具，特别是考虑到公司使用奇形怪状的专用零件进行维修限制；④具有阅读和理解计算机化诊断的能力，包括了解显示在我们的小装置上的奇怪的错误代码是什么意思；⑤能够访问固件（用于控制硬件的低级软件）并知道制造商用来锁定维修的密码。不满足这五个要求，物主就很难修复自己的东西，售后市场也无法兴旺。

各公司以多种方式为维修限制辩护，包括夸大对网络安全和产品安全的担忧。其中一些说法似乎是似是而非或言过其实的。例如，修理权倡导者还没有看到有人在更换手机电池时安全受到威胁的案例。苹果的游说者告诉内布拉斯加州的立法者如果他们通过修理权法案，他们就会使该州成为黑客的"圣地"。[9]

通常，行业抵制的真正原因很简单。其实就是跟钱有关。晨星分析师斯科特·波普（Scott Pope）估计，约翰迪尔（John Deere）经销商的维修利润率要比卖出新设备高出五倍。苹果可以收取比当地修理店多出1000美元的修理费。[10]

手机制造商、家电制造商和许多其他应用维修限制的公司不符合联邦贸易委员会反垄断法对垄断的定义，该定义的条件是生产商控制的市场份额为75%或更多。但哥伦比亚新闻学院的教授理查德·约翰（Richard John）指出，垄断在过去有一个更广泛的定义，他目前正在写一本关于反垄断运动历史的书。垄断是"任何一种被认为不公平的市场力量，任何一种赋予机构不公平优势的力量"，约翰解释说，这个定义显然符合修理权倡导者对维修限制的描述。"反垄断是一种主流价值观，"他说，"从历史上看，它主要是受到主流共和党人的支持。"

尽管关于修理权的媒体报道大部分是围绕消费者的权利和个体农民的困境展开的，但修理权的倡导者通常关注于更广泛的商业影响。最近，iFixit 的凯文·珀迪（Kevin Purdy）发表了一篇探索性的文章，题为"修理权是一个自由市场问题"，探讨了反竞争的维修限制是如何让一家家独立的维修店倒闭的。

iFixit 的维恩斯指出，像苹果这样的公司没有把重点放在建设维修业务上，因为利润率太低。但其他小企业将追逐这些利基市场，维恩斯解释说，因为"它们比大型制造业公司的成本低，从而可以弥补利润低的问题。这些小企业正在为市场提供额外的服务，它们正在提供流动性，它们正在提供消费者价值，它们正在创造当地就业机会，它们正在自力更生，并一点点打破垄断"。修理权倡导者估计，如果取消维修限制，那么将会有数十万家独立的维修店出现。

维恩斯从他敬爱的祖父那里学会了如何修理东西，他强调修理的时候会带有一种自豪感。他提及马修·克劳福德（Matthew Crawford）的书《摩托车修理店的未来工作哲学》(*Shop Class as Soulcraft*)，作者在书中描述了他如何放弃大学和智囊团的工作，成为一名摩托车修理工。正如维恩斯告诉我们的那样，"克劳福德谈到，他从他的社区对他工作的尊重中获得了一种自豪感和满足感，这是他之前作为智囊时从来没有过的感觉"。这种独立和自豪的感觉很难量化，但它仍然是我们争取修理权的一个重要原因。

　　还有其他类型的法律和政策可以改善维护和维修。瑞典出台了税收减免政策来鼓励人们维修商品，而不是把它们扔掉。[11]与已经存在的免税教育储蓄账户类似，我们也可以设想一下用于维护和维修的免税账户。此外，如果我们想要生活在一个更具可维护性的世界，那么某些领域的法律变革将是必要的。维修咖啡馆国际基金会的创始人马蒂娜·波斯特马（Martine Postma）一直在游说法律和政策变革，以推动我们走向"循环经济"，即增加材料的回收和再利用，大幅减少我们的废物流，理想状态是接近零浪费。考虑到有许多制成品（包括我们生活中的大多数塑料制品）都是不可回收的，所以真正的循环经济需要我们的文化发生深刻转变，可能需要制定严格的法规来迫使制造商让它们的产品完全可维修和可回收。

　　在本章讨论的许多事情（从维修咖啡馆到修理权法案）以及前几章描述的事情中，最引人注目的是它们如何吸引到如此多不同类型的人，包括保守派和自由派。最让我们对维护和维修的未来充满希望的是这些事情开启了新的对话，以讨论我们如何能够改善对公共基础设施的维护，如何改善维护人员的生活和工作，以及如何解决我们文化中一些最棘手的问题，包括不良的维护是如何过度加重穷人和边缘化社区的负担的。我们现在就要转向这些新的对话，以及随之而来的邀请。

结语：从对话到行动

　　我们写这本书是为了提高人们的维护意识，并提高那些护理和维修相关工作者的地位。而接下来要做的是促成内容更丰富、成果更显著的对话，让这些对话成为集体行动的动力。对话固然重要，在稍后我们也会提及这些成果丰富对话的巨大潜力。但仅有对话是不够的，但反过来，仅有行动而无对话也是难以为继。正如我们在第三部分中看到的，很多人在采取行动推进维护事业，但这些行动往往是零星的、孤立的，并且缺乏规模和强度，不足以构成一场声势浩大的社会运动。

　　我们的社会并不缺乏提升维护和护理事业的财力和技术专家。即便我们会遇到维护费用太高，或者很难找到合适人选的情况，但这些问题都不难解决。我们生活在一个拥有巨大财富的时代，我们的教育机构虽然不完美，但仍然是一个强大的引擎，源源不断地培养出足智多谋和才华横溢的人才。

　　我们亲眼目睹了，当人们抛开这些常见的故事，并设想一种不同的方式来维护我们的世界时，创造力是如何迸发的。正如在第一章中所介绍的，本书的两位作者是"维护者"的联合董事。"维护者"是一个全球性的跨学科社区，负责检查维护、维修基础设施以及维持我们世界正常运转的日常工作。我们与第三位联合董事杰西卡·梅尔森（Jessica Meyerson）一起组织了各种各样的活动，包括会议、视频讨论组和研讨会，我们通过电子邮件和社交媒体扩大交流，邀请特定领域（如数字档案或劳动力发展）的专家集中开展线下会议。通过这些活动，我们促成了关于政策问题的联盟，如修理权运动；此外，我们还为"为图书管理员和档案管理员建立宣传工具包"项目获得了补助资金。

下面，我们将回顾一些具体活动，这些活动对更好维护世界至关重要，其中许多已经在前面的章节中有所描述。但首先，我们想重点谈谈在"维护者"工作的过程中，我们参与或促成的一些对话，以及我们为什么会认为这些社区活动对未来而言潜力巨大。其中最令人开心地就是能和志同道合的人们并肩作战，他们与我们有着共同的核心焦虑（创新者错觉在损害我们的社会）与希望（即重新评估维护的价值有利于促进社会的健康发展）。我们特别地提几个人，他们来自各行各业，投身于不同的领域与事业，他们在自己岗位上热情工作，致力于创造一个更美好，并被更好关爱的世界。

创建运动

卡米尔·阿西（Camille Acey）是"维护者"的长期贡献者，我们总能在电子邮件联络列表中看见她的名字，我们在第 10 章中提到过她。卡米尔在一家软件初创公司工作，她主要负责维护公司和客户之间的良好关系。但她的维护管理精神远不止于此。卡米尔的父母是社会活动家，他们以"与权力对抗"的心态抚养她长大，她在纽约市已经做了 20 多年的社区活动家。

她的父亲在新泽西州纽瓦克市长大，参加了很多的非裔社会运动。卡米尔的母亲是一名护士，在她的工会中很活跃。2016 年大选后，卡米尔开始在她的邮件签名中引用非裔美国女权主义作家奥德雷·洛德（Audre Lorde）的话：“照顾自己不是放纵自己，而是自我保护，这是一种政治战争行为。”卡米尔强调，当维护被注入一种关怀的精神时是最有效的。

格雷西·奥姆斯特德（Gracy Olmstead）和卡米尔一样关心个人和社区的利益。她是一名作家，来自爱达荷州，祖上几代都是农民，在一个近几十年不断衰落的小镇上长大。她致力于再生农业与实现农场的社会价值，在重建土壤物质、恢复生物多样性以及对抗气候变化等环境危害的领域不懈实践。再生农业愿景的核心是拒绝保守派所主张的所谓“一次性文化”。正如她对我们说的：“我们扔掉了许多美好的东西，当我们奉行这种非常浪费的文化时，这对地球和我们自己都很不好。”

奥姆斯戴德说自己受到了丈夫的影响，她丈夫是一名航空电子技师，从事维修工作。“我们家什么东西坏了他都能修理，从洗碗机到洗衣机，再到安装水管，这样就算我不小心把饮料洒在电脑上，我们也不用花钱雇人来修理。”

奥姆斯特德没有参加过维护者会议，但在 2016 年，但她写下《向维护者致敬》一文，以此方式参与了我们的对话。她写道，“许多人将‘创新’这个词和共和党人的情绪联系在一起，因为这部分人推崇资本主义、自由市场和企业家精神。但重要的是，保守主义者也渴望保存东西。也渴望对维持我们世界正常运转的日常劳动心存感激，也渴望与维护者一起维护我们的小天地，用我们洗脸时的勤奋与热情来清除花园里的杂草。”

计算机程序员比约恩·韦斯特加德（Björn Westergard）也展现了自己对

劳动的赞赏。他在华盛顿特区生活和工作，目前是国家公共广播电台的高级软件工程师。高中时，在一家国防承包商的实习经历让他大开眼界。"在那之前，我一直想去找一个技术类的工作，因为它在某种意义上有助于公共福利"他后来对一位记者说道。在那之后他开始对劳工运动感兴趣。2018年初，韦斯特加德和他的同事通知他们的雇主提克斯（Lanetix）——一家总部位于旧金山的运输和物流公司，他们打算成立工会。Lanetix 很快解雇了参与组建工会的 15 名员工，于是他们向国家劳资关系委员会（National Labor Relations Board）提交了一份针对该公司的请愿书。2018 年 11 月，Lanetix 公司达成和解，共向员工支付了 77.5 万美元。韦斯特加德的经历与我们在第 8 章中引用的研究结果相吻合：大多数 IT 工作者都从事维护类的工作。

比约恩参加了前两届"维护者"会议，并参与了网络内的一系列讨论，他会继续关注工人权利，继续为创建一个更加公正的社会而努力。

我们想介绍的第四个人是查克·马隆（Chuck Marohn），他是 2019 年10 月在华盛顿特区举行的"维护者 III"会议的主旨发言人。"强镇"（Strong Towns）的创始人查克·马隆在明尼苏达州的布雷纳德小镇长大并一直生活在那里。马隆推翻了他作为工程师和城市规划师时学到的许多假设，坚持认为变革始于小社区，这与我们产生共鸣：尽管联邦政府可以做很多事情来帮助我们，但我们发现指望联邦官员制定一些考虑周全的计划来适当资助维护活动并尊重维护和维修工人的想法是不明智的。我们相信卡米尔、格蕾西和比约恩也会同意这一点。

从我们成立"维护者"伊始，我们就意识到围绕维护和修复的讨论摆脱了传统的左翼和右翼的政治粗暴束缚。我们已经看到"维护者"网络成员摒弃了左右之争，从两派的思想家中汲取营养，了解这些作者对于维护的见解。在充斥争吵和分裂的今天，这样的跨党派的合作是不同寻常的，甚至可能令人惊讶。但是我们已经知道，当人们给自己和他人一些空间来谈论维护和修理时，党派政治和身份政治就会被抛在一边。这些主题比当今骗点击量的政治标题更吸引人、更为紧迫，也更有希望。

我们也惊讶于许多人在自己的传统精神生活中找到了维护的主题。在我们的第二届"维护者"会议上，一名正在使用数字技术来改善维护实践的公共技术专家瓦伦·阿迪巴特拉（Varun Adibhatla）展示了一张将两张图片放在一起的幻灯片。幻灯片的一边是三张面孔：史蒂夫·乔布斯、埃隆·马斯克和阿奇博尔德·"哈里"·塔特尔⊖。塔特尔是一个叛变的地下修理工，他通过避开官僚机构，偷偷给人们提供所需要的维护，从而颠覆了整个系统。另一边是印度教的三位神灵：梵天是宇宙的创造神；毗湿奴是宇宙的保护神；湿婆是宇宙的破坏神。瓦伦的观点是，我们目前的叙述以硅谷为中心，围绕乔布斯和马斯克这样的人展开，导致人们过于关注创造和改变，而对维护的关注不够。这种叙述是缺乏平衡的，而瓦伦在他的印度教信仰的核心神话中找到了这种平衡。

维护的政治和宗教属性为支持维护和维护者的社会运动提供了更深层次的哲学基础。博尼塔·卡罗尔是一位研究采矿业维护者的澳大利亚人类学家，她曾将维护描述为一项尚未被世界接受的行为。他说："我记得当初政府为我们提供不同颜色的垃圾箱，以此来实施垃圾分类和回收。一开始我们必须积极训练自己如何进行垃圾分类。但随着时间的推移，这一切都变得非常自然且规范，内化成了一种习惯或者说是天性。而养成维护思维，会使我们走得更远，促进对事物整个生命周期的理解和欣赏。"

⊖ Archibald "Harry" Tuttle（阿奇博尔德·"哈里"·塔特尔是在特里·吉列姆（Terry Gilliam）1985年的电影《巴西》中一个由罗伯特·德尼罗（Robert Deniro）饰演的角色。

重要的是，不要轻视这一切的政治意义。因为，即使进步派和保守派都认识到问题的存在，他们也会强烈主张不同的解决方案。以维护工作者的困境为例，正如我们在第 6 章中看到的那样，他们构成了美国贫困劳动者的绝大多数：进步派可能会认为，提高最低工资将有利于许多陷入贫困的维护工作者及其家人；而保守派却认为，强制性加薪会导致就业机会减少，从而使得穷人雪上加霜。

尽管如此，我们很高兴看到不同的人们能在维护这个话题上联系在一起，而当他们在讨论"文化战争"等热点话题时可无法做到这一点。我们相信，不同的群体可以相互学习。你不必接受查克·马隆对联邦项目和支出的厌恶，就能从他关于地方政府应该如何重新思考基础设施的见解中受益。你不必成为一个环保主义者或"循环经济"倡导者，就会相信使技术更易于维护和修复是很重要的。在"修理咖啡馆"和 iFixit 网站上，党派政治完全没有影响到人们和睦相处的渴望，左派和右派实际上在互相学习。

一些人认为，过度关注维护会导致人们安于现状。我们希望，到目前为止大家已经明确，我们针对的是关于创新的思想观念，而不是创新本身。真实的创新与维护和维修之间有着复杂的联系。此外，经济或其他形式的不平等在创新言论高潮迭起的时候却不断加剧，比如从 20 世纪 70 年代到现在。所以说，创新的思想观念并不能解决这些问题。

采取行动的呼吁

我们很清楚，语言和术语的变化本身不会引起物质或社会条件发生重大的变化。如果我们认为创新言论的终结意味着问题已经得到解决，那就太愚蠢了。

我们如何从对这些问题的思考转向实际行动呢？我们的第一步是利用"维护者"建立许多群体。比如我们已经与杰西卡·迈耶森合作，以提高"维护者"促进对话和培养群体的能力。我们最感兴趣的是了解为什么不同的人会对维护这个话题感到兴奋，或者至少是参与其中。我们经常以这样的问题开始对话：他们认为什么事物需要维护，为什么？他们自己维护过什么事物，或者说谁来给他们维护这些事物？在他们的生活中，谁可以称为模范维护者？

我们希望读者能明白，"维护者"并没有一套现成的方案来解决所有的问题。我们不相信存在这种一劳永逸的解决方案——如我们在本书前面看到的，我们文化之中的某些糟粕正来源于世界各地的顾问们一刀切式地激励创新和增长的做法。就像查克·马隆和其他人一样，我们认为这种"系统化"的技术手段误导了我们，导致我们忽视了生活中实实在在的、摆在眼前的现实。然而，我们可以互相学习，分享我们发现的对某些特定情况会有帮助的工具或方法。"维护者"是一个伟大的群体，在这里人们相互协作，致力于更好地做好维护工作。我们被这个问题的愿景和回答所激励：生活在一个充满关怀的世界里会是什么样子？

我们发现，从社会、组织和个人这三种行动尺度来考虑问题是最有帮助的。因此我们围绕这三种不同的行动尺度组织了第二部分与第三部分的内容，第4章和第9章侧重于社会层面；第5章和第8章侧重于组织层面；第6章和第10章讲的是个人所从事的工作；第7章和第11章讲的是人们在其个人生活和家庭中遇到的创新和维护问题。

这三种不同的行动尺度在两个对我们非常重要的例子中体现得淋漓尽致：首先是关于种族、贫困和对残疾者的不公正，其次是气候变化。而在这两个例子中，维护均起着至关重要的作用。在我们看来，这些是关乎生存的问题。如果在这些问题上不能取得进展，我们就有明确的理由担心我们社会的可持续性。

正如我们在这本书的其他部分中看到的，贫困或少数族裔聚居的社区通常维护得很差。和其他形式的财富一样，维护的分配也不均匀。真正的弱势群体往往连普通的现代技术设施都缺乏——就像我们在阿拉巴马州朗兹县看到的那样，那里缺乏安全可靠的供水系统，钩虫感染已经卷土重来。但即使他们能够使用现代设施，这些设施的维护也很糟糕。在纽约、华盛顿特区和其他主要城市的贫困社区，地铁站又丑又破。公共住房的居民需要等待数天甚至数周才能修好损坏的电梯。没落的公立学校系统中，学生们在屋顶漏水、锅炉破裂、铅油漆碎片随处可见的建筑里上课。贫穷的租户要面对拒绝维护他们房屋的房东，而贫穷的房主则缺乏避免房屋老化的手段。此外，正如残疾人权利活动人士告诉你的那样，维护不善的轮椅坡道和停用的电梯表明一个组织没有认真对待残疾人问题。

这样一来，无论公平正义看起来是什么样子，持续的维护和照顾均是其应有之义。

气候变化也是如此。有效应对气候变化将需要重大的技术变革，甚至是超出许多人理解的深刻变革。但同样，所有这些新技术都需要维护，而环境可持续发展运动只有在秉持维护思维的情况下才能取得成功。我们可以想象"绿色新政"或其他一些大型联邦计划，建立了一堆可再生能源项目，但却没能维持下去。我们希望国会的代表们在考虑数十亿美元的基础设施法案时能够了解这一现实情况——在我们分裂的党派政治中，这些法案一直被吹捧为各方最有可能达成妥协的领域之一。

绿色新政的积极分子和倡导者所提出的人类生存紧迫性指出了关于生

存本身的问题——当然，这不是一个令人愉快的话题，但这是所有负责任的成年人都应该思考的问题。当技术对人类产生危害时，我们首先想到的是应该停止维护，并想办法让它们尽快消失，例如把燃煤发电厂送进"临终关怀医院"、给煤矿提供"休克疗法"。但我们也可以寻找创造性的方法来重新利用这些系统设施及其空间以造福我们的生活，比如把以前的工业厂区开发成历史公园，或者把以前的铁路线开发成步道，就像纽约著名的高线公园一样。

我们需要共同努力解决困难，因为它们没有简单的答案：我们如何处理和支付当前由于延期维护问题而累积的巨额账单？我们如何调整联邦基础设施政策以帮助地方政府处理基础设施问题，而不是修建他们根本负担不起的系统设施给地方造成更大的负担？我们是否应该把获得清洁的水源、正常运转的电力和其他基本的现代化基础设施视为一项人权？我们如何改变我们的文化，使维护得到重视和关注，从而避免陷入同样的困境？我们如何确保维持我们社会正常运转的维护者能够得到社会的认同以及充分的补偿？我们如何帮助个人和家庭减轻那些影响着我们许多人的家庭维护和护理负担？正如我们所看到的，许多关于维护的问题给穷人、老人以及我们当中最不受关注的人带来了最大的压力，这令我们不禁发问：你希望你所爱的人如何生活和死去？你又想怎样生活和死去？如果我们告诉你我们知道这些基本问题的答案，那肯定是在撒谎。但这本书给了我们一个更好的启示——应该去哪里寻找答案。

而正在阅读这本书的你又希望这件事如何发展下去？请告诉我们——我们一直在倾听。

致　　谢

考虑到有太多的人在书稿的写作过程中提供了支持和帮助，作者们通常会在撰写致谢时流露出他们的无力感。所以你可以想象，当我们完成这本呼吁颂扬那些使得世界免于混乱和无序的维护者们的书时，我们有多么的不知所措。但我们仍然很高兴能在此感谢一路上曾帮助过我们的人。

Aeon 的高级编辑山姆·哈泽尔比（Sam Haselby），是首位帮助我们将有关维护者的稚嫩想法深化为一个严肃主题的人。而 Aevitas Creative 的劳伦·夏普（Lauren Sharp）鼓励我们把该项计划写成一本书，并引导我们进入商业出版的世界。我们已经记不清有多少次感谢过幸运女神能够让我们与 Currency 的天才编辑德里克·里德（Derek Reed）共事。同样幸运的是，我们能在生命中遇见"维护者"的联合总监杰西卡·迈耶森（Jessica Meyerson），他乐观、热情而又元气满满。我们非常感谢"维护者"的所有成员，无论是邮件列表上的联系人还是参加过会议的嘉宾，感谢他们提供了一个进一步发展和完善这些想法的社区。最后，为了这本书，我们采访了几十个人，在此对他们付出的时间和精力以及坦率的态度表达我们的感激。

　　帮助过我们的同行、朋友和同事实在太多了以至于难以一一列举，但我们从大卫·C·布洛克（David C. Brock）、珍妮·凯斯（Jenni Case）、朱莉安娜·卡斯特罗（Juliana Castro）、纳撒尼尔·康福特（Nathanial Comfort）、露丝·考恩（Ruth Cowan）、大卫·埃哲顿（David Edgerton）、布拉德·菲德勒（Brad Fidler）、尤利娅·弗鲁默（Yulia Frumer）、卢·加兰博斯（Lou Galambos）、塞思·哈尔沃森（Seth Halvorson）、约翰·霍根（John Horgan）、萨曼莎·克莱恩伯格（Samantha Kleinberg）、比尔·莱斯利（Bill Leslie）、斯科特·诺尔斯（Scott Knowles）、特蕾莎·麦克菲尔（Theresa MacPhail）、詹姆斯·E. 麦克莱伦三世（James E. McClellan III）、帕特里克·麦克雷（Patrick McCray）、贝瑟尼·诺维斯基（Bethany Nowviskie）、比尔·帕斯洛（Bill Parslow）、布拉德·帕斯洛（Brad Parslow）、菲尔·斯克兰顿（Phil Scranton）、布莱恩·肖（Brian Shaw）、埃里克·斯托茨（Eric Stotts）、史蒂文·乌塞尔曼（Steven Usselman）、海蒂·沃斯库尔（Heidi Voskuhl）和本·沃特豪斯（Ben Waterhouse）等人身上感受到了特别的温暖，向他们表示感谢！

　　安迪感谢他的父母拉里（Larry）和卡罗尔·拉塞尔（Carol Russell）的陪伴和支持；感谢他的妻子以及孩子莱斯利（Lesley）、里斯（Reese）和卡尔文（Calvin）为这个世界带来的欢乐。

　　李感谢他的妻子和孩子阿比盖尔（Abigail）、亨丽埃塔（Henrietta）和阿尔班（Alban），以及他可靠的宠物狗巴伦（Baron），他们的存在使他对生活充满了期待。

　　这本书的部分研究内容是李担任琳达霍尔图书馆的研究员时进行的，这是密苏里州堪萨斯城的一个科学与工程图书馆。我们非常感谢琳达·霍尔图书馆提供的研究支持以及对"维护者欢乐时光"（Maintainers Happy

Hours）的赞助。另外，特别感谢琳达·霍尔图书馆的本格·罗斯（Ben Gross）给予的指导、关心和鼓励。

本书献给所有那些维持世界上最为美好而必要的部分持续运作的维护者们，包括我们各自雇主的清洁和维护人员团队，维护和修理我们房屋的水管工、电工、屋顶工和其他技术工匠，保证我们身体健康的医务人员，以及维护我们习以为常的电力、污水处理、数据和交通系统正常运转的员工们，并献给我们的知识家园——技术史学会（Society for the History of Technology），也是这项工作开始的地方。

注　　释

第 1 章　创新带来的问题

1. Malcolm Gray, "Hidden Threats from Underground," *Maclean's,* September 1, 1986, 83.

2. Henry Blodget, "Mark Zuckerberg on Innovation," *Business Insider,* October 1, 2009, https://www.businessinsider.com/mark-zuckerberg -innovation-2009-10. In full Zuckerberg said, "One of the core values of Facebook is 'Move fast.' And we used to write this down by saying, 'Move fast and break things.' And the idea was, unless you are breaking some stuff you are not moving fast enough." Within ten years, Zuckerberg was apologizing to lawmakers in the United States and Europe on account of Facebook's abuse of customer privacy.

3. Peter Manzo, "Fail Faster, Succeed Sooner," *Stanford Social Innovation Review,* September 23, 2008, https://ssir.org/articles/entry/fail_faster _succeed_sooner.

4. Jonathan M. Ladd, Joshua A. Tucker, and Sean Kates, "2018 American Institutional Confidence Poll," Baker Center for Leadership and Governance, Georgetown University, https://bakercenter.georgetown.edu /aicpoll/.

5. Jim VandeHei, "Bring on a Third-Party Candidate," *Wall Street Journal,* April 25, 2016.

6. https://news.gallup.com/poll/1678/most-admired-man-woman.aspx.

7. Dominic Basulto, "The New #Fail: Fail Fast, Fail Early and Fail

Often," *Washington Post,* May 30, 2012, https://www.washingtonpost.
-com/blogs/innovations/post/the-new-fail-fail-fast-fail-early-and-fail
-often/2012/05/30/gJQAKA891U_blog.html.

8. Nadeem Muaddi, "Florida University Used Time-Saving Technology to
Build Its Collapsed Bridge," CNN, March 16, 2018, https://www.cnn.
com/2018/03/15/us/fiu-bridge-collapse-accelerated-bridge-construction
/index.html; Alan Gomez, "Miami Bridge Collapsed as Cables Were
Being Tightened Following 'Stress Test,'" *USA Today,* March 16, 2018.

9. Elizabeth C. Hirschman, "Cocaine as Innovation: A Social-Symbolic
Account," in *NA—Advances in Consumer Research,* vol. 19, ed. John F.
Sherry, Jr., and Brian Sternthal (Provo, Utah: Association for Consumer
Research, 1992): 129–139 ; Andrew Golub and Bruce D. Johnson, "The
Crack Epidemic: Empirical Findings Support an Hypothesized Diffu-
sion of Innovation Process," *Socio-Economic Planning Sciences* 30, no. 3
(September 1996), 221–231.

10. Art Van Zee, "The Promotion and Marketing of OxyContin: Commer-
cial Triumph, Public Health Tragedy," *American Journal of Public
Health* 99, no. 2 (February 2009), 221–227.

11. Anushay Hossain, "Can an App Solve Racism? This Entrepreneur Says
It Can," *Forbes,* September 5, 2016; Stephanie Marcus, "5 iPhone Apps
to Help Fight Poverty," *Mashable,* September 16, 2010, https://mashable
.com/2010/09/16/apps-fight-poverty/.

12. Robert Gordon, *The Rise and Fall of American Growth: The U.S. Stan-
dards of Living Since the Civil War* (Princeton: Princeton University
Press, 2017). See also Nicholas Bloom, Charles I. Jones, John Van Re-
enen, and Michael Webb, "Are Ideas Getting Harder to Find?" *Ameri-
can Economic Review* (forthcoming), and Patrick Collison and Michael
Nielsen, "Science Is Getting Less Bang for Its Buck," *The Atlantic,* No-
vember 16, 2018.

13. Guglielmo Mattioli, "What Caused the Genoa Bridge Collapse—and
the End of an Italian National Myth?" *Guardian,* February 26, 2019.

14. Drake Baer, "Mark Zuckerberg Explains Why Facebook Doesn't 'Move
Fast and Break Things' Anymore," *Business Insider,* May 2, 2014, https://
www.businessinsider.com/mark-zuckerberg-on-facebooks-new-motto
-2014-5.

15. One reason the idea resonated was because scholars in a variety of disci-
plines had published widely on the subjects of maintenance, infrastruc-
ture, and repair. Their work was and continues to be a source of
vibrancy and inspiration. For a sampling, start with Ruth Schwartz
Cowan, *More Work for Mother: The Ironies of Household Technology from
the Open Hearth to the Microwave* (New York: Basic Books, 1983); Chris-

topher R. Henke, "The Mechanics of Workplace Order: Toward a Sociology of Repair," *Berkeley Journal of Sociology* 44 (1999–2000): 55–81; Pierre Claude Reynard, "Unreliable Mills: Maintenance Practices in Early Modern Papermaking," *Technology and Culture* 40, no. 2 (1999), 237–262; Stephen Graham and Nigel Thrift, "Out of Order: Understanding Repair and Maintenance," *Theory, Culture & Society* 24, no. 3 (2007), 1–25; Kevin L. Borg, *Auto Mechanics: Technology and Expertise in Twentieth-Century America* (Baltimore: Johns Hopkins University Press, 2007); David Edgerton, *The Shock of the Old: Technology and Global History Since 1900* (London: Profile Books, 2007); Steven J. Jackson, "Rethinking Repair," in *Media Technologies: Essays on Communication, Materiality, and Society,* ed. Tarleton Gillespie, Pablo Boczkowski, and Kirsten Foot (Cambridge, Mass.: MIT Press, 2014),221–240;and Jérôme Denis and David Pontille, "Material Ordering and the Care of Things," *Science, Technology, & Human Values* 40, no. 3 (2015), 338–367; as well as the papers and presentations collected from the conferences and gatherings hosted by The Maintainers, available under the "Events" tab at themaintainers.org.

第 2 章　将焦虑转化成产品：创新语言的简要历史

1. Christine MacLeod, *Heroes of Invention: Technology, Liberalism and British Identity, 1750–1914* (New York: Cambridge University Press, 2007); Joel Mokyr, *A Culture of Growth: The Origins of the Modern Economy* (Princeton, N.J.: Princeton University Press, 2016).

2. MacLeod, 1.

3. Angela Lakwete, *Inventing the Cotton Gin: Machine and Myth in Antebellum America* (Baltimore: Johns Hopkins University Press, 2005).

4. W. Patrick McCray, "It's Not All Lightbulbs," *Aeon,* October 12, 2016, https://aeon.co/essays/most-of-the-time-innovators-don-t-move-fast-and-break-things.

5. William S. Pretzer, "Introduction: The Meanings of the Two Menlo Parks," in *Working at Inventing: Thomas A. Edison and the Menlo Park Experience* (Baltimore: Johns Hopkins University Press, 2002), 12–31.

6. David C. Mowery and Nathan Rosenberg, *Paths of Innovation: Technological Change in 20th-Century America* (New York: Cambridge University Press, 1999), 4–5.

7. Citation figures come from Google Scholar. Solow, Robert M. "Technical Change and the Aggregate Production Function." *The Review of Economics and Statistics* (1957), 312–320.

8. U.S. Department of Commerce, Panel on Invention and Innovation,

Technological Innovation: Its Environment and Management (Washington, D.C.: U.S. Government Printing Office, 1967), 3, 81.

9. Daniel V. De Simone, *Education for Innovation* (Elsevier Science & Technology, 1968), 1.

10. De Simone, 2.

11. National Science Foundation, National Planning Association, *Proceedings of a Conference on Technology Transfer and Innovation* (Washington, D.C.: Government Printing Office, 1967).

12. Jill Lepore, "The Disruption Machine: What the Gospel of Innovation Gets Wrong," *New Yorker,* June 16, 2014.

13. Edward N. Wolff's *Top Heavy: The Increasing Inequality of Wealth in America and What Can Be Done about It* (New York: New Press, 1996) was an early work that noticed and examined rising inequality.

14. Chris Kirk and Will Oremus, "A World Map of All the 'Next Silicon Valleys,'" *Slate,* December 19, 2013, http://www.slate.com/articles /technology/the_next_silicon_valley/2013/12/all_the_next_silicon _valleys_a_world_map_of_aspiring_tech_hubs.html.

15. Lepore, "The Disruption Machine." See also Andrew A. King and Baljir Baatartogtokh, "How Useful Is the Theory of Disruptive Innovation?" *MIT Sloan Management Review* 57, no. 1 (Fall 2015), 77–90; Evan Goldstein, "The Undoing of Disruption," *Chronicle of Higher Education,* September 15, 2015; "The Myth of 'Disruptive Innovation,'" Robert H. Smith School of Business, September 15, 2015, https://www.rhsmith .umd.edu/news/myth-disruptive-innovation.

16. Richard Florida, *The Rise of the Creative Class, Revisited,* 10th anniversary edition (New York: Basic Books, 2012), 38.

17. The journalist Frank Bures has put together an excellent synthesis of critiques of Florida's "Creative Class" thesis: "Richard Florida Can't Let Go of His Creative Class Theory. His Reputation Depends on It," *BELT Magazine,* December 13, 2017, https://beltmag.com/richard-florida-cant -let-go/. See also Frank Bures, "The Fall of the Creative Class," *BELT Magazine,* June 15, 2012, https://beltmag.com/fall-of-the-creative-class.

18. Florida, 47.

19. Sam Wetherell, "Richard Florida Is Sorry," *Jacobin,* August 19, 2017, https://jacobinmag.com/2017/08/new-urban-crisis-review-richard-florida.

20. Tom Kelley and David Kelley, "Why Designers Need Empathy," *Slate,* November 8, 2013, https://slate.com/human-interest/2013/11/empathize -with-your-end-user-creative-confidence-by-tom-and-david-kelley. html.

21. Lilly Irani, "'Design Thinking': Defending Silicon Valley at the Apex of Global Labor Hierarchies," *Catalyst* 4, no. 1 (2018).

22. Peter N. Miller, "Is 'Design Thinking' the New Liberal Arts?" *The Chronicle of Higher Education,* March 26, 2015.

23. Natasha Jen, "Design Thinking Is Bullshit," 99U Conference 2017, https://99u.adobe.com/videos/55967/natasha-jen-design-thinking-is -bullshit.

24. Miller, "Is 'Design Thinking' the New Liberal Arts?"

第3章　创新之后的技术：为什么维护难以避免，

然而往往会被忽视

1. Brian X. Chen, "The Biggest Tech Failures and Successes of 2017," *New York Times,* December 13, 2017.

2. We are drawing on foundational accounts from David F. Noble, *America by Design: Science, Technology, and the Rise of Corporate Capitalism* (New York: Oxford University Press, 1979); Edwin T. Layton, *The Revolt of the Engineers: Social Responsibility and the American Engineering Profession* (Baltimore: Johns Hopkins University Press, 1986); Leo Marx, "'Technology': The Emergence of a Hazardous Concept," *Social Research* 64, no. 4 (1997), 965–988; Ruth Oldenziel, *Making Technology Masculine: Men, Women and Modern Machines in America, 1870–1945* (Amsterdam: Amsterdam University Press, 1999); David Edgerton, *The Shock of the Old: Technology and Global History Since 1900* (London: Profile Books, 2007); Paul Nightingale, "What Is Technology? Six Definitions and Two Pathologies," SPRU—Science Policy Research Unit, University of Sussex Business School, 2014, https://ideas.repec.org/p/sru /ssewps/2014-19.html; Eric Schatzberg, *Technology: Critical History of a Concept* (Chicago: University of Chicago Press, 2018).

3. Ursula K. Le Guin, "A Rant about 'Technology,'" 2004, http://www. ursulakleguinarchive.com/Note-Technology.html.

4. Daniel Abramson, *Obsolescence: An Architectural History* (Chicago: University of Chicago Press, 2016).

5. Juliette Spertus and Valeria Mogilevich, "Super Strategies," *Urban Omnibus,* March 29, 2017, https://urbanomnibus.net/2017/03/super -strategies/; Jillian Steinhauer, "How Mierle Laderman Ukeles Turned Maintenance Work into Art," *Hyperallergic,* February 10, 2017, https:// hyperallergic.com/355255/how-mierle-laderman-ukeles-turned -maintenance-work-into-art/.

6. Aryn Martin, Natasha Myers, and Ana Viseu, "The Politics of Care in Technoscience," *Social Studies of Science* 45, no. 5 (2015), 625–641; Michelle Murphy, "Unsettling Care: Troubling Transnational Itineraries of Care in Feminist Health Practices," *Social Studies of Science* 45, no. 5 (2015), 717–737; Sarah Leonard and Nancy Fraser, "Capitalism's Crisis of

Care," *Dissent* (Fall 2016), https://www.dissentmagazine.org/article /nancy fraser-interview-capitalism-crisis-of-care.

7. U.S. Census 2010, *Population and Housing Unit Counts,* September 2012, table 10, https://www.census.gov/prod/cen2010/cph-2-1.pdf.

8. *Oxford English Dictionary,* s.v. "mechanic."

9. *Proceedings of the Roadmasters and Maintenance of Way Association* 24, 97–100.

10. Scott Reynolds Nelson, *Steel Drivin' Man: John Henry; The Untold Story of an American Legend* (New York: Oxford University Press, 2006), 109.

11. Kevin L. Borg, *Auto Mechanics: Technology and Expertise in Twentieth-Century America* (Baltimore: Johns Hopkins University Press, 2007).

12. Lawrence R. Dicksee, *Comparative Depreciation Tables* (London: Gee and Co., 1895); Ewing Matheson, *The Depreciation of Factories, Mines, and Industrial Undertakings and Their Valuation* (London: E. & F. N. Spon, 1893).

13. Federal Highway Administration, *Deferred Maintenance: Roadside Vegetation and Drainage Facilities*, report no. FHWA-RD-77-502 (August 1977), 1.

14. Federal Highway Administration, 40–41.

15. Robert Bond Randall, *Vibration-Based Condition Monitoring: Industrial, Aerospace and Automotive Applications* (Hoboken, N.J.: Wiley, 2011), xi.

16. "List of Vendors and Computerized Maintenance Management," in Terry Wireman, *Computerized Maintenance Management Systems* (New York: Industrial Press, 1986).

第 4 章　缓慢而至的灾难：忽视维护对基础设施造成的影响

1. Associated Press, "Feds: Poor Maintenance Led to Fatal DC Subway Fire," May 3, 2016.

2. NTSB, "Washington Metropolitan Area Transit Authority L'Enfant Plaza Station Electrical Arcing and Smoke Accident, Washington, D.C., January 12, 2015," NTSB/RAR-16/01, May 3, 2016, https://www.ntsb. gov/investigations/AccidentReports/Reports/RAR1601.pdf.

3. NTSB, "Ineffective Inspection, Maintenance Practices, Oversight Led to Washington Metrorail Fatal Accident," news release, May 3, 2016, https://www.ntsb.gov/news/press-releases/Pages/PR20160503.aspx.

4. Faiz Siddiqui, "Can Metro Trains Return to Automation? It's a $1 Million Question," *Washington Post,* June 9, 2018.

5. Justin George, "Returning to an Autopilot System Is Not in Metro's Plans for at Least Five Years, Safety Commission Says," *Washington Post,* December 10, 2019.

6. Robert McCartney and Paul Duggan, "Metro Sank into Crisis Despite Decades of Warnings," *Washington Post,* April 24, 2016.
7. Brian M. Rosenthal, Emma G. Fitzsimmons, and Michael LaForgia, "How Politics and Bad Decisions Starved New York's Subways," *New York Times,* November 18, 2017.
8. Jason Lange and Katanga Johnson, "Crumbling Bridges? Fret Not America, It's Not That Bad," Reuters, January 31, 2018, https://www. reuters.com/article/us-usa-trump-bridges/crumbling-bridges-fret-not -america-its-not-that-bad-idUSKBN1FK0J0.
9. Pat Choate and Susan Walter, *America in Ruins: The Decaying Infrastructure* (Durham, N.C.: Duke University Press, 1981), 1–3.
10. As quoted in Henry Petroski, *The Road Taken: The History and Future of America's Infrastructure* (New York: Bloomsbury, 2016), 15. This and the following two paragraphs draw heavily on Petroski's history of infrastructure reports.
11. National Council on Public Works Improvement, *Fragile Foundations: A Report on America's Public Works* (Washington, D.C., 1988), 7–8.
12. National Council on Public Works Improvement, 120.
13. National Council on Public Works Improvement, 6.
14. ASCE, "Report Card History," https://www.infrastructurereportcard. org/making-the-grade/report-card-history/.
15. ASCE, "Report Card History."
16. Charles Marohn, "My Journey from Free Market Ideologue to Strong Towns Advocate," Strong Towns blog, July 1, 2019, https://www strongtowns.org/journal/2019/7/1/my-journey-from-free-market. -ideologue-to-strong-towns-advocate.
17. Charles Marohn, "My Journey from Free Market Ideologue to Strong Towns Advocate."
18. Congressional Budget Office, *Public Spending on Transportation and Water Infrastructure, 1956 to 2014,* March 2015, 11, https://www.cbo.gov/sites /default/files/114th-congress-2015-2016/reports/49910-infrastructure.pdf.
19. Congressional Budget Office, 13.
20. Charles Marohn, "A Letter to POTUS on Infrastructure," Strong Towns blog, December 11, 2017, https://www.strongtowns.org/journal /2017/12/11/a-letter-to-potus-on-infrastructure.
21. Charles Marohn, "The Real Reason Your City Has No Money," Strong Towns blog, January 10, 2017, https://www.strongtowns.org/journal /2017/1/9/the-real-reason-your-city-has-no-money.
22. Charles Marohn, "Part 2: Mechanisms of Growth," Strong Towns blog, January 22, 2015, https://www.strongtowns.org/journal/2015/1/14 /mechanisms-of-growth.

23. Charles Marohn, "Can You Be an Engineer and Speak Out for Reform?" Strong Towns blog, February 4, 2015, https://www.strongtowns org/journal/2015/2/3/can-you-be-an-engineer-and-speak-out-for. -reform.

24. Population estimates come from making inferences from M. B. Pell and Joshua Schneyer, "Thousands of U.S. Areas Afflicted with Lead Poisoning beyond Flint's," *Scientific American,* December 19, 2016.

25. Connor Sheets, "UN Poverty Official Touring Alabama's Black Belt: 'I Haven't Seen This' in the First World," AL.com, December 8, 2017, https://www.al.com/news/2017/12/un_poverty_official_touring_al.html.

26. Carlos Ballesteros, "Alabama Has the Worst Poverty in the Developed World, U.N. Official Says," *Newsweek,* December 10, 2017.

27. Ed Pilkington, "Hookworm, a Disease of Extreme Poverty, Is Thriving in the US South. Why?," *Guardian,* September 5, 2017.

28. Pilkington, "Hookworm."

第 5 章 不惜一切代价的增长：创新者的商业迷思

1. George Bradt, "GE CEO Jeff Immelt's Long-Term View 10 Years In," *Forbes,* September 7, 2011; Jeffrey R. Immelt, "The Importance of Growth," GE Reports, June 17, 2015, https://www.ge.com/reports /post/121765814053/immelt-importance-of-growth/.

2. Steve Lohr, "G.E., the 124-Year-Old Software Start-Up," *New York Times,* August 27, 2016; Thomas Kellner, "GE Chairman and CEO Jeff Immelt's Annual Letter to GE Shareholders: 2014," GE Reports, March 16, 2015, https://www.ge.com/reports/post/113784948030/ge-chairman -and-ceo-jeff-immelts-annual-letter-to/.

3. Eli Cook, *The Pricing of Progress: Economic Indicators and the Capitalization of American Life* (Cambridge, Mass.: Harvard University Press, 2017), 16. On productivity and growth, see also Robert J. Gordon, *The Rise and Fall of American Growth: The U.S. Standard of Living since the Civil War* (Princeton, N.J.: Princeton University Press, 2016), and Robert M. Collins, *More: The Politics of Economic Growth in Postwar America* (New York: Oxford University Press, 2002).

4. Yessenia Funes, "California Power Company Tied to Last Year's Deadly Camp Fire Is Filing for Bankruptcy," Gizmodo, January 14, 2019, https://earther.gizmodo.com/california-power-company-tied-to-last -year-s-deadly-cam-1831733903; Raquel Maria Dillon, "Judge: PG&E Paid Out Stock Dividends Instead of Trimming Trees," KQED, April 2, 2019, https://www.kqed.org/news/11737336/judge-pge-paid-out-stock -dividends-instead-of-trimming-trees; Katherine Blunt and Russell

Gold, "PG&E Knew for Years Its Lines Could Spark Wildfires, and Didn't Fix Them," *Wall Street Journal,* July 10, 2019; J. D. Morris, "PG&E Is Less Than One-Third Done with Its 2019 Tree-Trimming Work," *San Francisco Chronicle,* October 1, 2019; Emma Newburger, " 'There Are Lives at Stake': PG&E Criticized over Blackouts to Prevent California Wildfires," CNBC, October 23, 2019, https://www.cnbc.com /2019/10/23/pge-rebuked-over-imposing-blackouts-in-california-to -reduce-fire-risk.html.

5. Cody Ogden, "Google Graveyard—Killed by Google," https://killedby google.com/.

6. Natalie Kitroeff and David Gelles, "Claims of Shoddy Production Draw Scrutiny to a Second Boeing Jet," *New York Times,* April 20, 2019.

7. "Letter from Tim Cook to Apple Investors," Apple.com, January 2, 2019, https://www.apple.com/newsroom/2019/01/letter-from-tim-cook -to-apple-investors/.

8. Michael Sokolove, "How to Lose $850 Million—and Not Really Care," *New York Times,* June 9, 2002.

9. Peter Cohan, "Why Stack Ranking Worked Better at GE Than Micro- soft," *Forbes,* July 13, 2012.

10. Drake Bennett, "How GE Went from American Icon to Astonishing Mess," *Bloomberg Businessweek,* February 1, 2018.

11. James B. Stewart, "Did the Jack Welch Model Sow Seeds of G.E.'s De- cline?," *New York Times,* June 15, 2017; Jeff Spross, "The Fall of GE," *The Week,* March 19, 2018.

12. ASCE, "2017 Infrastructure Report Card: Schools," https://www .infrastructurereportcard.org/cat-item/schools/.

13. "Moody's—US Higher Education Outlook Remains Negative on Low Tuition Revenue Growth," Moody's, December 5, 2018, https://www . moodys.com/research/Moodys-US-higher-education-outlook-remains -negative-on-low-tuition—PBM_1152326.

14. See Christopher Newfield, *The Great Mistake: How We Wrecked Public Universities and How We Can Fix Them* (Baltimore: Johns Hopkins Uni- versity Press, 2016); Elizbeth Popp Berman, *Creating the Market Univer- sity: How Academic Science Became an Economic Engine* (Princeton, N.J.: Princeton University Press, 2011); Paul Nightingale and Alex Coad, "The Myth of the Science Park Economy," *Demos Quarterly,* issue 2 (Spring 2014).

15. Matthew Lynch, "Chronicling the Biggest EdTech Failures of the Last Decade," Tech Advocate, July 10, 2019, https://www.thetechedvocate . org/chronicling-the-biggest-edtech-failures-of-the-last-decade/.

16. Jill Barshay, "Research Shows Lower Test Scores for Fourth Graders

Who Use Tablets in Schools," Hechinger Report, June 10, 2019, https://hechingerreport.org/research-shows-lower-test-scores-for-fourth-graders-who-use-tablets-in-schools/.

17. Christo Sims, "How Idealistic High-Tech Schools Often Fail to Help Poor Kids Get Ahead," Zócalo Public Square, June 13, 2019, https://www.zocalopublicsquare.org/2019/06/13/how-idealistic-high-tech-schools-often-fail-to-help-poor-kids-get-ahead/ideas/essay/.

18. Christo Sims, *Disruptive Fixation: School Reform and the Pitfalls of Techno-Idealism* (Princeton, N.J.: Princeton University Press 2017), 11; Audrey Watters, "The 100 Worst Ed-Tech Debacles of the Decade," Hack Education, December 31, 2019, http://hackeducation.com/2019/12/31/what-a-shitshow.

19. Morgan G. Ames, *The Charisma Machine: The Life, Death, and Legacy of One Laptop per Child* (Cambridge, Mass.: MIT Press, 2019); Marc Tracy and Tiffany Hsu, "Director of M.I.T.'s Media Lab Resigns After Taking Money from Jeffrey Epstein," *New York Times,* September 7, 2019.

20. Roderic N. Crooks, "The Coded Schoolhouse: One-to-One Tablet Computer Programs and Urban Education" (PhD diss., UCLA, 2016).

21. Max Roser, Hannah Ritchie, and Bernadeta Dadonaite, "Child & Infant Mortality," Our World in Data, 2019, https://ourworldindata.org/child-mortality.

22. Lisa Rapaport, "U.S. Health Spending Twice Other Countries' with Worse Results," Reuters, March 13, 2018, https://www.reuters.com/article/us-health-spending/u-s-health-spending-twice-other-countries-with-worse-results-idUSKCN1GP2YN.

23. FDA, Office of Orphan Products Development, Orphan Drug Designation and Approval Database, https://www.accessdata.fda.gov/scripts/opdlisting/oopd/.

第 6 章 维护人员的"种姓魔咒":地位不同,工作不同

1. Deborah M. Gordon, "Dynamics of Task Switching in Harvester Ants," *Animal Behaviour* 38, no. 2 (1989): 194–204.

2. Anuradha Nagaraj, "Activist Helping Lower Castes in India Forced to Clean Toilet Feces by Hand," *HuffPost,* July 28, 2016, https://www.huffpost.com/entry/activist-helping-lower-castes-in-india-forced-to-clean-toilet-feces-by-hand_n_579a28b7e4b02d5d5ed4ab7d.

3. Associated Press, "The 'Untouchables' of Yemen Caught in Crossfire of War," Fox News, May 17, 2016, https://www.foxnews.com/world/the-untouchables-of-yemen-caught-in-crossfire-of-war.

4. Melanie Mills, Shirley K. Drew, and Bob M. Gassaway, introduction to

Dirty Work: The Social Construction of Taint (Waco, Tex.: Baylor University Press, 2007), 1.

5. Kevin L. Borg, *Auto Mechanics: Technology and Expertise in Twentieth-Century America* (Baltimore: Johns Hopkins University Press, 2007).

6. John Levi Martin, "What Do Animals Do All Day?: The Division of Labor, Class Bodies, and Totemic Thinking in the Popular Imagination," *Poetics* 27 (2000), 195–231.

7. Carl Hendrick, "Why Schools Should Not Teach General Critical-Thinking Skills," *Aeon*, December 5, 2016, https://aeon.co/ideas/why -schools-should-not-teach-general-critical-thinking-skills.

8. David Edgerton, *The Shock of the Old: Technology and Global History Since 1900* (New York: Oxford University Press, 2011).

9. Barry Boehm, an early authority on software engineering, published a study in 1976 that included data from General Motors, the telecommunications firm GTE, and two U.S. Air Force units. Together, they reported that maintenance was responsible for between 60 and 80 percent of the overall costs of software; see B. W. Boehm, "Software Engineering," *IEEE Transactions on Computers* 25, no. 12 (1976), 1226–1241.

10. Trent Hamm, "Why You Should Consider Trade School Instead of College," The Simple Dollar, January 24, 2019, https://www.thesimpledollar. com/investing/college/why-you-should-consider-trade-school-instead -of-college/.

11. Email from Melinda Hodkiewicz, June 5, 2017.

12. Matthew Yglesias, "The 'Skills Gap' Was a Lie," Vox, January 7, 2019, https://www.vox.com/2019/1/7/18166951/skills-gap-modestino-shoag -ballance.

13. Borg, *Auto Mechanics*, 5.

14. Kari Paul, "Division of Labor Is a Big Problem at Work: Women Are Asked to Do 'Office Housework' by Their Male Co-workers," MarketWatch, May 12, 2019, https://www.marketwatch.com/story/already-paid -less-than-men-women-are-still-asked-to-do-the-office-housework-2018 -10-08.

15. Charles Taylor, "The Politics of Recognition," in *Multiculturalism: Examining the Politics of Recognition*, ed. Amy Gutmann (Princeton, N.J.: Princeton University Press, 1994), 25–73.

16. Verónica Caridad Rabelo and Ramaswami Mahalingam, " 'They Really Don't Want to See Us': How Cleaners Experience Invisible 'Dirty' Work," *Journal of Vocational Behavior* 113 (2019), 103–114.

17. "2019 Health & Human Services Poverty Guidelines," Paying for Senior Care, May 2019, https://www.payingforseniorcare.com/longtermcare /federal-poverty-level.html.

18. "What Is the Current Poverty Rate in the United States?" Center for Poverty Research, University of California, Davis, October 15, 2018, https://poverty.ucdavis.edu/faq/what-current-poverty-rate-united-states.

第 7 章　护理危机：我们个人生活中的"维护"

1. YouGov, September 10, 2013, http://cdn.yougov.com/cumulus_uploads /document/ypg8eyjbsv/tabs_skincare_0910112013.pdf.
2. Kaitlyn McLintock, "The Average Cost of Beauty Maintenance Could Put You through Harvard," Byrdie, June 26, 2017, https://www.byrdie . com/average-cost-of-beauty-maintenance.
3. Cass R. Sunstein, "It Captures Your Mind," *New York Review of Books,* September 26, 2013.
4. "Weight Management," Boston Medical Center, https://www.bmc.org /nutrition-and-weight-management/weight-management; Michael Hobbes, "Everything You Know about Obesity Is Wrong," *Highline,* September 19, 2018, https://highline.huffingtonpost.com/articles/en /everything-you-know-about-obesity-is-wrong/.
5. Evelyn Nakano Glenn, *Forced to Care: Coercion and Caregiving in America* (Cambridge, Mass.: Harvard University Press, 2012), 2; A. W. Geiger, Gretchen Livingston, and Kristen Bialik, "6 Facts about U.S. Moms," Pew Research Center, May 8, 2019, https://www.pewresearch.org/fact -tank/2019/05/08/facts-about-u-s-mothers/.
6. Glenn, 3.
7. Glenn, 4.
8. Nancy Fraser, "Contradictions of Capital and Care," *New Left Review* 100 (2016).
9. Claire Cain Miller, "How Same-Sex Couples Divide Chores, and What It Reveals about Modern Parenting," *New York Times,* May 16, 2018.
10. "Average Size of US Homes, Decade by Decade," Newser, May 29, 2016, https://www.newser.com/story/225645/average-size-of-us-homes -decade-by-decade.html.
11. Jessica Guerin, "Americans Are Way More in Debt Now Than They Were after the Financial Crisis," HousingWire, February 12, 2019, https://www.housingwire.com/articles/48162-americans-are-way-more -in-debt-now-than-they-were-after-the-financial-crisis.
12. Veronica Mosqueda and Rob Wohl, "A Columbia Heights Rent Strike Highlights Abuses Low-Income Tenants Face in DC," Greater Greater Washington, April 3, 2019, https://ggwash.org/view/71558/a-columbia -heights-rent-strike-highlights-abuses-tenants-face-in-dc.
13. Rosalind Williams in *The Durability Factor: A Guide to Finding Long-*

Lasting Cars, Housing, Clothing, Appliances, Tools, and Toys, ed. Roger B. Yepsen, Jr. (Emmaus, PA: Rodale Press, 1982), 12.

14. K. E. McFadden, "Garagecraft: Tinkering in the American Garage" (PhD diss., University of South Carolina, 2018), 31.

15. Patrick Sisson, "Self-Storage: How Warehouses for Personal Junk Became a $38 Billion Industry," Curbed, March 27, 2018, https://www.curbed.com/2018/3/27/17168088/cheap-storage-warehouse-self-storage-real-estate.

16. Arielle Bernstein, "Marie Kondo and the Privilege of Clutter," *Atlantic,* March 25, 2016.

17. Antonio Villas-Boas, "Apple Quoted Me $1,500 to Repair a MacBook Pro, So I Paid Less Than $500 at an 'Unauthorized' Apple Repair Shop Instead," *Business Insider,* December 16, 2018, https://www.businessinsider.com/apple-macbook-pro-repair-quote-unauthorized-2018-12.

18. Kyle Wiens, "The New MacBook Pro: Unfixable, Unhackable, Untenable," *Wired,* June 14, 2012; Caroline Haskins, "AirPods Are a Tragedy," *Motherboard,* May 6, 2019, https://www.vice.com/en_us/article/neaz3d/airpods-are-a-tragedy.

19. Jason Farman, "Repair and Software: Updates, Obsolescence, and Mobile Culture's Operating Systems," *Continent* 6.1 (2017), http://www.continentcontinent.cc/index.php/continent/article/view/275.

第 8 章　维护心态：复兴关注文化

1. Wei Lin Koo and Tracy Van Hoy, "Determining the Economic Value of Preventive Maintenance," Jones Lang LaSalle, https://gridium.com/wp-content/uploads/economic-value-of-preventative-maintenance.pdf.

2. Augury, "Case Study: Large Home Appliance, Refrigerator Manufacturing Facility," http://info.augury.com/Appliance-Manufacturing-Case-Study-WEB-pdf.html, and Augury, "Case Study: Medical Device Manufacturing Facility," http://info.augury.com/Hologic-Case-Study-Augury-pdf.html.

3. Andrea Goulet, email to Andrew Russell, November 16, 2017.

4. Netflix Technology Blog, "The Netflix Simian Army," Medium, July 19, 2011, https://medium.com/netflix-techblog/the-netflix-simian-army-16e57fbab116. See also "The Origin of Chaos Monkey: Why Netflix Needed to Create Failure," Gremlin, October 16, 2018, https://www.gremlin.com/chaos-monkey/the-origin-of-chaos-monkey/.

5. Congressional Budget Office, "Trends in Spending by the Department of Defense for Operation and Maintenance," January 5, 2017, https://www.cbo.gov/publication/52156.

6. Nicolas Niarchos, "How the U.S. Is Making the War in Yemen Worse," *New Yorker,* January 15, 2018.

7. Congressional Budget Office, "The Depot-Level Maintenance of DoD's Combat Aircraft: Insights for the F-35," February 16, 2018, https://www.cbo.gov/publication/53543; Congressional Budget Office, "Trends in Spending by the Department of Defense for Operation and Maintenance."

8. ISO 55000:2014(en) "Asset Management—Overview, Principles and Terminology," https://www.iso.org/obp/ui/#iso:std:iso:55000:ed-1:v2:en.

9. "Corporate Social Responsibility," Fiix, https://www.fiixsoftware.com/csr/; Craig Daniels, "How One CEO Hardwired His Company for Good," Communitech News, May 24, 2018, https://news.communitech.ca/how-one-ceo-hardwired-his-company-for-good/.

10. Julie E. Wollman, "A Burst Pipe Brings a Flood of Insights for a University President," *Chronicle of Higher Education,* April 23, 2019.

11. "Computerized Maintenance Management System (CMMS) Software Market 2019 Global Industry—Key Players, Size, Trends, Opportunities, Growth Analysis and Forcecast to 2025," press release, MarketWatch, February 7, 2019, https://www.marketwatch.com/press-release/computerized-maintenance-management-system-cmms-software-market-2019-global-industry—key-players-size-trends-opportunities-growth-analysis-and-forecast-to-2025-2019-02-07.

12. Grand View Research, "Industrial IoT Market Size Worth $949.42 Billion by 2025," June 2019, https://www.grandviewresearch.com/press-release/global-industrial-internet-of-things-iiot-market.

13. Steve Lohr, "G.E., the 124-Year-Old Software Start-Up," *New York Times,* August 27, 2016.

14. "Bringing Maintenance into the Fourth Industrial Revolution," *Manufacturers' Monthly,* December 17, 2018.

15. "Business Roundtable Supports Move Away from Short-Term Guidance," https://www.businessroundtable.org/archive/media/news-releases/business-roundtable-supports-move-away-short-term-guidance.

第 9 章　先尝试修理：修复我们破损的基础设施

1. Kim Dacey, "Report Says Water Affordability Is Race Issue in Baltimore," WBAL-TV, June 12, 2019, https://www.wbaltv.com/article/water-affordability-a-race-issue-in-baltimore-report/27921606#.

2. Daniel Bush, "What Would It Take to Fix America's Crumbling Infrastructure?" *PBS NewsHour,* January 8, 2018, https://www.pbs.org

/newshour/economy/making-sense/what-would-it-take-to-fix-americas
-crumbling-infrastructure.

3. Bipartisan Policy Center, "Bridging the Gap Together: A New Model to Modernize U.S. Infrastructure," May 2016, https://bipartisanpolicy.org /wp-content/uploads/2019/03/BPC-New-Infrastructure-Model.pdf.

4. Bipartisan Policy Center, 44.

5. Jill Eicher, "Some Love for the Infrastructure We Already Have," Governing, February 4, 2019, https://www.governing.com/gov-institute /voices/col-infrastructure-deferred-maintenance-balance-sheets -financial-reports.html.

6. Charles L. Marohn, "Misunderstanding Mobility" in *Thoughts on Building Strong Towns,* vol. 1 (CreateSpace Independent Publishing Platform, 2012), 48–75.

7. Marc Reisner, *Cadillac Desert: The American West and Its Disappearing Water* (New York: Penguin, 1993), 3.

8. Seki, "Managing Maintenance on the Tokaido Shinkansen," *Railway Gazette International,* August 1, 2003.

9. Christopher Ingraham, "The Sorry State of Amtrak's On-Time Performance, Mapped," *Washington Post,* July 10, 2014.

10. Amtrak, *Amtrak Five Year Equipment Asset Line Plan: Base (FY 2019) + Five Year Strategic Plan (FY 2020–2024),* https://www.amtrak.com /content/dam/projects/dotcom/english/public/documents/corporate /businessplanning/Amtrak-Equipment-Asset-Line-Plan-FY20-24.pdf.

11. Richard Medhurst, "Doctor Yellow Keeps the Shinkansen Network Healthy," Nippon.com, April 28, 2016, https://www.nippon.com/en /nipponblog/m00107/doctor-yellow-keeps-the-shinkansen-network -healthy.html.

12. Chris Iovenko, "Dutch Masters: The Netherlands Exports Flood-Control Expertise," *EARTH,* October 15, 2018, https://www. earthmagazine.org/article/dutch-masters-netherlands-exports-flood -control-expertise.

13. "Dutch Dialogues: New Orleans," Waggonner & Ball, https://wbae.com /projects/dutch_dialogues_new_orleans.

14. Bush, "What Would It Take to Fix America's Crumbling Infrastructure?"

15. "Crumbling Infrastructure Is a Worldwide Problem," *Economist,* August 18, 2018.

16. Bobby Allyn and Frank Langfitt, "Leaked Brexit Document Depicts Government Fears of Gridlock, Food Shortages, Unrest," NPR, August 18, 2019, https://www.npr.org/2019/08/18/752173091/leaked-brexit -document-depicts-government-fears-of-gridlock-food-shortages-unrest.

17. New York Post Editorial Board, "The $2B Lunacy of the LaGuardia AirTrain," *New York Post,* July 1, 2019.

18. TransitCenter, "Who's on Board 2016: What Today's Riders Teach Us about Transit That Works," November 21, 2016, https://transitcenter. org/publication/whos-on-board-2016/.

19. "Bus Turnaround: 2018: Fast Bus, Fair City," BusTurnaround.nyc, http://busturnaroundn.wpengine.com/wp-content/uploads/2018/07 /BusTurnaroundAction-Plan.pdf.

20. TransitCenter, "Getting to the Route of It: The Role of Governance in Regional Transit," October 9, 2014, https://transitcenter.org/getting-to -the-route-of-it/.

21. TransitCenter, "Getting to the Route of It."

22. TransitCenter, "Getting to the Route of It."

第 10 章　支持最重要的工作：使维护工作更具可持续性

1. Robert N. Charette, "The STEM Crisis Is a Myth," *IEEE Spectrum,* August 30, 2013.

2. Gwen Burrow, "The Most Popular Jobs for Young Workers Are in the Arts, Skilled Trades, and Sciences," Emsi, May 4, 2017, https://www. economicmodeling.com/2017/05/04/best-jobs-workers-25/; Matt Krupnick, "After Decades of Pushing Bachelor's Degrees, U.S. Needs More Tradespeople," *PBS NewsHour,* August 29, 2017, https://www.pbs. org/newshour/education/decades-pushing-bachelors-degrees-u-s-needs -tradespeople.

3. Livia Gershon, "The Future Is Emotional," *Aeon,* June 22, 2017, https:// aeon.co/essays/the-key-to-jobs-in-the-future-is-not-college-but -compassion; David J. Deming, "The Growing Importance of Social Skills in the Labor Market," NBER Working Paper No. 21473, August 2015, https://www.nber.org/papers/w21473.

4. Mike Rowe, "Learning from Dirty Jobs," TED, December 2008, https:// www.ted.com/talks/mike_rowe_celebrates_dirty_jobs/.

5. The Kitchen Sisters, "The Working Tapes of Studs Terkel," http://www. kitchensisters.org/present/the-working-tapes-of-studs-terkel/. For criticisms of Rowe's funding sources and political positions see, for example, Nima Shirazi and Adam Johnson, "Episode 64: Mike Rowe's Koch-Backed Working Man Affectation," Citations Needed, January 30, 2019, https://medium.com/@CitationsPodcst/episode-64-mike-rowes-koch -backed-working-man-affectation-fa52e0e8d2e3.

6. Rick Berger, "All the Ways the US Military's Infrastructure Crisis Is Getting Worse," *Defense One,* March 27, 2019, https://www.defenseone

com/ideas/2019/03/us-militarys-infrastructure-crisis-only-getting-worse.
/155858/; Stephen Losey, "Fewer Planes Are Ready to Fly: Air Force
Mission-Capable Rates Decline amid Pilot Crisis," *Air Force Times,*
March 5, 2018.

7. Millen Paschich, "Color-Coding Complex Maintenance," Gridium,
July 17, 2017, https://gridium.com/color-coding-complex-maintenance/.

8. U.S. Air Force, "Maintainers: The Driving Force," November 10, 2016,
https://www.af.mil/News/Article-Display/Article/1001950/maintainers
-the-driving-force/.

9. Oriana Pawlyk, "The Air Force Has Fixed Its Active-Duty Maintainer
Shortage, SecAF Says," Military.com, February 8, 2019, https://www.
military.com/dodbuzz/2019/02/08/air-force-has-fixed-its-active-duty
-maintainer-shortage-secaf-says.html. See also U.S. Department of De-
fense, "Aircraft Maintainers: Lifelines of the Air Force," January 11,
2019, https://www.defense.gov/explore/story/Article/1729504/aircraft
-maintainers-lifelines-of-the-air-force/.

10. Government Accountability Office, "Military Personnel: Strategy
Needed to Improve Retention of Experienced Air Force Aircraft Main-
tainers," February 2019, https://www.gao.gov/assets/700/696747.pdf;
Jennifer H. Svan, "Air Force Needs to Do More to Keep Experienced
Maintainers, Report Says," *Stars and Stripes,* February 7, 2019; Stephen
Losey, "The Air Force Still Has a Serious Maintainer Staffing Problem,
GAO Says—but No Strategy to Fix It," *Air Force Times,* February 8,
2019.

11. See also u/H0stusM0stus, "One Maintainers Opinion on Why Maintain-
ers Are Not Staying In," Reddit, subreddit r/AirForce, https://www.
reddit.com/r/AirForce/comments/3tez9v/one_maintainers_opinion_on
_why_maintainers_are/.

12. See *The Moderators,* directed by Ciaran Cassidy and Adrian Chen (2017),
https://vimeo.com/239108604; Tarleton Gillespie, *Custodians of the Inter-
net: Platforms, Content Moderation, and the Hidden Decisions That Shape
Social Media* (New Haven, Conn.: Yale University Press, 2018); Sarah T.
Roberts, *Behind the Screen: Content Moderation in the Shadows of Social
Media* (New Haven, Conn.: Yale University Press, 2019); Mary L. Gray
and Siddharth Suri, *Ghost Work: How to Stop Silicon Valley from Build-
ing a New Global Underclass* (Boston: Houghton Mifflin Harcourt, 2019).

13. Daisuke Wakabayashi, "Google's Shadow Work Force: Temps Who
Outnumber Full-Time Employees," *New York Times,* May 28, 2019;
Louis Hyman, *Temp: The Real Story of What Happened to Your Salary,
Benefits, and Job Security* (New York: Penguin, 2019).

14. American Association of Colleges of Nursing, "Fact Sheet: Nursing

Shortage," April 2019, https://www.aacnnursing.org/Portals/42/News /Factsheets/Nursing-Shortage-Factsheet.pdf.

15. "Nurses Change Lives," Johnson & Johnson, https://nursing.jnj.com/.

16. Emily Beater, "Social Care Robots Privatise Loneliness, and Erode the Pleasure of Being Truly Known," *New Statesman America,* August 7, 2019. The article features an interview with a human healthcare worker named Casey: "The lady whom Casey cares for likes it when she pours her a glass of wine, or when she looks in the freezer and notices that she's running low on her favourite ice-cream. A home health robot would be useful. The client would never run out of ice-cream, the robot would pre-order it and the freezer would always be fully stocked. But the client would miss out on Casey remembering her; on the pleasure of another human being knowing her."

17. Nolan Lawson, "What It Feels Like to Be an Open-Source Maintainer," March 5, 2017, https://nolanlawson.com/2017/03/05/what-it-feels-like-to -be-an-open-source-maintainer/. For a more general treatment of the topic, see Nadia Eghbal, *Roads and Bridges: The Unseen Labor behind Our Digital Infrastructure,* Ford Foundation, 2016, https://www.fordfounda tion.org/media/2976/roads-and-bridges-the-unseen-labor-behind-our -digital-infrastructure.pdf.

18. Jess Frazelle, "Customer Story," GitHub, https://github.com/customer -stories/jessfraz.

19. Jan Lehnardt, "Sustainable Open Source: The Maintainers Perspective; or How I Learned to Stop Caring and Love Open Source," March 6, 2017, https://writing.jan.io/2017/03/06/sustainable-open-source-the -maintainers-perspective-or-how-i-learned-to-stop-caring-and-love -open-source.html.

20. Ariya Hidayat, "Customer Story," GitHub, https://github.com/customer -stories/ariya; Henry Zhu, "Customer Story," GitHub, https://github. com/customer-stories/hzoo.

21. Linus Torvalds and David Diamond, *Just for Fun: The Story of an Acci- dental Revolutionary* (New York: HarperCollins, 2001), 238.

第 11 章　关心我们的家、我们的物件还有彼此

1. Justin Ward, "Don't Toss It, Fix It: Habitat for Humanity Brings Repair Cafe to NRV," WDBJ7, January 26, 2017, https://www.wdbj7.com /content/news/Dont-toss-it-fix-it-Habitat-for-Humanity-brings-Repair -Cafe-to-NRV-411924655.html.

2. Tonia Moxley, "Repair Cafe Hopes to Combat Today's Throw-Away Mindset," *Roanoke Times,* October 14, 2017.

3. The quotations in this and the following paragraph come from Tonia Moxley, "First Tool 'Library' Meant to Build Community Self-Reliance," *Roanoke Times,* October 8, 2018.

4. Haley Stewart, *The Grace of Enough: Pursuing Less and Living More in a Throwaway Culture* (Notre Dame, IN: Ave Maria Press, 2018), xviii.

5. Ruth Schwartz Cowan, *More Work for Mother: The Ironies of Household Technology from the Open Hearth to the Microwave* (New York: Basic Books, 1983), 216.

6. Cowan, *More Work for Mother,* 218.

7. Cowan, *More Work for Mother,* 219.

8. Cowan, *More Work for Mother,* 219.

9. Nicholas Gerbis, "How Much Does Auto Maintenance Cost over Time?," HowStuffWorks, https://auto.howstuffworks.com/under-the -hood/cost-of-car-ownership/auto-maintenance-cost.htm.

10. Zack Friedman, "78% of Workers Live Paycheck to Paycheck," *Forbes,* January 11, 2019.

11. Maurie Backman, "Nearly 3 in 5 Americans Are Making This Huge Financial Mistake," CNN Money, October 24, 2016, https://money.cnn . com/2016/10/24/pf/financial-mistake-budget/index.html.

12. iFixit, "Introducing Repair Tips from the Fixit Clinic with Peter Mui," YouTube, July 18, 2019, https://www.youtube.com/watch?v= 1IJwpFBmTGk.

13. Peter Mui, "Celebrating Repair at Fixit Clinic," iFixit, July 11, 2016, https://www.ifixit.com/News/celebrating-repair-fixit-clinic.

14. Jason Koebler, "Apple Tells Lawmaker That Right to Repair iPhones Will Turn Nebraska into a 'Mecca' for Hackers," *Vice,* February 17, 2017, https://www.vice.com/en_us/article/pgxgpg/apple-tells-lawmaker-that -right-to-repair-iphones-will-turn-nebraska-into-a-mecca-for-hackers.

15. Claire Bushey, "Why Deere and Cat Don't Want Customers to Do It Themselves," *Crain's Chicago Business,* May 10, 2019; Antonio Villas-Boas, "Apple Quoted Me $1,500 to Repair a MacBook Pro, So I Paid Less Than $500 at an 'Unauthorized' Apple Repair Shop Instead," *Business Insider,* December 16, 2018, https://www.businessinsider.com/apple -macbook-pro-repair-quote-unauthorized-2018-12.

16. Richard Orange, "Waste Not Want Not: Sweden to Give Tax Breaks for Repairs," *Guardian,* September 19, 2016.

大投机家科斯托拉尼精选集

金钱传奇：科斯托拉尼的投资哲学

作者：(德) 安德烈·科斯托拉尼 ISBN: 978-7-111-59686-8 定价: 59.00元

证券投机的艺术

作者：(德) 安德烈·科斯托拉尼 ISBN: 978-7-111-54560-6 定价: 59.00元

证券投资课

作者：(德) 安德烈·科斯托拉尼 ISBN: 978-7-111-59592-2 定价: 59.00元

证券投资心理学

作者：(德) 安德烈·科斯托拉尼 ISBN: 978-7-111-56618-2 定价: 49.00元

斯蒂格利茨作品

书号	书名	定价	作者
978-7-111-42617-2	不平等的代价	49.00	约瑟夫 E. 斯蒂格利茨
978-7-111-57909-0	巨大的鸿沟	59.00	约瑟夫 E. 斯蒂格利茨
978-7-111-57923-6	欧元危机：共同货币阴影下的欧洲	59.00	约瑟夫 E. 斯蒂格利茨
978-7-111-53917-9	自由市场的坠落（珍藏版）	69.00	约瑟夫 E. 斯蒂格利茨
978-7-111-55141-6	重构美国经济规则	49.00	约瑟夫 E. 斯蒂格利茨

推 荐 阅 读

序号	中文书号	中文书名	定价
1	69645	敢于梦想：Tiger21创始人写给创业者的40堂必修课	79
2	69262	通向成功的交易心理学	79
3	68534	价值投资的五大关键	80
4	68207	比尔·米勒投资之道	80
5	67245	趋势跟踪（原书第5版）	159
6	67124	巴菲特的嘉年华：伯克希尔股东大会的故事	79
7	66880	巴菲特之道（原书第3版）（典藏版）	79
8	66784	短线交易秘诀（典藏版）	80
9	66522	21条颠扑不破的交易真理	59
10	66445	巴菲特的投资组合（典藏版）	59
11	66382	短线狙击手：高胜率短线交易秘诀	79
12	66200	格雷厄姆成长股投资策略	69
13	66178	行为投资原则	69
14	66022	炒掉你的股票分析师：证券分析从入门到实战（原书第2版）	79
15	65509	格雷厄姆精选集：演说、文章及纽约金融学院讲义实录	69
16	65413	与天为敌：一部人类风险探索史（典藏版）	89
17	65175	驾驭交易（原书第3版）	129
18	65140	大钱细思：优秀投资者如何思考和决断	89
19	64140	投资策略实战分析（原书第4版·典藏版）	159
20	64043	巴菲特的第一桶金	79
21	63530	股市奇才：华尔街50年市场智慧	69
22	63388	交易心理分析2.0：从交易训练到流程设计	99
23	63200	金融交易圣经II:交易心智修炼	49
24	63137	经典技术分析（原书第3版）（下）	89
25	63136	经典技术分析（原书第3版）（上）	89
26	62844	大熊市启示录：百年金融史中的超级恐慌与机会（原书第4版）	80
27	62684	市场永远是对的：顺势投资的十大准则	69
28	62120	行为金融与投资心理学（原书第6版）	59
29	61637	蜡烛图方法：从入门到精通（原书第2版）	60
30	61156	期货狙击手：交易赢家的21周操盘手记	80
31	61155	投资交易心理分析（典藏版）	69
32	61152	有效资产管理（典藏版）	59
33	61148	客户的游艇在哪里：华尔街奇谈（典藏版）	39
34	61075	跨市场交易策略（典藏版）	69
35	61044	对冲基金怪杰（典藏版）	80
36	61008	专业投机原理（典藏版）	99
37	60980	价值投资的秘密：小投资者战胜基金经理的长线方法	49
38	60649	投资思想史（典藏版）	99
39	60644	金融交易圣经：发现你的赚钱天才	69
40	60546	证券混沌操作法：股票、期货及外汇交易的低风险获利指南（典藏版）	59
41	60457	外汇交易的10堂必修课（典藏版）	49
42	60415	击败庄家：21点的有利策略	59
43	60383	超级强势股：如何投资小盘价值成长股（典藏版）	59
44	60332	金融怪杰：华尔街的顶级交易员（典藏版）	80
45	60298	彼得·林奇教你理财（典藏版）	59
46	60234	日本蜡烛图技术新解（典藏版）	60
47	60233	股市长线法宝（典藏版）	80
48	60232	股票投资的24堂必修课（典藏版）	45
49	60213	蜡烛图精解:股票和期货交易的永恒技术（典藏版）	88
50	60070	在股市大崩溃前抛出的人：巴鲁克自传（典藏版）	69
51	60024	约翰·聂夫的成功投资（典藏版）	69
52	59948	投资者的未来（典藏版）	80
53	59832	沃伦·巴菲特如是说	59
54	59766	笑傲股市（原书第4版.典藏版）	99

推荐阅读

序号	中文书号	中文书名	定价
55	59686	金钱传奇：科斯托拉尼的投资哲学	59
56	59592	证券投资课	59
57	59210	巴菲特致股东的信：投资者和公司高管教程（原书第4版）	99
58	59073	彼得·林奇的成功投资（典藏版）	80
59	59022	战胜华尔街（典藏版）	80
60	58971	市场真相：看不见的手与脱缰的马	69
61	58822	积极型资产配置指南：经济周期分析与六阶段投资时钟	69
62	58428	麦克米伦谈期权（原书第2版）	120
63	58427	漫步华尔街（原书第11版）	56
64	58249	股市趋势技术分析（原书第10版）	168
65	57882	赌神数学家：战胜拉斯维加斯和金融市场的财富公式	59
66	57801	华尔街之舞：图解金融市场的周期与趋势	69
67	57535	哈利·布朗的永久投资组合：无惧市场波动的不败投资法	69
68	57133	憨夺型投资者	39
69	57116	高胜算操盘：成功交易员完全教程	69
70	56972	以交易为生（原书第2版）	36
71	56618	证券投资心理学	49
72	55876	技术分析与股市盈利预测：技术分析科学之父沙克经典教程	80
73	55569	机械式交易系统：原理、构建与实战	80
74	54670	交易择时技术分析：RSI、波浪理论、斐波纳契预测及复合指标的综合运用（原书第2版）	59
75	54668	交易圣经	89
76	54560	证券投机的艺术	59
77	54332	择时与选股	45
78	52601	技术分析（原书第5版）	100
79	52433	缺口技术分析：让缺口变为股票的盈利	59
80	49893	现代证券分析	80
81	49646	查理·芒格的智慧：投资的格栅理论（原书第2版）	49
82	49259	实证技术分析	75
83	48856	期权投资策略（原书第5版）	169
84	48513	简易期权（原书第3版）	59
85	47906	赢得输家的游戏：精英投资者如何击败市场（原书第6版）	45
86	44995	走进我的交易室	55
87	44711	黄金屋：宏观对冲基金顶尖交易者的掘金之道(增订版)	59
88	44062	马丁·惠特曼的价值投资方法：回归基本面	49
89	44059	期权入门与精通：投机获利与风险管理（原书第2版）	49
90	43956	以交易为生II：卖出的艺术	55
91	42750	投资在第二个失去的十年	49
92	41474	逆向投资策略	59
93	33175	艾略特名著集（珍藏版）	32
94	32872	向格雷厄姆学思考，向巴菲特学投资	38
95	32473	向最伟大的股票作手学习	36
96	31377	解读华尔街（原书第5版）	48
97	31016	艾略特波浪理论：市场行为的关键（珍藏版）	38
98	30978	恐慌与机会：如何把握股市动荡中的风险和机遇	36
99	30633	超级金钱（珍藏版）	36
100	30630	华尔街50年（珍藏版）	38
101	30629	股市心理博弈（珍藏版）	58
102	30628	通向财务自由之路（珍藏版）	69
103	30604	投资新革命（珍藏版）	36
104	30250	江恩华尔街45年（修订版）	36
105	30248	如何从商品期货贸易中获利（修订版）	58
106	30244	股市晴雨表（珍藏版）	38
107	30243	投机与骗局（修订版）	36